Adriana Carranca

O AFEGANISTÃO DEPOIS DO TALIBÃ

Onze histórias afegãs do
11 de Setembro e a década do terror

CIVILIZAÇÃO BRASILEIRA

2011

Copyright © Adriana Carranca, 2011

PROJETO GRÁFICO DE MIOLO E DIAGRAMAÇÃO
Ilustrarte Design e Produção Editorial

FOTOS DO ENCARTE E DA CAPA
Adriana Carranca

	CIP-Brasil. Catalogação-na-fonte Sindicato Nacional dos Editores de Livros, RJ
C299a	Carranca, Adriana O Afeganistão depois do Talibã/Adriana Carranca. – Rio de Janeiro: Civilização Brasileira, 2011. il.
	ISBN 978-85-200-1072-3
	1. Carranca, Adriana – Viagens – Afeganistão. 2. Afeganistão – Descrições e viagens. 3. Afeganistão – Usos e costumes. 4. Guerra contra o terrorismo, 2001- . 5. Guerra Afegã, 2001- . 6. Reportagens e repórteres. I. Título
11-5020	CDD: 958.1046 CDU: 94(581)

Todos os direitos reservados. Proibida a reprodução, armazenamento ou transmissão de partes deste livro, através de quaisquer meios, sem prévia autorização por escrito.

Este livro foi revisado segundo o novo Acordo Ortográfico da Língua Portuguesa.

Direitos desta edição reservados pela
EDITORA CIVILIZAÇÃO BRASILEIRA
Um selo da
EDITORA JOSÉ OLYMPIO LTDA.
Rua Argentina, 171 – Rio de Janeiro, RJ – 20921-380
Tel.: 2585-2000

Seja um leitor preferencial Record.
Cadastre-se e receba informações sobre nossos lançamentos e nossas promoções.

Atendimento e venda direta ao leitor:
mdireto@record.com.br ou (21) 2585-2002

Impresso no Brasil
2011

Para minha família, por me esperar sempre.

SUMÁRIO

PREFÁCIO
11 de setembro de 2001 — 7

1 Fatema — A herdeira — 29
2 Mulá Abdul — O talibã — 47
3 Marechal Fahim — O senhor da guerra — 71
4 Massouda — A candidata — 91
5 Wahida — A viúva — 113
6 Alberto — O estrangeiro — 133
7 Ajmal — O "infiel" — 161
8 Miguel de Deus — O mensageiro — 183
9 Sayed — O refugiado — 205
10 Shah — O livreiro — 223
11 Sadaf — A lutadora — 241

POSFÁCIO
11 de Setembro — dez anos depois — 259

PREFÁCIO

11 de setembro de 2001

Às 8h46 do dia 11 de setembro de 2001, no momento em que o avião que fazia o voo número 11 da American Airlines colidiu com a Torre Norte do World Trade Center, em Nova York, Fatema, mulá Abdul, marechal Fahim, Massouda, Wahida, Alberto, Ajmal, Miguel, Sayed, Shah e Sadaf não imaginavam que aquele acontecimento afetaria diretamente suas vidas em uma terra distante (mais precisamente a 10.864 quilômetros da ilha de Manhattan).

Dezessete minutos depois do primeiro choque, exatamente às 9h03, um segundo avião — o voo 175 da United Airlines — mergulhou na Torre Sul do World Trade Center, afastando de uma vez a hipótese de acidente aéreo. Um terceiro atingiu o Pentágono, na Virgínia, às 9h37, e um quarto avião comercial caiu em um terreno vazio próximo de Shanksville, na Pensilvânia, às 10h03. Os passageiros teriam tentado, sem sucesso, retomar o controle da aeronave desviada pelos sequestradores para Washington D.C., não é certo se com a intenção de atingir o Capitólio, onde fica o Congresso americano, ou a Casa Branca, residência oficial do presidente dos Estados Unidos.

A América estava sob ataque.

A imagem daquela típica manhã de outono nova-iorquina, de céu azul agora encoberto de fumaça, poeira e terror, seria exibida pelas emissoras de todo o mundo repetidamente. Os mortos ainda não tinham sido contados — 2.959 pessoas de 70 países e os 19 terroristas suicidas, saberíamos mais tarde — quando os olhos amedrontados do mundo e os dedos em riste das nações ocidentais começaram a apontar para um país da Ásia Central por onde Alexandre, o Grande, abrira caminho com seus soldados e elefantes rumo à Índia, no ano 334 a.C., para criar o maior e mais poderoso Império de então; não sem antes conquistar a bela Roxana (estrela iluminada, em persa), filha de um aristocrata de Bactros,* no coração da antiga Pérsia.

Nos mapas atuais da região compreendida entre a imponente cordilheira Hindu Kush, que percorre as fronteiras sul e leste, o rio Amu Daria,** ao norte, e os desertos arianos, a oeste, lê-se: Afeganistão.

As fundações desse Estado como conhecemos hoje foram definidas no Império Durrani — ou Império Afegão —, erguido sem intervenção estrangeira por uma confederação de tribos pachto,*** mais tarde conhecida como a dinastia Durrani, liderada pelo comandante militar Ahmad Shah Durrani

---

* Atual província de Balkh.
** Rio Oxo ou Oxus, em latim, como era chamado na Antiguidade.
*** Os pachtos são o maior grupo étnico da região, com mais de 350 tribos, e predominam no Afeganistão — 42% dos 30 milhões de afegãos são pachto. No vizinho Paquistão, eles representam pelo menos 15% da população de 175 milhões. Estão presentes também na Índia e no Irã e, em menor escala, na Península Arábica, na Europa e América do Norte. Seus ancestrais podem ser traçados até dois milênios antes de Cristo. Eles dominam o Afeganistão desde o Império Durrani — o atual presidente, Hamid Karzai, é um legítimo pachto da tribo Polpozai, subclã dos Durranis.

em 1747 e que se tornou a maior dominação muçulmana da história ao lado do Império Otomano. Os afegãos se referem a ele como "o baba" (o pai).

Cercado pelos conturbados vizinhos Irã e Paquistão, pelos países da antiga União Soviética Turcomenistão e Tadjiquistão e pela gigante China, o Afeganistão encerra uma longa história de batalhas, suas terras manchadas pelo sangue dos muitos conquistadores que tentaram, sem sucesso, dominar seu povo. Divididos em tribos, mas profundamente ligados por valores ancestrais, os bravos afegãos têm se provado capazes de defender seu território e suas tradições com uma força invencível ao longo dos séculos e até hoje. É uma terra de inconquistáveis.

Xerxes, o Deus-rei, expandiu o Império Persa até as montanhas de Hindu Kush; Alexandre, o Grande, Gengis Khan e muitos outros conquistadores deixaram marcas profundas em território afegão. Reis ascenderam ao trono para em seguida ser depostos. Os indo-gregos propagaram o budismo, ergueram suntuosos monastérios e as grandiosas estátuas dos Budas de Bamyian. A invasão árabe deixou o Islã como herança. O Império Britânico e o Império Russo protagonizaram ali O Grande Jogo, cabo de guerra entre as duas potências pela supremacia na região, no século XIX. E, mais uma vez, com a disputa entre a União Soviética e o bloco Ocidental durante a Guerra Fria. Mas o Afeganistão nunca se deixou colonizar. As tribos que compõem esse caleidoscópio de etnias da Ásia Central continuam vivendo basicamente como há milênios.

É nesse solo que os Estados Unidos travam a mais longa guerra de sua história recente — mais duradoura do que as duas Guerras Mundiais somadas e a Guerra do Vietnã.

A magnitude inquestionável dos atentados de 11 de Setembro, sem precedentes no número de vítimas* e na ousadia dos terroristas, deixara claro que não se tratava apenas de mais um incidente no perigoso jogo das relações internacionais, mas de algo maior: uma ameaça latente para a qual o mundo não havia se preparado e da qual nem a mais rica e poderosa das nações estava protegida.

A guerra contra o terror foi deflagrada. O saudita Osama bin Laden, líder da organização terrorista Al-Qaeda, foi apontado como principal suspeito de ordenar os ataques às Torres Gêmeas. E ele estava escondido no Afeganistão.

Osama bin Mohammed bin Awad bin Laden nasceu e cresceu em Riad, na Arábia Saudita, sob forte influência do wahabismo, a mais conservadora linha do Islã, que defende o retorno das sociedades ao estilo de vida dos tempos do profeta Maomé. Seu pai foi um pobre imigrante iemenita que conquistou um império pessoal ao construir palácios e mesquitas para a monarquia. Reergueu a Mesquita de Al-Aqsa, em Jerusalém, incendiada por um turista australiano cristão em 1969; restaurou monumentos em Meca e Medina** e se tornou o homem mais rico e poderoso da Arábia Saudita depois do rei. A família de muçulmanos devotos vivia cercada de peregrinos, clérigos, líderes religiosos e políticos em sua casa. O pai morreu em um acidente de avião em 1967, quando Bin Laden tinha apenas 10 anos. Ele era o 17º de 54 filhos. E o único que não estudou no exterior. A mãe, síria, era apon-

---

* Os atentados de 11 de Setembro deixaram sete vezes mais mortos do que qualquer ação terrorista registrada no passado.
** A Al-Aqsa, em Jerusalém, Meca e Medina são os três locais considerados sagrados pelo Islã.

tada por pessoas próximas da família como a escrava do patriarca. O casal se separou logo após o nascimento de Osama; ela se casou novamente e teve outros quatro filhos.

Aos 17 anos, Bin Laden casou-se com uma prima e ingressou na Universidade King Abdulaziz, em Jeddah, onde teria se envolvido com integrantes da Irmandade Muçulmana, sendo especialmente influenciado por um acadêmico teólogo chamado Abdullah Azzam, palestino que defendia a *jihad** como responsabilidade de todos os muçulmanos. O objetivo seria reconquistar terras das mãos de "infiéis" (não muçulmanos) e fundar um Império islâmico. Ele teria convencido Bin Laden e muitos outros soldados árabes a engajar-se na *jihad* contra os laicos comunistas soviéticos em 1979 no Afeganistão.

Bin Laden tinha apenas 22 anos.

O saudita desembarcou no vizinho Paquistão com a missão de financiar, inspirar e treinar, em sintonia com os serviços de inteligência paquistanês (ISI) e americano (CIA), milícias afegãs, tornando-se um dos homens de confiança dos Estados Unidos na região.

Com a saída dos russos, uma década mais tarde, o Ocidente perdeu o interesse pelo Afeganistão. Armados até os dentes, os sete comandantes das forças de resistência antissoviéticas, divididos em etnias, se voltaram uns contra os outros, e o país mergulhou em uma sangrenta guerra civil — as marcas dos tiros de kalashnikov e os escombros resultantes dos bombardeios ainda são visíveis na capital, Cabul.

---

* O termo *jihad*, que significa luta, foi usado pelo profeta Maomé para se referir à "guerra sagrada", o esforço para propagar o Islã e converter novos fiéis.

A violência dos conflitos, o caos, as atrocidades cometidas pelos milicianos e senhores da guerra — como estupros e chacinas — criaram o ambiente propício para a ascensão dos talibãs (estudantes, em árabe). Filhos de refugiados do regime soviético, criados e treinados para a *jihad* nas madrassas (escolas religiosas) do Paquistão, eles preencheram rapidamente o vácuo deixado no governo central com a promessa de restabelecer a ordem e garantir a segurança da população. Apoiados pelo povo, os então desconhecidos talibãs assumiram o controle do país em 1996, instaurando o Emirado Islâmico do Afeganistão.

Era sob a bênção e a proteção de seus homens que se acreditava estar Bin Laden.

A vitória sobre os soviéticos, em 1989, foi para Bin Laden uma afirmação do poder do Islã. Ele assumiu para si a missão do próprio profeta Maomé, que comandara exércitos muçulmanos do Norte da África ao Oriente Médio. Acreditava ser o emir, o califa que restabeleceria o Império islâmico em todo o globo a partir do Afeganistão.

Bin Laden migrou para o Sudão, onde fundou oficialmente a Al-Qaeda (A Base, em árabe), começou a recrutar milicianos para o grupo e estabeleceu campos de treinamento para a *jihad* global.

A invasão do Kuwait pelo Iraque, que detonou a primeira Guerra do Golfo, em agosto de 1990, alimentaria os planos de Bin Laden. As forças de coalizão lideradas pelos Estados Unidos e pela Grã-Bretanha contra as tropas iraquianas estabeleceram bases na Arábia Saudita, o que teria enfurecido o saudita. A simples ideia de haver "infiéis" em terras sagradas foi percebida por Bin Laden como um ato de traição da monarquia.

A presença de não muçulmanos em terras islâmicas passou a ser o foco da Al-Qaeda; os antigos desafetos Estados Unidos e Grã-Bretanha tornaram-se alvos naturais do terrorista, além de Israel, em disputa pelos territórios palestinos.

Ao tentar recriar o Império muçulmano do século XII, Bin Laden redefiniu o terrorismo no século XXI e abalou os alicerces das mais poderosas nações. Ele reuniu grupos militantes do Egito à Chechênia, do Iêmen às Filipinas. Sob a bandeira da Al-Qaeda, terroristas orquestraram o primeiro atentado contra as torres gêmeas do World Trade Center, em 1993, e bombardearam o complexo militar Khobar Towers, na Arábia Saudita, em 1996, entre outros atentados menores. Em uma declaração divulgada em 1998, o terrorista convocava muçulmanos a "matar americanos onde quer que eles estejam", e após o bombardeio das embaixadas dos Estados Unidos no leste da África, em agosto daquele ano, o então presidente americano Bill Clinton declarou Bin Laden inimigo número um da América.

Expulso do Sudão, brigado com a família real saudita e caçado no Ocidente, o terrorista buscou refúgio no Afeganistão, onde seria recebido pelo líder do Talibã, mulá Omar — os milicianos acreditavam ter uma dívida de gratidão com o saudita, que os ajudara a chegar ao poder. Bin Laden permaneceria no Afeganistão até 2001.

No dia 7 de outubro daquele ano, 26 dias depois do 11 de Setembro, tropas americanas e britânicas invadiram o Afeganistão. O objetivo era encontrar Osama bin Laden e acabar com as bases usadas pela Al-Qaeda no país para recrutar e treinar terroristas. Os Estados Unidos também prometeram depor o Talibã e construir um novo Estado democrático afegão. No entanto, assim como o 11 de Setembro não foi apenas um atentado, a guerra no Afeganistão não seria mais uma campanha militar, mas um longo e difícil jogo político no complexo tabuleiro das relações internacionais.

O então presidente George W. Bush convocou as nações a se unir ou enfrentar o mesmo destino dos terroristas. "Ou vocês estão conosco [os Estados Unidos e aliados] ou estão contra nós", declarou ao anunciar seu plano de combate ao terror, espelhando-se no próprio Bin Laden, que já havia dividido a humanidade entre muçulmanos e infiéis. As consequências do pensamento fundamentalista, de ambos os lados do conflito, seriam sentidas em todo o mundo.

Em minha primeira viagem ao Afeganistão, fui incumbida da missão de produzir uma reportagem especial sobre o que parecia configurar-se o maior desafio do então recém-eleito presidente dos Estados Unidos, o democrata Barack Obama. Negligenciado pelo antecessor, George W. Bush, em prol do Iraque, o Afeganistão se tornara solo fértil para o florescimento do terrorismo. Enquanto o governo americano se ocupava do ditador iraquiano Saddam Hussein, os jihadistas tiveram tempo de se reorganizar, recrutar e treinar novos militantes, infiltrados nas montanhas da imponente Hindu Kush.

Quando desembarquei em Cabul, em novembro de 2008, a insurgência havia se restabelecido e o Talibã já dominava 72% do território afegão.[1] O presidente Hamid Karzai sobrevivera por pouco a uma tentativa de assassinato, planejada pelos milicianos durante um desfile militar em comemoração ao aniversário da vitória sobre os soviéticos. Havia setenta pessoas sequestradas, entre as quais um repórter do *New York Times*. O Hotel Serena, um cinco estrelas em meio à guerra, residência de delegações oficiais estrangeiras em Cabul, fora atacado por homens-bomba, assim como o Ministério da Cultura. Dois funcionários da empresa americana DHL e, dias depois, uma missionária britânica haviam sido assassinados por atiradores, em plena luz do dia, em ruas movimentadas da capital — era a trigésima agente humanitária morta naquele ano e ainda não se sabia se os ataques eram uma caça deliberada dos insurgentes aos estrangeiros no país. Como um semáforo quebrado o alerta de segurança do comando da Organização do Tratado do Atlântico Norte (Otan), havia semanas não saía do vermelho.

Era a primeira vez que eu embarcava para uma zona de conflito. E eu estava morrendo de medo. Tanto medo que, depois de quase 14 anos desde a morte abrupta do meu pai, voltei a falar com Deus.

"Deus, eu sei que o Senhor deve ter questões mais urgentes a tratar, mas o assunto é importante. Estou a caminho do Afeganistão."

Silêncio.

"Deus, eu sei que o senhor deve estar aborrecido comigo. Mas eu preciso de um sinal. Se não devo fazer essa viagem, Deus, por favor, me dê um sinal."

Durante cinco horas eu chorei sem parar naquele aeroporto. Meu rosto estava encharcado, vermelho, inchado, meu cabelo desgrenhado, meus ombros caídos, os braços pesados. Eu era um zumbi naquele saguão constrangedoramente iluminado. Vendo meu desespero, a senhora da limpeza me pegou pela mão e percorreu comigo o aeroporto, de lata em lata, revirando o lixo em busca dos meus dois passaportes, o brasileiro e o europeu — o último, com o visto da Índia que eu fora buscar em Portugal. A Índia era, então, o caminho mais confiável para chegar ao Afeganistão.

Em Londres, onde eu fazia um curso de jornalismo internacional da Reuters, o visto da Índia só sairia em dois meses, e eu não dispunha desse tempo. Como tenho cidadania portuguesa, poderia consegui-lo mais rápido em Portugal. Foi o que fiz. O voo atrasou, era sexta-feira, e eu passei a tarde inteira sentada no meio-fio da calçada em frente à Embaixada da Índia, com a mala como apoio, rezando. Vez ou outra eu implorava ao vigia que pedisse a alguém lá dentro para me atender. "Não tenho para onde ir", eu apelava. No fim do dia, ele cedeu.

Foi no *check-in* da TAP que dei por falta dos passaportes. Segundos antes eles estavam na pasta que eu levava embaixo do braço, que agora também sumira. Eu tinha despachado uma das malas quando a balconista exigiu que a segunda bagagem tivesse um cadeado. Quem sabe tinha colocado na mala despachada, por distração? Tive de esperar quase uma hora para que tirassem a mala do avião, apenas para descobrir que os documentos não estavam lá. Na sala do delegado português, o noticiário televisivo mostrava um novo ataque suicida em solo afegão — 14 mortos. "Vês? Isso há de ser um sinal, que é para a senhora não ir! Estou lhe avisando, ô menina!" Eu queria avançar no pescoço dele.

"Deus, o Senhor podia ter arrumado um sinal mais claro! Por que não impediu que me dessem o visto? Por que está fazendo isso comigo!? Pois agora eu vou! Eu vou, sim! Vou de qualquer jeito! Nem que tenha de fazer outro passaporte!" Não seria preciso. No início da madrugada, alguém deixou misteriosamente a pasta perdida sem nada faltando em uma mesa na antessala da polícia.

De volta a Londres, sentada no ônibus após deixar a Embaixada do Afeganistão, na Princes Gate, eu olhava fixamente para aquele passaporte, com o visto carimbado em letras que eu não compreendia: "Estou no meio do caminho. Estou geograficamente no meio. Se decidir pelo Ocidente, posso estar de volta ao Brasil amanhã de manhã. Se tomar o caminho do Oriente, amanhecerei em Cabul."

> *Two roads diverged in a wood, and I —*
> *I took the one less traveled by,*
> *And that has made all the difference.*
> Robert Frost

Meu mundo jamais seria o mesmo.

Em Nova Delhi, hospedei-me na casa de Matthew Rosenberg, amigo e correspondente do *Wall Street Journal* para o Afeganistão e o Paquistão, assim como seu antecessor, Daniel Pearl, jornalista americano e judeu sequestrado e morto na cidade paquistanesa de Karachi quando apurava informações para uma reportagem sobre a Al-Qaeda. Os terroristas filmaram o assassinato e mandaram aos jornais a fita de Pearl sendo decapitado. Sua história chegou a Hollywood e virou filme: *A mighty heart*, traduzido no Brasil como *O preço da coragem*, com Angelina Jolie no papel da esposa de Daniel, que vivia com ele no Paquistão e estava grávida no momento de sua morte.

Por questões de segurança, Rosenberg, a mulher e o filho do casal foram alocados em Nova Delhi. Ainda assim,

Rosenberg não estava tranquilo. A característica assimétrica dos novos conflitos desafiava as agências de inteligência, as forças militares das mais ricas e poderosas nações e os mais experientes correspondentes de guerra.

(Em uma clara tentativa de intimidar Rosenberg, um jornal do Paquistão publicaria, um ano depois de nossa conversa, uma reportagem acusando-o de ser um espião da CIA e "de ter ligações com a Mossad, a agência de inteligência de Israel".)

"Não vá! Não vá para o Afeganistão! Está muito perigoso, muito perigoso!", ele repetia durante o jantar. Na minha cabeça passava a cena do aeroporto em Lisboa, os dois passaportes perdidos sem explicação, o desespero em pensar que não viajaria mais, meu último desentendimento com Deus. Eu olhava para Rosenberg estática. Até que ele mudou o rumo da conversa.

— Você tem uma lanterna? — perguntou ele no tom de voz baixo dos resignados.

— Lanterna?

— Você não vai desistir, não é? Não vou conseguir te convencer a não ir para o Afeganistão, estou certo? — Estava. — Então, vá. Mas leve uma lanterna. Não é raro faltar luz naquele aeroporto e você não vai gostar de se ver sozinha na escuridão ao desembarcar em Cabul.

— Falta luz no aeroporto?

Ele nem me deixou perguntar. Continuou:

— E não saia do hotel! Em nenhuma hipótese saia sozinha nas ruas! Não ande a pé! Nem mesmo um quarteirão! Não diga uma palavra que possa identificá-la como estrangeira. Eles precisam pensar que você é afegã!

Eu partiria para Cabul na manhã seguinte, no voo 843 da Air India — aquela cuja resenha no guia Lonely Planet vem acompanhada da mensagem *"poor records of security and safety"* (registros insatisfatórios de proteção e segurança). Quando mostro o cartão de embarque, o segurança olha para mim meio desconfiado, meio penalizado, como se eu tivesse acabado de confessar um crime e me entregado ao castigo. Será que as pessoas não podem ter uma reação normal ao ouvir o nome A-fe-ga-nis-tão? Para os afegãos, é um lugar de viver, todos os dias, no único cotidiano possível. Há bebês nascendo, crianças brincando, jovens se apaixonando... Ou não? Era o que eu queria saber.

O assento 27F é anotado no cartão de embarque à mão, com uma caneta esferográfica roxa. Não vejo nenhuma aeromoça e é o próprio copiloto que vem com fita adesiva dar um jeito no que parece ser uma fissura na janela do passageiro sentado à minha frente. Minha poltrona não reclina. O lugar onde estão as instruções de segurança está rasgado. Por um momento desconfio que aquela geringonça não seja capaz de voar.

Mas às 7h30 o avião decola. E, assim que se estabiliza no céu, sobre a nuvem amarelada da poluição que paira sobre Delhi, eu caio no choro.

"Deus, eu agora entendo o seu sinal. Depois de ser obrigada a voar para Portugal para conseguir um simples visto, do sumiço dos passaportes, de perder o voo de volta (sim, depois de tudo, eu ainda perdi o voo de Lisboa para Londres), de quase avançar no policial português que tentava me convencer de que o acontecido era mesmo um sinal divino, de enfrentar o olhar temeroso de Rosenberg e de embarcar neste avião de hélice capenga, se ainda assim eu não desisti dessa viagem é porque eu queria muito estar aqui. Obrigada."

Durmo. Acordo. Estou mesmo aqui? Sou a única mulher no voo, com os cabelos já devidamente cobertos por um véu vermelho, embora ninguém tenha me pedido nada. Contrariando a recomendação de Matt, pergunto para o jovem afegão no assento vizinho:

— Afeganistão? — apontando para fora da janela.

— Não — ele responde em inglês cristalino. — Espere até ver as montanhas. Lá será o Afeganistão.

O dia está claro, de lindo céu azul. Então elas invadem de repente a paisagem. São tão altas que parecem estar pertinho do avião, é quase possível tocá-las; tão vastas que ocupam todo o horizonte, como uma pintura em alto-relevo. Uma colmeia de pedras, rochedos, buracos e cavernas sem fim; uma superfície árida onde não há verde nem água, nenhuma vida. (Como alguém um dia acreditou que Bin Laden estivesse escondido aqui?)

A imponente Hindu Kush ocupa 70% do Afeganistão. Outros 15% são terras secas e inabitáveis. Nos 15% restantes vivem 30 milhões de afegãos.[2]

O avião começa a descer sobre as montanhas, parece querer pousar em uma delas; mas logo surge o grande vale, um sertão de casas baixas e tendas das bases militares. A pista de pouso não deixa dúvidas de que estamos desembarcando em uma zona de conflito. A primeira imagem que tenho guardada de Cabul é de um cemitério de tanques soviéticos, velhas carcaças para nos fazer lembrar que a guerra mais recente é travada naquele território há pelo menos trinta anos ininterruptos. A segunda imagem é dos novos caças americanos e helicópteros das organizações de ajuda humanitária.

No desembarque, um *outdoor* chama a atenção — *Roshan Kabul*, que imagino erroneamente significar "Bem-vindo a Cabul". Era a propaganda de uma companhia de telefonia celular, sinal do progresso levado pelos estrangeiros; mais tarde eu saberia tratar-se de um dos únicos. Olho para o mesmo jovem afegão e faço sinal com a câmera fotográfica. Ele mexe a cabeça negativamente, sem sorrir.

— Isso é um aeroporto militar. Imagino que você não esteja de férias. Bem-vinda ao Afeganistão!

Na entrada, muita confusão. Há luz, mas as lâmpadas piscam fracas — eu penso em Matt. Não vejo guichês de imigração, apenas um homem barbudo que grita para o sem-número de passageiros que acenam seus passaportes no ar. São majoritariamente homens, e eu me sinto invisível no meio deles. Ao pegar meu passaporte, o policial fala algo que não entendo. Diante dos meus olhos arregalados, ele se dirige ao homem na minha frente, que vira para trás e repete as mesmas palavras em dari, num tom acima. Tento explicar que não sou surda, apenas não sei falar a língua. Em vão. O guarda some com meu passaporte e eu sinto um frio na barriga. Todo mundo olha para mim. Longos minutos depois, o guarda volta: Foto? Foto? Eu entrego uma foto 3x4, que trago na carteira, e o mal-entendido se resolve. Ele me deixa seguir em frente.

Passo a bagagem por uma engenhoca de raio X e sigo por um velho saguão, que mais parece de uma rodoviária de interior, até o estacionamento esburacado. Os olhos, o nariz e a boca secam com a aridez do ar assim que coloco os pés para fora do aeroporto. Através das grades vejo Cabul a distância. Homens barbudos de turbante, vestem típicos *perahan tunban* como o usado por Osama bin Laden e exigido nos tempos do Talibã para eles, assim como a burca para elas. Alguns exibem velhos kalashnikovs a tiracolo e não parecem diferentes dos demais — ou a imagem que o Ocidente tem dos terroristas está muito errada ou eu desembarquei em um campo de treinamento da Al-Qaeda!

A buzina do carro do intérprete com quem eu tinha marcado de me encontrar na saída do aeroporto me soa como um chamado de Alá.

Seguimos para Shahr-e Nau, o bairro onde se concentram as embaixadas, os escritórios das organizações não governamentais e os condomínios onde vivem estrangeiros. Depois da euforia inicial, eu silencio, exausta, e mergulho no cenário de Cabul. As casas, as calçadas, as pessoas que passam pela minha janela sacolejante têm a cor da poeira, um amarelado que cobre toda a cidade, do céu ao chão esburacado por onde o carro passa, deixando para trás a marca dos pneus. Poucas ruas em Cabul são asfaltadas. No máximo, um contrapiso reduzido a pedregulhos.

Tive de pedir para o intérprete parar de pedir desculpas pelos buracos que ele não cavou. Os afegãos pedem desculpas por tudo, por terem nascido. A guerra destrói cidades e vidas, mas também a autoestima dos homens.

Quando a visão se acostuma, a imagem agora mais nítida choca. Nada prepara o estrangeiro para o que ele vai encontrar no Afeganistão. É um lugar cheio de paradoxos. Medieval em muitos sentidos — na miséria, no caos e na poeira desértica das ruas sem asfalto, nos mercados de escambo a céu aberto, no pastor que atravessa seguido por seu rebanho de cabras, nas casas de tijolo de barro que sobem as montanhas, nas mãos estendidas em direção ao carro sob burcas azuis; burcas que mendigam por comida e dinheiro, estranhas e claustrofóbicas.

Mas há também *outdoors* com propagandas de aparelhos de celular, meninos lavando por um trocado o vidro dos carros importados, como em qualquer grande metrópole do mundo, e esqueletos de prédios envidraçados perdidos no antigo cenário de destruição. O novo e o velho não se encaixam. É como se tudo estivesse fora do lugar.

Um moderno avião de combate B-52 atravessa o céu — provavelmente da base aérea de Bagram, a poucos quilômetros da capital, em direção a Kandahar ou Helmand, os territórios do sul dominados pelo Talibã, onde as tropas americanas têm realizado intensivos bombardeios aéreos. Mais adiante, sob a mira de uma metralhadora automática, somos empurrados para a calçada por um tanque de guerra que transporta soldados para os campos de batalha.*

— *Fuck off! Fuck off the streets!* — grita o soldado com o corpo para fora do primeiro de três blindados, girando sua arma 180 graus na direção de quem quer que esteja à sua frente. Outro faz o mesmo no último tanque, mirando a arma para os carros que vêm atrás.

— É assim que eles [americanos] querem ganhar os corações e as mentes dos afegãos — o intérprete comenta, irônico. — Se estão tão preocupados com a própria segurança, como acham que podem proteger os afegãos?

---

* APC, na sigla em inglês.

Parecem mesmo querer apenas nos lembrar de que estamos em uma zona de guerra. Acontece que, com o tempo, os tanques, aviões e helicópteros passam a fazer parte da paisagem cotidiana e nada mais espanta. A vida segue, como se eles não estivessem ali. Os carros de combate e as picapes 4x4 das organizações de ajuda humanitária circulam com vidros à prova de balas, detectores de bombas e seguranças privados fortemente armados. Alheias, mulheres fazem compras nas quitandas, crianças colorem o céu empinando pipas, homens jogam conversa fora sentados de cócoras nas esquinas, como em cidades tranquilas de interior; o cheiro que vem das casas anuncia o que as famílias afegãs preparam para o almoço.

Cabul transmite uma falsa sensação de segurança. É preciso algum tempo para compreender as nuances mais perversas da vida cotidiana em uma zona de conflito. No calendário popular afegão, por exemplo, os dias são contados em explosões: "Que dia foi tal coisa? Ah, tal coisa foi um dia depois de tal atentado, não?"

Naquela primeira semana de estada na capital, eu presenciaria dois atentados. Nos arredores da Praça Charayee Massoud, próxima da Embaixada dos Estados Unidos, um homem-bomba detonou explosivos, causando estragos em um raio de 100 metros; o local onde a bomba explodiu ficou marcado apenas por mais uma cratera nas já esburacadas ruas de Cabul. Prédios envidraçados, como os que eu tinha visto na chegada, agora em estilhaços — uma loja da Hyundai, a Saboory Diagnostic Clinic e o Afghan International Bank (assim mesmo, com luminosos escritos em inglês). Dos dois lados da calçada, comerciantes limpavam o sangue e tentavam improvisar, com pedaços de lençol e cobertores, portas e janelas arrancadas.

Antes mesmo da chegada do resgate, que só fez recolher os corpos — três afegãos mortos, dois funcionários públicos que faziam a limpeza das ruas e um senhor que passava de bicicleta, além do suicida —, a vida voltava ao normal, como se nada tivesse acontecido. Zabair, de 9 anos, e Faisal, de 10 anos, que vivem nas redondezas, tentavam junto com outras crianças subir nas árvores, onde tiras de pele e carne descansavam sobre os galhos. Eles brincavam de encontrar pedaços humanos. Senti enjoo.

"Isso é a propaganda talibã", me diria mais tarde o porta-voz da Força Internacional de Assistência à Segurança, general Richard Blanchette, em uma conversa em seu QG em Cabul. (As forças internacionais atingiriam um pico de 150 mil soldados de 41 nações no Afeganistão.) Aos radicais, não importa que os afegãos sejam as principais vítimas dos ataques da insurgência. Eles revelam a instabilidade do país, a falta de controle do governo e a incapacidade das forças estrangeiras de proteger os cidadãos; espalham o medo e a insegurança. E me ensinaram a primeira lição da guerra, algo que os afegãos já sabem há muito tempo: não importa onde você esteja ou quão tranquilo o ambiente lhe pareça, o perigo é sorrateiro, silencioso, inesperado.

No Hotel Safi, em Shar-e Nau, naquela primeira noite em Cabul, os seguranças me obrigaram a passar pelo detector de metais, vasculharam minha bolsa, reviraram objetos como o celular e a câmera fotográfica. Nos dias seguintes, reconhecendo meu rosto, já me deixavam passar direto por eles, desviando do detector. Não que fossem relapsos. Apenas não viam motivo para sua presença ali a não ser para confortar os hóspedes, colaborando com a tal falsa sensação de segurança de Cabul. Os vigias do hotel sabiam que no Afeganistão ninguém está seguro; e se um homem-bomba decidisse explodir aquele lugar, apertaria o detonador antes que eles pudessem perceber algum movimento. Foi o que aconteceu meses depois.

O Safi Landmark (algo como cartão-postal) era um arranha-céu para o padrão local. Oito andares, chão de mármore, paredes espelhadas por fora e, por dentro, um hall central iluminado naturalmente pelo teto de vidro. Os corredores dos quartos formavam um quadrado em torno dessa área central. De cada andar, era possível enxergar o térreo, onde funcionava uma simpática lanchonete com mesinhas ensolaradas. Nos três primeiros andares, acessíveis por escadas rolantes, havia lojas — de eletrônicos, moda feminina, calçados, celulares, utensílios domésticos, além de caixas eletrônicos (que nunca funcionavam, diga-se). Um shopping center em plena guerra; porque, mesmo na guerra, as pessoas têm de continuar a viver, do contrário estariam morrendo aos poucos sem morrer.

Na cobertura, havia um restaurante onde eu tomava café da manhã todos os dias, com vista para os picos ainda nevados da Hindu Kush, que contrastavam com o céu de azul intenso, impecavelmente límpido, como se lá em cima os astros estivessem alheios ao caos aqui embaixo.

Passei a primeira hora de minha estada no terraço aberto a observar Cabul fervilhando — o horizonte amarelado, a destruição e a poeira maciça que sobe das ruas dão a impressão de que a cidade de fato ferve em brasa. É um cenário dos infernos!

Meses depois, atiradores abriram fogo na direção das duas entradas do hotel, liberando o caminho para oito homens-bomba chegarem ao hall central e detonarem os explosivos enrolados no próprio corpo, causando assim o maior estrago possível. Pelo menos 18 mortos, entre eles os seguranças que eu conhecera. O hotel, reduzido a estilhaços e sangue naquele atentado horrendo. Os ataques suicidas são assim: inevitáveis. Quando se tem consciência disso, o simples fato de ficar parada no trânsito caótico de Cabul pode ser uma experiência assustadora. O corpo entra em estado de alerta — o coração aperta, a garganta seca, os músculos se contraem.

E como pode um lugar assim fascinar o estrangeiro? Pensei muitas vezes sobre isso nos dias, meses, anos depois daquela primeira viagem. Em busca de respostas, voltei ao Afeganistão em 2011 para uma incursão solitária e pessoal. Reencontrei velhos amigos, alguns deles personagens deste livro que eu acompanhava a distância. Neles descobri as contradições de um país onde se morre tão facilmente que no simples sobreviver cotidiano existe muita vida. Através de seus olhos pude enxergar alguma beleza em meio ao caos — na gente que não tem nada, mas divide tudo, que faz crescer no solo seco e minado as flores mais bonitas que eu já vi; nos mais velhos que transmitem aos jovens a sabedoria que o Ocidente já não encontra em livros; e no respeito à família e à tribo, mais importante do que quaisquer interesses individuais.

São terras de homens bárbaros, capazes de cortar o pescoço de uma cabra — ou de um inimigo — com a mesma naturalidade que se abre um pão de cachorro-quente nas barracas da Quinta Avenida, em Manhattan; onde a traição se paga com a vida; e os meninos aprendem a usar kalashnikovs antes mesmo de desenhar a primeira letra em dari. Ao mesmo tempo, pintam os olhos para se proteger de maldições, recitam poesias, cultivam rosas e andam de mãos dadas.

Neste livro-reportagem — *O Afeganistão depois do Talibã* —, onze histórias afegãs retratam a década do terror como vista e vivida por eles. Onze protagonistas de uma tragédia frequentemente contada pela ótica do Ocidente. Onze vidas afetadas pelo maior atentado da história da humanidade, como peças manipuladas a distância no tabuleiro do jogo de nações iniciado naquela manhã de 11 de setembro de 2001.

Entender esse jogo tão complexo em alguns breves embora intensos encontros, muitas vezes dificultados pelos perigos do cotidiano em Cabul, seria por demais pretensioso. Mas ouvir esses personagens é um começo e tanto — e assim o fiz com os ouvidos, a mente e o coração abertos. São vozes quase sempre negligenciadas, mas essenciais no processo de compreensão dos acontecimentos. Seus depoimentos se encaixam como em um quebra-cabeça dessa guerra sem fim; e revelam outro lado da luta contra o terror: o da dimensão humana.

Este não é um livro sobre o Afeganistão, mas do Afeganistão para você, leitor. Espero que aprecie a leitura, como cartas recebidas de amigos distantes. Fatema, mulá Abdul, marechal Fahim, Massouda, Wahida, Alberto, Ajmal, Miguel, Sayed, Shah e Sadaf contam aqui suas histórias do 11 de Setembro. Agradeço imensamente a eles por confiarem em mim como sua interlocutora.

1

Fatema — A herdeira

O sonho que se tornara recorrente nos mais de vinte anos de exílio em Londres voltou a perturbar o descanso de Fatema. Enquanto dorme, a imaginação a leva de volta para Cabul, no Afeganistão, sua terra natal. Ela está ajoelhada entre as flores de um imenso jardim. O subconsciente reconstrói o quebra-cabeça de fontes e espelhos d'água "que refletem a beleza do céu e da terra"; árvores frutíferas, outras que dão sombra; flores coloridas e cheirosas. A grama cresce selvagem entre tendas e tapetes. Tudo é geometricamente perfeito, em quatro partes simétricas segundo os pontos cardeais (Norte, Sul, Leste e Oeste), como o Jardim do Éden, recriado e levado àquelas terras pelo conquistador mongol Zahir ud-din Muhammad Babur, herdeiro de Gengis Khan.

Fatema toma um punhado de terra nas mãos bem tratadas, mas os grãos escorrem por entre os dedos delicados. Ela acorda de supetão. Está sozinha no quarto do casarão colonial onde vive em Providence, Rhode Island, nos Estados Unidos. O marido, Anwar ul-Haq Ahady, que Fatema conheceu no exílio, saiu mais cedo para o trabalho como professor de ciência política na Providence University College.

Fatema tem o coração angustiado. O sonho lhe causa ao mesmo tempo saudade e preocupação. Os jornais do dia anterior traziam a notícia da provável morte de Ahmad Shah Massoud, o lendário comandante da Aliança do Norte que lutou contra os invasores soviéticos no Afeganistão na década de 1980 e continuava sendo a principal força de oposição ao Talibã. Dois dias antes, terroristas marroquinos da Al-Qaeda disfarçados de jornalistas detonaram uma bomba escondida na câmera de vídeo que levavam para uma falsa entrevista com o comandante tadjique.

Formada em literatura e história da Pérsia, Fatema costumava passar as manhãs entre livros. Mas naquele 11 de setembro de 2001, queria acompanhar as notícias sobre Massoud. Eram 9h03. Ela se lembra do horário porque naquele exato momento, no canal de tevê CNN, Fatema assistiria, ao vivo, o segundo avião, o voo 175 da United Airlines, mergulhar na Torre Sul do World Trade Center. O mundo em torno dela congelou e por alguns segundos era como se tivesse viajado no tempo; a vida passando como um filme, o inconsciente tentando encontrar nos arquivos havia muito enterrados na memória explicações para aquela imagem dramática que se desenrolava a sua frente.

Fatema recordou outra cena, na mesma sala de tevê.

— Foi a sensação mais estranha que já tive. Vi a minha própria imagem sentada no mesmo sofá, na mesma posição, só que na tevê a notícia era outra: a destruição dos Budas gigantes de Bamyian — ela me contaria em nosso primeiro encontro em Cabul em 2008. Tinha os olhos arregalados, parados no tempo, como se revivesse aquele momento mais uma vez.

As monumentais estátuas de Buda foram escavadas nas montanhas rochosas do vale de Bamyian, na província central de Hazarajat, entre os anos 507 e 554, um século antes da expansão do Islã na região. E deliberadamente implodidas com dinamites por muçulmanos radicais em março de 2001.

— Eu chorei, chorei e chorei muito porque naquele momento eu tive a certeza... Dentro do meu coração, eu sabia, não havia mais dúvidas: a Al-Qaeda estava no controle do Afeganistão! Um legítimo afegão jamais faria aquilo, jamais, jamais! Acredite em mim, jamais! — ela repete, em agonia.

Então, no momento em que viu explodir a segunda torre do World Trade Center, Fatema soube.

— Naquilo não podia haver mãos afegãs. Eu conheço o meu povo, não importa quão extremista... Eles não seriam capazes! Não foram mentes afegãs que comandaram a destruição dos Budas. Não foram afegãos que mataram Massoud, e não haveríamos de ser os responsáveis pelo 11 de Setembro. No meu coração, eu sabia. Era a Al-Qaeda.

(Dos dezenove terroristas do 11 de Setembro, um era cidadão do Egito, outro do Líbano, dois dos Emirados Árabes Unidos e quinze da Arábia Saudita. Nenhum deles era afegão.)

Fatema avisou o marido na universidade. Ele ligou a tevê a tempo de ver as torres desmoronarem em Manhattan. Voltou para casa apressado.

— Todos estávamos tristes para além das palavras, porque aquela gente [os terroristas da Al-Qaeda] estava escondida no Afeganistão.

Durante todo o dia, e nos dias seguintes, o telefone da casa de Fatema não parou de tocar.

— Eu recebi ligações de todas as províncias, de familiares que haviam ficado no país, de *mujaheddin* (soldados da *jihad*) que lutaram ao lado do meu pai e dos meus irmãos contra os russos, de jovens feridos nos conflitos de quem eu havia ajudado a tratar em Londres, chefes de Estado, diplomatas — conta. — Nós passávamos 24 horas acordados, olhos grudados na CNN.

Das tribos mais remotas do sudeste da Ásia a Los Angeles, que abriga a maior diáspora afegã no Ocidente, todos queriam saber o que aconteceria com o Afeganistão. E a família Gailani era, sem dúvida, uma das melhores fontes.

Fatema Gailani nasceu em Cabul em 1954, em uma família privilegiada. Por parte do pai, um proeminente líder espiritual, ela descende de Abdul-Qadir Gailani, fundador da ordem sufi* Qadiriyya, cuja linhagem ancestral pode ser traçada até os descendentes diretos do profeta Maomé, o criador do Islã; por parte da mãe, Fatema herdou o sangue da monarquia afegã. A história dela, passada e presente, é a do próprio Afeganistão.

Depois de seus ancestrais propagarem a Qadiriyya por Índia, Bangladesh, Paquistão, Curdistão, China, Turquia, Bálcãs, países islâmicos do leste e oeste da África, o avô paterno de Fatema fundou a ordem no Afeganistão. A família recebera muitas e muitas terras do rei na província de Nangarhar, para disseminar o sufismo no país. Os laços dos Gailanis com a monarquia afegã foram definitivamente selados quando seu filho, Pir Sayyid Ahmed Gailani e Adela, filha do rei Habibullah Khan, casaram-se em 1952 — Fatema nasceu dois anos depois.

Seu avô materno, Habibullah, foi um rei relativamente secular que tentou modernizar o Afeganistão. Graças a ele, o país se manteve neutro na Primeira Guerra Mundial e mini-

---

* Seita mística muçulmana de práticas contemplativas, que sustenta que o espírito humano é uma emanação do divino, no qual se esforça para reintegrar-se. É difundida desde os primeiros séculos do Islã.

mizou as tensões então existentes com a Índia britânica. Ele teria um fim trágico, assassinado pelas costas enquanto dormia na mansão de inverno da família na província de Laghman, vizinha a Cabul.

O irmão assumiu o trono, mas foi deposto e preso pelo filho de Habibullah, Amanullah Khan. Reformista e com os mesmos anseios de modernizar a sociedade afegã, porém menos pacífico que o pai, o novo rei liderou em 1919 um ataque surpresa contra os britânicos na Índia, dando início à terceira guerra anglo-afegã.* O Reino Unido, no entanto, ainda lidava com os custos da Primeira Guerra Mundial e aceitou, praticamente sem resistir, as exigências do rei, que levaram à completa independência do país.

Os acontecimentos daquela época determinariam em grande parte o futuro do Afeganistão. A Rússia acabara de atravessar a Revolução Comunista, em 1917, o que levou o

---

* A primeira guerra anglo-afegã ocorreu em 1839, quando William Elphinstone liderou 16,5 mil soldados da Companhia da Índia Oriental até o Afeganistão para pôr fim ao flerte do então emir Dost Mohamed com o czar da Rússia. Em um telegrama diplomático enviado a Cabul, o oficial atestava que a região estava calma "de Dan a Beersheba", citando uma passagem da Bíblia e ignorando sinais de que uma revolta tribal comandada pelo filho de Dost, Akbar Khan, tomava corpo nas montanhas. Em 1º de novembro de 1840, o representante britânico Alexander Burns foi morto em um *souq* (mercado) afegão e teve sua cabeça exibida em público. Elphinstone liderou a saída do exército pelas montanhas brancas e geladas da Hindu Kush, mas eles seriam encurralados e mortos na maior derrota do Exército britânico até então. Em 1878, o segundo conflito foi deflagrado para evitar nova aproximação entre Cabul e Moscou. Mais uma vez o enviado britânico foi morto e o país fugiu ao controle; cercada na embaixada em chamas, a delegação lutou até o último homem. (Robert Fisk, "The Lesson of History: Afghanistan always beats its 'invaders'", *The Independent*, 14 de setembro de 2001.) Em 1893, eles tentaram uma última tática para controlar os afegãos: dividir os insubmissos pachtos com a criação da Durand Line, que colocou uma parte das tribos dessa etnia do lado afegão e a outra na Índia britânica, na tentavia de assim enfraquecê-las. Apesar disso, a região está até hoje sob domínio dos pachtos, organizados em torno da chamada Federação de Áreas Tribais (Fata, na sigla em inglês), território semiautônomo, perigoso e inacessível aos governos e às poderosas tropas estrangeiras no país.

Império Britânico a tentar aumentar o domínio sobre a região. O governo afegão inaugurou relações comerciais e diplomáticas com os russos, que aumentariam sua influência sobre o país ao longo das décadas seguintes. Também se aproximou de países como Irã e Turquia.

Em 1927, o rei Amanullah se lançou em um *tour* pela Europa e Ásia. Após oito meses em viagem oficial, ele retornou ao Afeganistão obcecado com a ideia de ocidentalizar o país. Inaugurou as primeiras escolas com classes mistas, deu início a reformas por melhores condições de vida para as mulheres, instituiu uma idade mínima para o casamento e aboliu o uso do véu islâmico — a rainha Soraya aparecia em público com os cabelos e os braços à mostra, algo que ultrajava os religiosos. O casal tinha ido longe demais para um país onde a vida em comunidade ainda era regida por códigos de conduta tribais.

Após revoltas iniciadas em Jalalabad e que se espalharam pelo país, Amanullah foi deposto, em 1929, por um rival tadjique, que também não duraria no poder, sendo executado pouco depois pelas forças de Nadir Khan, o ex-comandante do exército de Habibullah. O último rei do Afeganistão foi seu filho, Mohammed Zahir Shah. Ele gastou grande parte dos 40 anos de seu reinado, o mais longo da história do Afeganistão, tentando manter o equilíbrio entre as diferentes tribos étnicas até ser deposto, em 1973, evento que levaria à invasão soviética seis anos depois.

O pensamento nacionalista, anti-imperialista e pan-islâmico começava a ganhar força no Império Britânico e chegara ao Afeganistão. Apesar de ter relações próximas com os soviéticos, Zahir Shah tentou manter a neutralidade e se aproximar dos Estados Unidos. Mas os soviéticos àquela altura já tinham investido muito no exército afegão e plantado um embrião do comunismo: o Partido Democrático do Povo do Afeganistão (PDPA).

Em 1978, um golpe de Estado pôs no poder um dos três fundadores do PDPA, Nur Muhammad Taraki. Ele substituiu a cor verde do Islã na bandeira afegã pelo vermelho e inaugurou um governo marxista revolucionário, com planos de fazer uma reforma agrária e instituir um sistema de educação secular. Com dificuldades para se manter no poder, acabou substituído por Hafizullah Amin, que seria acusado depois de mandar matar Taraki, sufocado com um travesseiro, e de ser um agente secreto da CIA.

O Afeganistão, com suas tribos e seus clãs, suas etnias e ordens religiosas, parecia ingovernável. A revolta contra os soviéticos começou nas zonas rurais afegãs quase imediatamente após a invasão. O então consultor de Segurança do presidente americano Jimmy Carter, Zbigniew Brzezinski, convenceu a Casa Branca a apoiar os rebeldes, deixando Moscou sem alternativa a não ser responder com mais força. Sob pressão do Ocidente anticomunista, os soviéticos mataram Amin e enviaram as primeiras tropas para o Afeganistão no Natal de 1979, quando 85 mil soldados russos invadiram o país. O Grande Jogo havia recomeçado, agora sob a alcunha de Guerra Fria.

O casarão da família Gailani em Cabul foi ocupado pelos russos e serviu como sede local da KGB, a agência de informação da antiga União Soviética. Fatema, então com 24 anos, fazia mestrado no Irã. De lá, fugiu com a filha de 8 meses nos braços para Londres com a ajuda da família real saudita, que tinha boas relações com os monarcas afegãos.

A mãe de Fatema ficou em Cabul e teve o passaporte confiscado. Havia o temor de que os soviéticos a prendessem em um ato de vingança contra toda a família. Foi uma médica russa quem a ajudou a fugir do país com um falso atestado de saúde em mãos. Ela conseguiu escapar para Nova Delhi e de lá para Londres, deixando tudo o que a família tinha para trás.

O pai de Fatema, Pir Gailani, atravessara a fronteira para se unir aos *mujaheddin* no Paquistão, onde fundou a Frente Nacional Islâmica do Afeganistão, um dos sete grupos da resistência que receberam auxílio da CIA, por meio do serviço secreto do Paquistão, para lutar contra os russos. O irmão, Sayed Hamed Gailani, também se engajou na *jihad*. Eles se estabeleceriam na cidade paquistanesa de Peshawar, na fronteira com o Afeganistão.

No exílio em Londres, Fatema tinha uma vida confortável. As mulheres da família haviam recebido passaportes sauditas e eram sustentadas com a ajuda dos monarcas.

— Quando eu estava no voo, minha filha tinha apenas oito meses e eu me vi sozinha, pensando no que poderia fazer para nos sustentar: trabalhar como garçonete, ou em uma loja de antiguidades, já que estudei história, ou ainda vender flores, dada a minha paixão por jardins. Mas quando desembarcamos em Londres, para minha surpresa, havia um carro e um motorista à nossa disposição no aeroporto. Percebi ali que minha família era muito reconhecida e respeitada. Tínhamos uma vida de privilégios. Naquela época, porém, não conseguíamos aproveitar. Estávamos preocupados com a guerra e obcecados em voltar para casa.

Não foi fácil adaptar-se à vida longe de tudo o que era familiar: a casa, a cultura, os amigos. A volta era incerta e Fatema, de repente, se tornara uma exilada solitária, criando a filha num país estranho e liberal. Mas, acima de tudo, sentia-se culpada, como se fugir tivesse sido uma opção.

O pai percebeu a aflição da filha e seu interesse em contribuir de alguma forma com a resistência afegã, e achou que sua participação na *jihad* poderia fazer bem a ela e ao movimento. Afinal, Fatema era uma mulher educada. Ela se tornou uma espécie de embaixadora dos *mujaheddin* na Europa e nos Estados Unidos.

Segundo o Islã, a *jihad* pode ser manifestada de quatro formas: pela espada (guerra), pelo coração (purificando-se espiritualmente), pelas mãos (levando o Islã a outras partes) e pela palavra. Fatema assumiu principalmente a última. Aparecia com frequência como comentarista nos canais internacionais como a BBC e nos debates sobre assuntos relacionados ao Afeganistão. Tratou de divulgar as violações cometidas pelos soviéticos no Parlamento britânico e na Casa Branca, onde se encontrou algumas vezes com o então presidente americano Ronald Reagan.

Não era comum para uma mulher afegã assumir papel tão importante em um terreno dominado por homens, especialmente homens religiosos como os *mujaheddin* e envolvidos em uma guerra que para eles era santa.

— Mas meu pai sempre brigou por mim — conta ela. Sua única exigência era que a filha usasse o véu islâmico nas aparições públicas. — Não era nenhum sacrifício, afinal, eu falava em nome da nossa *jihad*. E a minha filha, ainda muito pequena, notou algo fantástico: sob o véu, eu me tornava uma mulher mais cuidadosa e educada. Inconscientemente, eu sabia que o mundo olharia para mim e veria uma muçulmana. E eu não podia arruinar a imagem da fé que representava ali.

Ao mesmo tempo que se esforçava para manter a imagem do Islã, Fatema desafiava tradições antigas que faziam da sociedade afegã uma das mais conservadoras do mundo — e que, segundo a herança sufi transmitida pelo pai, não tinham base na religião.

— Na minha casa, sempre houve igualdade de gênero, e naquela época eu nem sabia o que isso significava porque para mim era algo natural.

Aos 27 anos, três após estabelecer-se em Londres sozinha com a filha pequena, Fatema pediu o divórcio do primeiro marido, com quem tinha se casado em Cabul aos 19 anos. No Afeganistão, os divórcios são tão raros quanto os casamentos por amor. Com Fatema foi diferente. Ela faz parte de uma reduzidíssima elite monarca que, apesar de religiosa, recebeu educação europeia. Nos tempos da monarquia, as meninas ricas da capital frequentavam a escola. Ela estudou com outras descendentes monarcas no Liceu Malalai, somente para meninas e onde se aprendia francês como segunda língua. As mulheres podiam trabalhar e estavam no Parlamento.

— Nem o casamento dos meus pais foi arranjado — diz ela.

O pai estava prometido para uma prima, mas quando passeava em um lindo jardim de Jalalabad — ah, sempre os jardins! — conheceu a filha do rei, apaixonou-se por ela e mudou de planos.

— Meu pai é um homem religioso, que conhece a charia [conjunto de leis islâmicas], portanto sabe que o casamento arranjado não está previsto no Islã, e o divórcio é perfeitamente aceitável — diz Fatema, que estudou jurisprudência islâmica e direito das mulheres no Muslim College de Londres durante o exílio.

O fim da ocupação militar soviética, em 1989, era esperado pela família Gailani com ansiedade. O governo comunista de Mohammed Najibullah ainda duraria três anos, até ele ser finalmente deposto pela resistência afegã que tomou Cabul em 1992. (Najibullah se refugiaria no próprio palácio Dar-ul Aman, sob proteção da ONU.) Era o momento de ir para casa. Mas os comandantes *mujaheddin* então se voltaram uns contra os outros, e a sangrenta guerra civil obrigou Fatema a adiar seus planos.

— Eu fiquei muito, muito decepcionada. Achei que teria um ataque de nervos e foi quando decidi voltar a estudar para manter a minha mente sã.

Em um encontro em Peshawar, os *mujaheddin* ainda tentaram um acordo por um governo de transição e ofereceram a Fatema a posição de embaixadora do Afeganistão na ONU ou em Londres. Mas ela recusou ambos.

— Tínhamos lutado tanto e para quê? Não conquistamos a paz! No lugar disso, nos viramos uns contra os outros, irmãos matando irmãos por poder. Eu senti muita raiva e vergonha.

Fatema dedicaria os próximos quatro anos aos estudos. Durante esse tempo, acompanhava a distância as notícias sobre um novo grupo de estudantes ultrarreligiosos que estaria ganhando terreno no Afeganistão. Quando os radicais ocuparam Cabul em 1996, Fatema assumiu para si uma bandeira antiga: separar tradição e Islã. Ela conhecia ambos bastante bem.

Na primeira entrevista de um talibã para a rede britânica BBC, Fatema aceitou participar com ele de um debate ao vivo. Foi quando se deu conta de que "os talibãs eram um bando de analfabetos submetidos, na infância e adolescência, à lavagem cerebral nas madrassas do Paquistão".

— O senhor acha que a suposta honra de um homem é mais importante do que educar as meninas? — perguntou Fatema, ao vivo, em rede internacional.

— A minha opinião não é importante, mas sim a palavra de Alá! — respondeu o talibã.

— Mas o primeiro mandamento do profeta, escrito no Corão, é que homens e mulheres devem buscar o conhecimento, do berço até a morte.

Silêncio.

— Vocês confundem tradições tribais com o Islã. Dizem que estão empregando a palavra de Deus, mas é mentira!

A ligação caiu repentinamente.

Semanas após a entrevista, Fatema viajou para Nova York para uma conferência de paz organizada por expatriados afegãos para discutir a ascensão do Talibã ao poder. Foi nessa conferência que conheceu o professor por quem se apaixonaria. Casaram-se dois anos depois e Fatema mudou-se com o marido para Providence, nos Estados Unidos.

— Quando você é jovem, seus valores são diferentes. Você se preocupa com beleza, altura e, no caso das afegãs, sobrenome — disse-me Fatema sobre o primeiro marido, Hamidullah Nasser-Zia, primo do último rei afegão Mohammed Zahir Shah e embaixador do Afeganistão na Itália e na Alemanha após o 11 de Setembro. — Não foi um casamento arranjado nem por amor. Mas algo totalmente diferente da relação que tenho agora. À medida que amadureci, passei a compreender que o amor por outra pessoa deve estar baseado no respeito, na inteligência, na educação, em um coração cheio de princípios. Graças a Deus eu o encontrei.

Então, o 11 de Setembro aconteceu.

Quando a coalizão liderada pelos Estados Unidos começou a organizar a invasão do país, a elite afegã no exílio passou a fazer planos de voltar e assumir um futuro governo. Em outubro, o casal viajou para um encontro de expatriados em Roma, onde o rei afegão Zahir Shah,* então com 86 anos, estava exilado. A volta da monarquia representava o sonho de um Afeganistão estável, moderno e pacífico.

— Voltar não foi uma decisão momentânea! Não foi sequer uma decisão! Jamais pensamos ou chegamos a discutir o assunto em família. Desde que o primeiro tanque russo avançou sobre solo afegão, nós sempre soubemos que um dia voltaríamos — disse ela em 2008, sentada em uma poltrona confortável na mansão onde nasceu e cresceu em Cabul. Um jovem empregado nos serve chá em uma bandeja de ouro e porcelana chinesa. O casarão é decorado com arte afegã: móveis de madeira talhada, porcelanas azul-turquesa, tapeçaria milenar. Fatema usa um terno de risca de giz colado ao corpo, camisa cor-de-rosa, véu bem solto cobrindo apenas parte dos cabelos, colar e broche de pérolas autênticas.

De Roma, a família seguiu para a Alemanha, onde participou da grande assembleia de expatriados para discutir sobre o novo governo afegão pós-Talibã. Supervisionado pelas Nações Unidas, o encontro resultou no Acordo de Bonn, que previa a nomeação de uma autoridade interina e formava comissões para elaborar uma nova Constituição, com base

---

* O último rei afegão voltou ao Afeganistão em abril de 2002 e, embora não tenha assumido cargo oficial no novo governo, foi nomeado o "Pai da Nação", espécie de símbolo de unidade nacional. O título foi registrado na nova Constituição, aprovada em janeiro de 2004. Ele morreu de causas naturais na casa que ocupava nas dependências do Palácio Presidencial e foi enterrado no mausoléu da família real, em Cabul.

na Carta Magna instituída pelos monarcas ascendentes de Fatema em 1964; entre outros avanços, dava às mulheres já naquela época o direito de escolher usar ou não a burca.

O Acordo de Bonn também previa a recriação do sistema de justiça, o estabelecimento de uma nova Corte Suprema e a formação de uma Força Internacional de Assistência à Segurança (Isaf, na sigla em inglês) sob a supervisão da Otan. A resolução 1.386, aprovada posteriormente pelo Conselho de Segurança da ONU, confirmou a criação da Isaf. O governo interino, com trinta membros, entre eles Pir Gailani, pai de Fatema, foi instaurado em 22 de dezembro de 2001. O marido dela, Anwar ul-Haq Ahady, assumira a direção do novo Banco Central afegão — e ocuparia mais tarde os cargos de ministro das Finanças e, em seguida, dos Transportes.

Os talibãs haviam recuado para as montanhas do sul e a mansão dos Gailanis fora evacuada. Pir Gailani voltou para casa, seguido em março de 2002 por Fatema, depois de 24 anos no exílio.

Ela estava então com 48 anos e a única filha, Homaira, com 24 (a idade da mãe quando deixou o Afeganistão). Naquele mesmo mês, ela daria a Fatema sua primeira neta.

— Aquilo foi, para mim, muito simbólico. Como um renascer mesmo. Meu, da minha família, de todo um país.

Mas o momento mais marcante aconteceu três meses depois do retorno de Fatema: realizar, nos moldes da monarquia e depois de mais de duas décadas de conflitos ininterruptos no país, o primeiro *loya jirga** em solo afegão. Uma

---

* Grande conselho, em pachto. Herança das tribos arianas na Ásia Central, em que as decisões mais importantes, como a escolha de um novo rei, eram tomadas pelos líderes e pelos mais velhos. Há dois tipos de conselho: o *simite*, formado por líderes

enorme tenda foi montada no jardim da destruída Escola Politécnica de Cabul no dia 11 de junho de 2002. Mais de 1,6 mil afegãos, selecionados em eleições locais ou apontados por grupos políticos, étnicos e religiosos, se reuniram para eleger um novo presidente para o Afeganistão. (Filho do chefe dos polpozai, importante tribo do clã Durrani com origem no século XV e fortes laços com a monarquia afegã, Hamid Karzai tinha completado os estudos na Índia, com mestrado em ciências políticas na Universidade de Delhi. Embora não fosse o mais velho dos sete filhos de Abdul Ahad Karzai, era o único que nunca tinha partido para o exílio no Ocidente. Os soviéticos haviam prendido seu pai* e matado quarenta de seus familiares em Kandahar. Karzai abandonou os estudos na Índia e mudou-se para o Paquistão. Nos campos de refugiados em Quetta, transformou-se em líder dos refugiados. Estabeleceu residência em Peshawar, onde começou a articular-se como líder da resistência, embora nunca tenha lutado. Tornou-se o porta-voz do partido de Gailani.)

— Para mim, o *loya jirga* emergencial foi a coisa mais fantástica que aconteceu, e eu tenho muito orgulho de ter feito parte disso! Quando entrei na tenda, havia um enorme telão e eu vi a imagem do meu pai atravessando o corredor de braço dado comigo. Ele queria mostrar que as mudanças que estavam ocorrendo no Afeganistão, inclusive para as mu-

---

tribais e religiosos para grandes decisões, e os *sabha*, pequenos conselhos comunitários para resolver disputas locais. O sistema é similar à *shura* islâmica, assembleia consultiva para assuntos religiosos. Podem levar dias ou meses, já que só se chega a uma decisão final se houver consenso. O sistema democrático foi instituído oficialmente no Afeganistão pelo rei Amanullah, tio de Fatema.

* Abdul Ahad Karzai, líder das tribos Polpozai, foi assassinado por um desconhecido em uma motocicleta quando voltava da mesquita, na cidade de Quetta, no Paquistão, para onde a família migrou durante o regime soviético.

lheres, eram algo bom. Todos viraram os olhares para nós. Eu pensei: Meu Deus! Nós estamos de volta!

Nas ruas de Cabul, nós comemorávamos, cheios de esperança, a chegada dos estrangeiros, e o clima entre os monarcas não podia ser melhor.

Então, Fatema se deparou com uma difícil realidade.

O saldo dos conflitos desde a invasão soviética, em 1979, era superior a 1 milhão de mortos e outros tantos órfãos e viúvas, 1,5 milhão de amputados, 3 milhões de feridos, mais de 5 milhões de refugiados — ou um terço da população —, a maioria vivendo em condições precárias nas tendas dos campos improvisados nas fronteiras do Paquistão e do Irã. Havia um país a ser reconstruído do zero. Mas por quem? Escolas, universidades e hospitais tinham sido bombardeados e professores e médicos, mortos; outros migraram. Sobraram os que nunca tiveram chance de deixar o país, pobres e sem estudo. Uma geração inteira que não conhecera nada da vida além da guerra.

— Eu fiquei chocada! — diz ela.

O Afeganistão da juventude de Fatema tinha sido reduzido a escombros.

— Levou bem uns três meses para que eu não me sentisse mais desorientada. Tudo estava tão diferente... Não havia mais árvores, as ruas eram caóticas, já havia homens armados e *check-points* em cada esquina, e ninguém podia mais andar sozinho em segurança. Mas, principalmente, o cheiro era diferente, porque eu me lembro do cheiro de Cabul... das orquídeas e amêndoas e uvas... Cabul foi no passado nada mais do que um imenso e lindo jardim.

Na infância de Fatema, Cabul era uma cidade agradável e arborizada de apenas 700 mil habitantes — e não 4 milhões como agora. Uma capital relativamente moderna, que Fatema compara às capitais de países islâmicos como Beirute, no Líbano, Damasco, na Síria, ou Jordan, na Jordânia. Ela se levanta e some por alguns minutos. Volta com álbuns de fotografias daqueles tempos — Fatema e as amigas a caminho do colégio, de saia e sem véu, maquiagem e cabelos típicos dos anos 1970. Teerã, a capital iraniana, Cabul e Herat, no Afeganistão, faziam parte da rota de turistas "hippies chiques" rumo à Índia.

— Nossa vida em Cabul era como a de uma família privilegiada de qualquer parte do mundo, com quadra de tênis, piscina, salão de chá para reunir as amigas no fim de tarde. Foi uma infância fantástica — ela lembra. A mansão dos Gailanis vivia cheia de políticos, religiosos, jornalistas, escritores. Agora até o quintal da casa onde cresceu estava coberto de concreto.

As férias escolares eram passadas em Jalalabad, onde o inverno mais ameno permitia brincar nos jardins — os jardins do sonho de Fatema.

Antes da guerra, poetas de todo o país se reuniam na cidade no ano-novo — 21 de março para os persas — e liam ao ar livre poemas dedicados à estação da colheita de laranjas; as famosas e perfumadas flores das laranjeiras de Jalalabad.

— Quando eu estava no exílio, raramente me lembrava de Cabul, mas de Jalalabad, onde passei os melhores tempos da minha vida — diz. Os jardins do rei eram todos abertos ao público. — Era muito divertido, porque as crianças dos vilarejos vinham brincar com a gente — relembra Fatema.

O magnífico jardim mongol da casa da família Gailani em Jalalabad é o mesmo citado no clássico *Baburama*, espécie de autobiografia do imperador Babur, em que relata não apenas os detalhes das campanhas militares de suas tropas, mas festas regadas a vinho, saraus com músicos e poetas afegãos e o sabor das cerejas, amoras e damascos de seus jardins.

A 153 quilômetros de Cabul, Jalalabad foi um centro do budismo Gandhara até ser conquistada pelos árabes muçulmanos no século VII e transformada em cidade-jardim pelo imperador Babur. Seu último desejo era ser enterrado sob o céu azul da capital afegã — a sepultura fica em um jardim restaurado pela organização Aga Khan, um oásis em Cabul.

Admirador de Babur, o rei Amanullah transformou o vilarejo de Paghan, aos pés da Hindu Kush, nos arredores de Jalalabad, em uma estação de inverno da família real. É onde Fatema costuma passar os fins de semana, quando não está trabalhando no comando de 41 mil voluntários da organização Crescente Vermelho. O mausoléu dos reis Habibullah e Amanullha fica em um jardim privado em Jalalabad, de frente para o Seraj-ul-Emart, residência da família real destruída em 1929 e nos anos seguintes de conflitos intermináveis; só sobraram as palmeiras, resistentes à secura do clima. Pir Gailani trabalha agora para recuperar o restante dos jardins e a casa.

Capital da província de Nangarhar, Jalalabad fica localizada na rota que liga Cabul a Peshawar, no Paquistão, e foi estratégica para os muitos exércitos que tentaram conquistar o Afeganistão. Castigada pelas sucessivas guerras, a cidade seria um dos mais fortes redutos talibãs e, em 2001, foi palco da mais sangrenta batalha do início da ofensiva das forças de coalizão lideradas pelos Estados Unidos, pela proximidade com as labirínticas cavernas de Tora Bora. Era para onde tinham fugido Osama bin Laden e os árabes da Al-Qaeda, sob proteção do temido mulá Abdul Salam "Rocketi".

2

Mulá Abdul — O talibã

Como representante do governo de transição pós-talibã e líder espiritual, por sua descendência do profeta Maomé, Pir Gailani partiu em missão de paz para o deserto de Kalat, na província de Zabul, assim que voltou do exílio. Era para onde havia recuado, com seus soldados, um importante comandante militar talibã, responsável pela área de Tora Bora, intensamente bombardeada no início da ofensiva militar liderada pelos Estados Unidos no Afeganistão.*

Gailani foi escoltado por sessenta milicianos *mujaheddin*; estava armado com uma pistola 9 milímetros Sigpro, entregue a ele na noite anterior pelo general Tommy Franks, comandante das tropas americanas da base de Kandahar, no sul. Quando Gailani atravessou os portões de Kalat, as encostas reverberaram com o som de foguetes e tiros de kalashnikov. Um homem corpulento de turbante cinza e jaqueta

---

* O mais fantástico documentário de guerra sobre a Operation Enduring Freedom, campanha militar das tropas da coalizão lideradas pelos Estados Unidos, se chama *Restrepo*, do jornalista e cineasta Tim Hetherington. Um dos melhores correspondentes de guerra da história recente, Tim foi morto em 2011, durante a cobertura dos conflitos na Líbia.

camuflada se pôs na frente do comboio, saltou da pequena motocicleta, caminhou em direção a Gailani, abrindo os braços robustos, e então saudou-os com um forte e caloroso abraço. Era o mulá Abdul Salam "Rocketi".[3]

Havia vinte anos a família Gailani estava refugiada fora do Afeganistão, de onde fazia oposição política transparente contra o Talibã, que a considerava inimiga. Mas quando um dos irmãos de Pir Gailani morreu no exílio, ainda durante o regime dos radicais, foi o mulá Abdul quem organizou um comboio de tanques para escoltar os Gailanis desde a fronteira do Paquistão até o mausoléu da família em Jalalabad. Por ordem do temido comandante talibã, a família enterrou o corpo e deixou novamente o Afeganistão em segurança.

O episódio é um exemplo do peso que a tribo e a família têm na sociedade afegã. A despeito de que lado você está, fora dos campos de batalha um legítimo pachto jamais trairá um dos seus.

Havia outro motivo para o encontro amigável. Abdul era um homem cansado de guerra. Tinha desperdiçado toda a juventude lutando nas montanhas, muitas vezes ao relento, no frio congelante do inverno afegão, sem ter o que comer — durante as muitas batalhas, viviam a pão e água e da caridade dos velhos nos vilarejos. E para quê? Para quem? O regime Talibã passou longe de levar ordem e paz ao Afeganistão. Sim, os soviéticos foram vencidos e expulsos do país, mas ainda havia estrangeiros demais em solo afegão para o gosto de Abdul. Dessa vez, ele estava disposto a entregar-lhes as armas de todo o bando e seu estoque pessoal de mísseis Stinger. Em troca da rendição, exigia garantias de proteção contra qualquer ação militar americana e a retirada de seu nome da lista de terroristas aliados da Al-Qaeda e um dos homens mais procurados do mundo.

— Aquela guerra não era nossa. Os americanos estavam atrás dos árabes e não de afegãos. Por que haveríamos de pagar por aquilo? — disse-me, em nosso primeiro e tenso encontro, em 2008.

Após o 11 de Setembro, o comando talibã divulgou um apelo à Casa Branca para que não colocasse o Afeganistão em "uma situação maior de miséria" com uma nova guerra, "porque o povo já havia sofrido muito". "Osama bin Laden se tornou muito popular, a ponto de virar um símbolo. Mesmo para as pessoas comuns, seu nome está associado a todo tipo de ações controversas. Bin Laden não tem essa capacidade. Nós ainda esperamos que a sanidade prevaleça nos Estados Unidos. Estamos confiantes de que uma investigação justa será conduzida pelas autoridades americanas, e que o Talibã não será declarado culpado pelo envolvimento em atos tão covardes [*os atentados às torres gêmeas em Nova York*]", lia-se na nota oficial assinada pelo comando do regime radical islâmico.[4]

Pessoalmente, mulá Abdul também não acreditava que Bin Laden fosse o responsável pelo 11 de Setembro.

Quando aconteceram os atentados nos Estados Unidos, Abdul e seus soldados lutavam nas montanhas ao norte da capital da província Nangarhar, Jalalabad. Havia semanas eles enfrentavam sucessivas batalhas contra as forças de Hazrat Ali, um guerrilheiro leal ao comandante tadjique Ahmad Shah Massoud.

Os pachtos do Talibã dominavam 90% do território afegão, mas não tinham conseguido garantir o controle sobre a província de Badakhshan, na fronteira com o Tadjiquistão, e do vale do Panjshir, o reino de Massoud, no norte de Cabul. No início dos anos 2000, fortalecido pelo recuo dos radicais islâmicos sobre as terras dominadas por ele, Massoud ordenara uma ofensiva para tomar novas áreas dos talibãs; seus soldados tinham conseguido atravessar de Laghman e Kunar, no leste, e avançavam agora sobre um território perigoso. Nangarhar era uma das províncias mais fortemente vigiadas do regime Talibã, por abrigar os terroristas árabes da Al-Qaeda, sob a tutela militar de mulá Abdul.

Os conflitos haviam se tornado particularmente difíceis nos dois dias anteriores, com a morte de Massoud. Os tadjiques queriam vingança. Preocupado, Abdul fora com seus soldados para as montanhas de Dara-I-Nur. Havia informações de que milicianos fiéis a Massoud teriam capturado o governador da província de Laghman. Naquela época, a única comunicação era por rádio, e era preciso estar perto.

Responsável pelas três províncias visadas pelos opositores — Nangarhar, Laghman e Kunar —, Abdul estava sob forte pressão. A proximidade do inimigo o preocupava, particularmente pela segurança de um homem: o saudita Osama bin Laden.

Desde que Bin Laden buscara refúgio no Afeganistão, Jalalabad, perto do Paquistão, servira de base administrativa da Al-Qaeda. A estrada entre Jalalabad e Peshawar, já no lado paquistanês, é a principal rota comercial e de fuga entre os dois países, pelo lendário Khyber Pass. A 50 quilômetros do portal que divide as fronteiras está Tora Bora, um complexo montanhoso e labiríntico de túneis e cavernas, que serviu como base da resistência contra os russos e mais tarde dos campos de treinamento da rede terrorista Al-Qaeda.

O comando militar de Tora Bora colocara Abdul entre os principais oficiais talibãs e um dos mais confiáveis. Informado sobre o avanço dos tadjiques no norte da província, ele marchou com seus soldados para as montanhas de Dara-I-Nur a fim de proteger a região. Passava pouco das 18h (horário local; 9h30 em Nova York) daquele 11 de setembro de 2001, mas o sol do outono afegão já havia se posto sobre o imenso vale quando o mulá alcançou um dos postos de comando e recebeu a notícia: um ataque terrorista espetacular havia acontecido nos Estados Unidos.

Abdul deu de ombros, tinha muito mais com que se preocupar. Só não imaginava quanto. De início, não ligou o incidente em solo americano aos árabes no Afeganistão. Somente dias depois as informações começaram a chegar pelo rádio. Os Estados Unidos apontavam Bin Laden como mandante dos atentados e estavam reunindo tropas estrangeiras para invadir o Afeganistão com a ajuda dos opositores tadjiques da Aliança do Norte.

Mulá Abdul conheceu Bin Laden em um encontro do comando talibã em Jalalabad em 2000.

— Ele era um homem generoso. Um milionário que tinha deixado tudo para trás para lutar a *jihad* contra os russos ao lado dos afegãos, vivendo nas montanhas nas mesmas condições que os soldados *mujaheddin*. Mas, para nós do Talibã, ele era acima de tudo um hóspede que deveria ser protegido. Mas nada além disso.

Ele descreve Bin Laden como alguém comum, sem nenhuma sofisticação e muito reservado. Sentados no chão, eles dividiram kebab de carneiro, arroz e *nan* (pão afegão), e trocaram algumas poucas palavras.

— Como eu vinha do *front*, ele queria saber o que os afegãos pensavam sobre ele, então iniciou uma conversa. Eu fui sincero: "O senhor é um hóspede importante em nossa casa. E todos são profundamente gratos pelo apoio à *jihad* contra os russos. Mas a verdade é que o povo afegão jamais vai aceitá-lo de fato, porque os árabes também são estrangeiros em nossas terras." — Bin Laden se retirou para rezar.

No início de dezembro de 2001, os Estados Unidos receberam a informação de que Bin Laden teria fugido com pelo menos uma de suas três mulheres e alguns filhos para uma base da Al-Qaeda nas montanhas de Tora Bora. A confirmação viria três dias depois, quando a CIA interceptou conversas via rádio entre militantes do Talibã e da Al-Qaeda nas quais teriam identificado a voz do terrorista saudita.

Quando mulá Omar, líder do Talibã, começou a dar as primeiras ordens sobre o que fazer com Bin Laden e os árabes da Al-Qaeda após o 11 de Setembro, diante de mais uma guerra iminente, mulá Abdul pensou: "Esse árabe já me deu trabalho demais!"

(Em 1998, após os ataques terroristas contra embaixadas americanas no Quênia e na Tanzânia, o Pentágono lançou mais de 70 ataques com mísseis Tomahawk contra supostos campos de treinamento da Al-Qaeda na fronteira com o Paquistão, área que, do lado afegão, estava sob o comando de mulá Abdul, que perdeu centenas de jovens soldados na ofensiva.)

Em seguida, porém, mulá Abdul tirou isso da cabeça e começou a preparar seu exército para mais uma missão importante. Bin Laden e seus soldados eram hóspedes no Afeganistão, convidados de mulá Omar, e isso tem um peso enorme nas tribos pachtos. Seus integrantes seguem um código de conduta ética e moral chamado *pashtunwali*, um conjunto de regras que não está escrito em nenhum livro, mas é transmitido de pai para filho há milênios. Nenhuma lei é, para um pachto, soberana ao *pashtunwali*. E um dos tripés da sociedade, de acordo com o código, é a *melmastia* (hospitalidade) — os outros são *siali* (igualdade) e *nang* (honra).[5]

Proteger um hóspede é uma obrigação que pode custar a própria vida — assim como defender os pachtos contra aqueles que não foram convidados para estar em suas terras, os invasores. Preciso fosse, mulá Abdul estava disposto a fazer novamente jus à fama que lhe rendera o apelido "Rocketi".

Foi nos tempos em que ele era um *mujaheddin* e ficou famoso por sua habilidade no manuseio de lançadores de foguete (*rocket*) RPG-7. Tanta habilidade que teria derrubado sozinho um helicóptero soviético com um míssil Stinger disparado do próprio ombro — um dos mísseis fornecidos pela CIA aos *mujaheddin* por meio do serviço secreto do Paquistão durante a Guerra Fria. (Após a vitória sobre os soviéticos, a CIA deixou para trás entre 300 e 500 mísseis Stinger, muitos dos quais foram vendidos ao Irã, o que levou os Estados Unidos a lançar um programa para comprar de volta o armamento, evitando que fosse parar em mãos inimigas.)

— Eu ainda ouço um zumbido no ouvido por causa daqueles mísseis.

Abdul me fala do passado sentado em uma velha poltrona na sala de sua casa, de paredes verde-água descascadas, onde o mofo corrói a tinta. Desde que deixara a prisão, sob custódia das Forças Armadas dos Estados Unidos, ele ocupava o casarão semidestruído, onde me recebeu em nosso primeiro encontro, em um bairro periférico de Cabul, no outono de 2008.

Quem nos abriu a porta foi o empregado da casa, um adolescente. Ele usava o típico *perahan tunban* em um tom cinza-claro contrastando com a sua pele morena; tinha o nariz protuberante, olhos delineados com *kohl* (tinta natural preta usada na Antiguidade como rímel), unhas manchadas de hena e usava sandálias. É um jovem *halekon* (homem bonito), um típico exemplar da etnia pachto. Eu havia lido muito sobre o domínio — inclusive sexual — dos comandantes talibãs sobre jovens serviçais. A sodomia nas tribos pachtos não chega a ser segredo entre os afegãos — os jovens mais educados, que vivem nas cidades e já não são influenciados por antigas tradições tribais, fazem muitas piadas sobre isso, e os talibãs se tornaram seu principal alvo, uma vingança inocente e discreta contra os radicais islâmicos.

A verdade é que a maioria dos soldados talibãs foi criada em internatos para educação religiosa, as madrassas, sem nenhum contato com mulheres, nem mesmo as mães ou irmãs. A relação deles com o feminino, na melhor das hipóteses, é distante. Se não de estranhamento. Em uma sociedade na qual as mulheres vivem confinadas e limitadas ao convívio social em família e na qual beijar uma menina em público pode ser considerado crime, as relações pessoais de amizade e afeto se dão especialmente entre os homens. Mas aquela era a primeira vez que eu estava cara a cara com um talibã, e não tive coragem de tocar nesse assunto.

O jovem empregado nos levou ao primeiro cômodo da casa de muros altos depois de atravessarmos um quintal cimentado e sem vida. Havia dois sofás e uma poltrona de madeira com almofadas de couro em tons de marrom, uma mesa de centro, um vaso com flores de plástico no canto da parede, um tapete afegão vermelho-sangue (única peça de valor no ambiente) e cortinas laranja. Minutos depois, mulá Abdul entra, senta na poltrona individual e, sem se apresentar, pede ao intérprete que inicie as perguntas. Abdul usa um turbante preto, marca registrada do Talibã, tem a barba longa, veste um colete sobre a *kameez* (túnica) branca e um velho sapato preto de couro, sem meias (só os homens ricos e educados — alguns diriam ocidentalizados — usam meias no Afeganistão). O jovem empregado nos serve chá quente, deixa na mesa uma bandeja de plástico com frutas secas e pistache e sai.

Eu faço a primeira pergunta. Em pachto, Abdul diz ao intérprete que não quer responder. Faço a segunda. Abdul não responde. A terceira. Ele mexe a cabeça para um lado e outro, negativamente. O intérprete começa a ficar tenso. Abdul não olha nos meus olhos e nunca se dirige a mim durante a entrevista. (Eu deixo para perguntar o motivo na saída: "Você tira um homem do Talibã, mas não o Talibã dele", responderia o intérprete.)

Mulá Rocketi nasceu Abdul Salam em uma tribo nômade *kuchi** com origens no pequeno distrito rural de Naubahar, no sul da província de Zabul, fronteira com o Paquistão. Como a maioria dos afegãos, ele não sabe quantos anos tem. E, assim como muitas das mulheres pobres afegãs, sua mãe não suportou mais uma gravidez e morreu no parto

---

* Da palavra *kochi*, que significa migração em persa.

do filho caçula — tinha dado à luz onze filhos, oito meninos e três meninas.

Abdul foi mandado para viver em uma madrassa — daí o título de mulá. A maioria dos pais que encaminhavam seus filhos para essas escolas religiosas achava estar fazendo o melhor para o futuro das crianças: nas madrassas a educação era gratuita, assim como a alimentação e a estada. Embora fossem acomodações simples, eram muito melhores do que as condições nas zonas rurais ou campos de refugiados, onde eram privadas dos serviços mais básicos. Além do mais, durante os conflitos, as escolas normais viviam fechadas, os deslocamentos representavam riscos; muitos tinham perdido o pai nos conflitos e, no geral, não havia perspectiva de futuro para eles.

O pai de Abdul, Haji Manzar, embora pobre, era o líder dos *kuchi*, dono do maior número de cabras, ovelhas e camelos da tribo. A família plantava para a própria subsistência, migrando das montanhas para o vale e vice-versa no ritmo das estações. Quando a colheita não era suficiente para alimentar os filhos, trocava lã e carne por grãos, legumes e frutas nos vilarejos por onde passava. Mas os conflitos e os milhares de explosivos que transformaram as pastagens do Afeganistão em campos minados obrigaram pelo menos 60% das famílias *kuchi* a deixar de ser nômade.

Na madrassa em que Abdul estudou, os alunos não aprendiam nada além do livro sagrado, em árabe, idioma que a maioria pachto não compreende. Não tinham contato com o mundo do lado de fora dos muros altos do internato religioso, onde passavam os dias memorizando em voz alta os 6.236 *ayat* (versos) do Corão, sem saber direito o que diziam.

Localizadas em áreas rurais na fronteira com o Paquistão, as madrassas eram, na realidade, fortemente influenciadas pelo *pashtunwali*, muito mais conservador, restritivo e desigual com as mulheres do que a mais radical interpretação do Islã. Foi nessas escolas religiosas que começaram a recrutar e treinar meninos para reforçar a *jihad* no Afeganistão. Depois de estudar o Corão, eles passaram a aprender a manusear kalashnikovs, lançadores de foguetes RPG-7 e BM-12 e mísseis Stinger. O número de madrassas no Paquistão aumentou de cerca de mil, em 1978, para mais de 8 mil em 2001 — muitas delas graças a generosas doações de países muçulmanos como Arábia Saudita ou árabes milionários, como Bin Laden.

Abdul já tinha se unido à *jihad* e se tornara um importante comandante *mujaheddin* a cargo da 27ª brigada em combate nas províncias de Zabul e Kandahar. A saída das tropas soviéticas deixara ao mesmo tempo um vácuo no governo central e caos por todo o país. Mas a situação era particularmente dramática no sul, sobretudo em Kandahar, que mais tarde ficaria conhecida como berço do Talibã.

Milicianos bloqueavam ruas e estradas por dinheiro — na principal estrada que liga Kandahar a Spin Boldak, última cidade da fronteira com o Paquistão, contavam-se cinco desses bloqueios em apenas 50 dos 104 quilômetros.[6] Caminhoneiros e agricultores estavam pagando mais propina a esses gângsteres do que o que podiam ganhar vendendo seus produtos. Pagar pedágio para movimentar-se de um lugar para outro era especialmente dramático para as famílias *kuchi* que ainda insistiam em viver como nômades, apesar dos perigos.

Os *kuchi* foram grandes apoiadores dos talibãs, porque achavam que eles desejavam restabelecer a ordem e a segurança. Os jovens estudantes pareciam ser bons meninos e, quando surgiram varrendo os bandidos das rodovias, o povo de Kandahar e da vizinha Zabul, província de Abdul, aceitou sua chegada com alegria, comida e hospedagem. Em vez de dar propina a bandidos, passaram a entregar seu dinheiro para o líder dos estudantes, mulá Omar, ex-interno de uma das mais radicais e populares madrassas do Paquistão, a Haqqania.

Naquele momento, os talibãs conseguiram dominar várias regiões não pela força, mas porque os afegãos estavam fartos da guerra e tão decepcionados e ultrajados com os abusos dos *mujaheddin* que se renderam. Até o presidente Hamid Karzai, então líder dos refugiados da tribo Polpozai nos arredores de Quetta, no Paquistão, acreditou que os jovens estudantes, por serem religiosos, queriam apenas restabelecer a segurança no país e, assim que o fizessem, convidariam os monarcas no exílio para reassumir o posto no comando do país. Karzai teria dado 50 mil dólares do próprio bolso aos talibãs.[7]

Muitos *mujaheddin* estavam desiludidos com os próprios comandantes e com os militares do Paquistão; tantos milhões de dólares haviam sido entregues nas mãos deles durante a resistência contra os russos e só o que fizeram, no sentimento popular, foi enriquecer a si próprios. O Afeganistão continuava miserável e em guerra.

Abdul juntou-se ao Talibã em 1994. Reuniu cerca de 2 mil homens em Zabul e voltou para o *front*. Em apenas quatro dias Kandahar caiu sob domínio dos radicais. Foi a primeira cidade a ter um governo Talibã.

Em seguida, os radicais rumaram para a capital. Ao dominar Cabul, em 1996, sua primeira ação foi invadir o palácio Dar-ul-Aman onde o ex-líder comunista Mohammed Najibullah continuava vivendo sob proteção da ONU. Ele foi castrado, amarrado à traseira de um Toyota Land Cruiser e arrastado pelas ruas como prêmio e, então, enforcado em um poste para toda a cidade ver. Era apenas um prenúncio da brutalidade dos talibãs.

Durante o regime Talibã, entre 1996 e 2001, o Afeganistão se transformaria em um Emirado Islâmico nos moldes dos tempos do profeta Maomé. Fotografias, música, televisão, livros não muçulmanos, cartões-postais, pipas, jogos de azar foram proibidos; mulheres não podiam falar alto, rir em público, pintar as unhas, usar salto alto, roupas coloridas, cosméticos ou maquiagem. Daquele momento em diante, elas só andariam nas ruas de burca e na presença de um *mahram* (homem da família, como pai ou irmão; nunca um primo, com quem podiam se casar). Os homens eram obrigados a usar o *perahan tunban*, com braços e pernas bem cobertos, cortar o cabelo e deixar crescer a barba.

— Mas, pelo menos, havia segurança — defende mulá Abdul. Se não para os "infiéis", para os afegãos comuns, ele argumenta.

Abdul assumira o posto de comandante militar dos talibãs em Nangarhar, posição que manteria até 2001.

Um evento, especificamente, teria empurrado Abdul para se juntar aos radicais islâmicos. Na ofensiva para garantir o controle do país depois da saída dos soviéticos, o general Muhammad Zia-ul-Haq, então diretor do serviço secreto do Paquistão, teria patrocinado um grande ataque em Jalalabad, em 1989, logo após a saída das tropas soviéticas do país e já de olho no controle da capital, Cabul, que era o objetivo final das diversas forças que disputavam o governo central do país. Abdul presenciou centenas, milhares de afegãos fugirem a pé deixando tudo para trás, muitos deles feridos e sangrando, ou carregando mortos-vivos em carrinhos de mão.

Mais de 200 mil pessoas da antiga capital mongol, de palácios e jardins, foram pegas de surpresa no fogo cruzado entre os *mujaheddin* que tentavam avançar sobre a cidade e aviões que bombardeavam as saídas. Em poucos dias, cerca de 10 mil pessoas foram mortas, a maior baixa civil em mais de uma década de guerra desde a invasão soviética. Segundo um embaixador russo para o Afeganistão, a quantidade de munição usada no ataque a Jalalabad foi quatro vezes maior do que na maior batalha da Segunda Guerra Mundial, Stalingrado, "porque, ao contrário dos alemães e soviéticos, os afegãos recebiam [*munição e armas*] de graça [*do Paquistão e da CIA*], portanto, não faziam economia".[8]

Uma casa usada como base por mulá Abdul em Jalalabad teria sido invadida na operação e ele teve parte de sua coleção pessoal de mísseis Stinger roubada; um irmão foi levado pelos invasores (e mais tarde morto), segundo ele a mando do ISI. O comandante reagiu sequestrando um diplomata e dezenas de milicianos paquistaneses.

Osama bin Laden também estava nos campos de batalha de Jalalabad durante a operação supostamente paquistanesa e teria ficado tão chocado com a matança "desnecessária" de civis que ficara convencido de que aquele ataque era parte de uma conspiração dos Estados Unidos, colocado em prática pelo Paquistão, para desacreditar os muçulmanos e acabar com a *jihad*.[9]

Mais tarde, diante da ofensiva iminente das forças de coalizão lideradas pelos Estados Unidos após o 11 de Setembro, Bin Laden teria ajudado, pessoalmente, a negociar a entrega pacífica de poder em Jalalabad, em um jantar com oficiais paquistaneses. O acordo teria sido liderado por Mujahid Ullah, filho de Khalis Younus, um ex-comandante local e opositor do Talibã. Younus queria voltar ao poder, mas não podia ferir o princípio da hospitalidade afegã. Bin Laden era um convidado e deveria sair de lá vivo. (Abdul não confirma nem nega sua presença nesse jantar, mas especula-se que tenha sido um dos dois oficiais talibãs envolvidos nas negociações.)

Os talibãs deixaram Jalalabad em direção a Kandahar no início do dia em que Bin Laden partiu para Tora Bora.

O saudita foi escoltado por cerca de sessenta seguranças particulares árabes em um comboio com cem carros, caminhões-tanque e veículos blindados para a principal base militar da Al-Qaeda. No complexo de alta segurança haveria outros mil soldados da organização terrorista. Ele vestia o *perahan tunban* em tom cinza-claro sob uma jaqueta camuflada, e levava pendurada no ombro uma pequena metralhadora kalákov, versão menor da kalashnikov. Ao se despedir Bin Laden estava de mãos dadas com Malauvi Abdul Kabir, o ex-governador de Jalalabad, como é o costume entre homens muçulmanos espiritualmente próximos.[10]

A ofensiva contra a base militar da Al-Qaeda em Tora Bora começou em 6 de dezembro com intensos bombardeios de B-52. Foi a mais dura e sangrenta operação do início da guerra, para ambos os lados do conflito. Em poucos dias, mataria mais de cem civis dos vilarejos montanhosos e outros 120 insurgentes árabes e tchetchenos. Milhares de afegãos voltaram a atravessar a fronteira e começaram de novo a lotar os campos de refugiados do Paquistão.

Enquanto os árabes fugiram para Tora Bora, os comandantes talibãs haviam migrado mais para o sul; seus pupilos cortaram a barba e retornaram para suas vilas. Em Kandahar, seriam recebidos por 1,5 mil *marines* americanos e encurralados na vizinha província de Zabul, onde Abdul se encontrou com Pir Gailani.

Após entregar suas armas, desconfiado de que Washington pudesse não cumprir o acordo de rendição, Abdul partiu novamente para as montanhas, dessa vez em busca de abrigo e proteção. Ele seria preso cinco meses depois por militares americanos em uma reunião entre antigos comandantes do Talibã, em Kandahar, em maio de 2002.

Foram oito meses de detenção e interrogatório, sobre os quais Abdul se recusa a dar detalhes em nossa entrevista. Apenas afirma terem sido os dias na carceragem "os mais difíceis de sua vida". Um acordo com o governo de Hamid Karzai teria permitido sua libertação em 2003 — mas mulá Abdul tampouco revela os termos desse acordo.

Nas eleições parlamentares de 2004, um Abdul ainda analfabeto, mas com o discurso reformado, candidatou-se a uma das dez cadeiras reservadas aos *kuchi* no novo Parlamento afegão, como previsto na então recém-aprovada Constituição do país. Durante semanas, ele percorreu os distritos que antes comandou militarmente, distribuindo agora comida e promessas de reforma econômica e da volta dos talibãs.[11] Um Talibã pacífico, diga-se.

Mulá Abdul foi eleito representante da província de Zabul. E se tornaria um dos principais interlocutores entre o governo de Karzai e os insurgentes. Ele negociou a rendição de vários integrantes do grupo — cerca de 6 mil milicianos se renderam, a maioria combatentes de baixo escalão, sem posição de comando.

Uma primeira oferta de anistia aos insurgentes foi feita pelo governo em 2005 e houve rumores de que incluiria o líder do Talibã, mulá Omar (embora sua cabeça tivesse sido colocada a prêmio pela CIA por 10 milhões de dólares), o antigo aliado do Paquistão Gulbuddin Hekmatiar e se estenderia aos presos de Guantánamo e Bagram, mas ficou somente nas palavras. No ano seguinte, o governo afegão elaborou um plano de ação de cinco anos, em que a reconciliação estava prevista, mas os Talibãs teriam de garantir a paz e responder pelos crimes cometidos perante a Justiça.

A insurgência, que havia em princípio recuado para as montanhas, começava a ganhar fôlego. Com seus aliados estrangeiros distraídos demais na guerra do Iraque, o governo afegão começava a se sentir encurralado.

Os talibãs já dominavam 72% do país.

— Eu disse ao comando Talibã: agora é hora de deixarmos as diferenças de lado, de nos unirmos como pachtos que somos e de pararmos de matar nossos irmãos afegãos — declarou Abdul exaltado, ao fim daquela primeira entrevista, levantando-se e deixando a sala sem dizer mais nenhuma palavra ou se despedir.

Seus planos, porém, não sairiam como esperado. E isso cortaria o coração duro do velho talibã.

Quando voltei ao Afeganistão, em 2011, Salam Rocketi, andava sumido e havia alguns meses eu perdera o contato com ele. De qualquer forma, era agora uma figura pública e não parecia missão impossível tentar encontrá-lo. Perguntamos aqui e ali. Então soubemos que se mudara. Estaria vivendo "na quadra dos Talibã". O bairro de Khosh Hal Khan é chamado assim desde que outro Abdul, o Abdul Salam Zaeef, ex-embaixador do governo Talibã no Paquistão e um dos homens mais poderosos do grupo, voltou à capital para se instalar em uma mansão sob custódia das Forças Armadas do Afeganistão. Foi seguido de outra figura importante no governo dos radicais islâmicos, o ex-ministro de Relações Exteriores do Talibã, Wakil Ahmed Muttawakil.

Quando nos dirigíamos a Khosh Hal Khan, uma fonte telefonou informando um novo número de Abdul. O mulá atende. Estamos no lugar certo e ele pede que nós o esperemos em frente ao portão da casa, pois está fazendo *jogging* em uma esteira do Safi Landmark — a reforma do centro comercial anexo ao hotel, aquele onde eu me hospedei na primeira vez e que foi destruído em um ataque suicida, inclui uma academia. *Jogging*?

Ele chega dirigindo o próprio carro, um Volkswagen, fala sem parar em um celular Samsung e usa óculos escuros sob o mesmo turbante negro de antes. Há três anos não o vejo e ele continua a não me olhar nos olhos, mas me cumprimenta com um sonoro *salaam aleikum* (que a paz esteja com você), ao que eu respondo levando a mão direita ao coração e curvando-me à frente dele. *Alaikum as-salaam*, eu retribuo. O gelo inicial é quebrado.

Abdul nos convida para entrar. A casa é menor do que a anterior, parece vazia e abandonada e tem os vidros das janelas quebrados. Largados no quintal de terra batida, inúteis, um velho aspirador de pó laranja e a mangueira na mesma cor — só um homem poderoso teria o privilégio de regar o jardim desperdiçando a água, que esse país desértico não tem, e depois o dinheiro, por achar que poderia aspirar todo o pó do ar de Cabul, esse pó fino que entra pelos poros e seca a gente por dentro.

Ele pede ao empregado que traga uma poltrona e almofadas para sentarmos no terraço externo. Explica precisar de alguns minutos diários de sol, recomendação do médico indiano que o operou, sugerindo ainda que o paciente fizesse uma hora de esteira todos os dias, uma caminhada rápida e a passos bem curtinhos. Nos tempos do Talibã, ele me conta, os barbudos deixavam de lado suas armas para jogar vôlei e futebol nas montanhas (quando o regime caiu e ele pôde de novo ver tevê, virou fã de Kaká e Ronaldo). E o homem que no passado comandou exércitos pela cordilheira de Hindu Kush agora faz jogging em uma esteira de academia, frequentada predominantemente por estrangeiros, num hotel semidestruído, cercado de seguranças particulares.

O tratamento faz parte da longa recuperação desde o atentado que quase lhe roubou a vida num tiro. Três tiros, para ser exata. Um atingiu-lhe a cabeça. Foi em janeiro de 2011.

Perto de meia-noite, Abdul dirigia para casa quando dois estranhos apareceram do nada na frente do carro e atiraram em sua direção. Estavam a pé. Abdul abaixou-se na tentativa de se proteger e chegou a pegar a arma, uma pequena pistola de fabricação alemã, sob o banco do passageiro. Atirou para o alto, em vão, com o tronco ainda abaixado. Assim ficou não sabe quanto tempo, pois apagou. Quando recobrou a consciência já não havia mais ninguém.

Em Cabul não existem recursos para intervenções médicas complexas e Abdul foi transferido para um hospital em Nova Delhi, na Índia — como o fazem a classe média e os poderosos —, onde foi submetido a uma cirurgia na cabeça. Ele tira o turbante negro para me mostrar a cicatriz que parece ter dado um nó em seus pensamentos.

O ex-talibã agora fala de amor, reconciliação e lembra-se do passado com a nostalgia de quem já teve um coração inocente (a ignorância pode mesmo ser uma bênção), e afirma nunca ter concordado "fundamentalmente" com as atrocidades dos talibãs, seja lá o que isso quer dizer. É um velho cansado. Já sobrevivera a um ataque antes, em 2009, na província de Baghlan — um de seus homens morreu a poucos metros dele na explosão. Há tanta gente querendo sua cabeça, das tantas vezes que mudou de lado nesse conflito sem-fim, que não sabe dizer de onde os ataques partiram.

— Arrepende-se? — eu pergunto a esse ex-nômade, ex-refugiado, ex-*mujaheddin*, ex-talibã, ex-prisioneiro de guerra, ex-político.

O barulho de aviões militares atrapalha nossa conversa e ele silencia um minuto, cabisbaixo.

— Da luta contra os russos, não. Um muçulmano não pode se arrepender da *jihad*. E aquela era uma *jihad* legítima. Nós éramos tão livres, lutando nas montanhas. Mas quando você se envolve com a política, isso não é bom. Vende-se a alma. Depois do 11 de Setembro, eu nunca mais fui um homem livre. Vivo preso em Cabul. De um lado, tenho problema com os talibãs, de outro, com os estrangeiros, com esse governo. Mas tudo o que fiz...

Ele parece exausto. Eu pergunto se ele quer parar um pouco a entrevista, mas ele responde que não.

— Eu estou apenas muito cansado. Às vezes chego a pensar que estou doente. Mas, quando procuro os médicos, eles me dizem que não há nada de errado comigo, além do ferimento que já estou tratando...

Ele baixa a cabeça. Suspira.

— Eu perdi tudo, os afegãos perderam tudo. Nós queríamos a unidade nacional, queríamos paz, queríamos que o Afeganistão fosse como outro país islâmico qualquer. Não conseguimos nada disso. Quero ir embora daqui. Esses são os tempos mais miseráveis de toda a minha vida.

Ele diz ter saudades das montanhas. Em casa se sente como um bicho enjaulado — e desprotegido.

Anda armado, mas não tem seguranças.

— Pensou que fosse morrer? — pergunto.

— Minha vida pertence a Alá.

Curiosa sobre a vida (não as batalhas) de um talibã, eu pergunto se o homem durão à minha frente, incapaz de olhar nos olhos de uma mulher, é casado, se tem filhos. Ele responde que sim. Tinha apenas vinte anos e ainda era um *mujaheddin* quando o pai negociou uma esposa para o filho com uma família refugiada em Quetta, para onde tinham também migrado os parentes de Abdul quando ele foi para as montanhas lutar a *jihad*.

Naqueles tempos os homens estavam muito envolvidos com a luta e nas montanhas não era possível fazer grandes festas de casamento, como é costume entre os afegãos comuns. Mulá Abdul selou apenas um *nikaah* (acordo religioso) com o pai da noiva, na presença de um *maulavi* (clérigo do Islã), e a mulher foi levada até ele posteriormente. É assim a tradição.

Eu pergunto se foi boa a escolha do pai. Em princípio ele não entende.

— Ela é bonita? O senhor se apaixonou pela mulher que seu pai escolheu para ser sua esposa? — eu insisto.

Ele olha para mim pela primeira vez, espantado. Sorri, um pouco sem graça, e pede que eu desligue o gravador.

— Um homem como eu não pode falar sobre essas coisas. Não nesse país, não um *mujaheddin*, um talibã! Isso seria uma vergonha!

E então responde.

Sim, para ele a mulher "tem sido bonita". Sim, "por certo se apaixonou por ela" depois do casamento. O casal tem oito filhos; as quatro meninas são solteiras e ainda vivem com os pais, assim como três dos meninos. Diferentemente da infância e adolescência de Abdul, todos estão na escola. O mais velho dos quatro homens faz faculdade na Índia, está prometido a uma jovem afegã escolhida pela mãe e irá se casar assim que terminar os estudos e retornar a Cabul.

— Você sabe, os muçulmanos podem ter até quatro esposas. E os comandantes *mujaheddin*, os *jihadistas*, especialmente aqueles que tinham autoridade como eu, eles tentavam ter mais do que uma esposa porque isso também era sinônimo de poder. Então, optavam por ter duas, três mulheres. Mas eu recusei casar-me de novo.

— Ela deve estar feliz, a esposa — eu digo, provocando nele uma gargalhada quase infantil.

— Você é uma pessoa muito emocional — ele comenta. Eu imagino ter, finalmente, conseguido remover as camadas e camadas de dureza que as muitas guerras foram deixando em sua alma, e chegar no coração daquele que um dia foi apenas um menino de uma tribo nômade remota do sul da Ásia. Mas, então, Abdul embrutece de novo, como para me lembrar de que estou diante de um talibã.

— O casamento tem regras no Islã e elas fazem muito sentido. Há muitas viúvas no mundo e elas precisam de proteção, então, nosso sagrado Corão permitiu ao homem ter duas, três esposas, mas somente se puder tratá-las igualmente. Tudo o que vem de Alá tem sentido. Só Alá pode salvar esse país. Não os homens. Nós não fomos capazes.

Abdul está desapontado (com a guerra civil, a miséria, o novo governo, os estrangeiros, com si próprio).

Eu falo sobre a crueldade, as violações de direitos humanos, a situação terrível das mulheres nos tempos dos talibãs.

— E de que adianta as mulheres terem conquistado o tal direito de escolher usar a burca se hoje não podem sequer sair e andar livremente nas ruas por que não há segurança? Vocês falam da violência do Talibã, mas agora toda a gente, principalmente mulheres e crianças, está sendo morta sentada dentro de casa, por esses bombardeios terríveis.

(Agora é um caminhão de gás com aquela música irritante que atrapalha a entrevista.)

Eu reúno coragem e pergunto sobre os rumores de sodomia.

— Mentira! Tudo mentira! Isso era coisa daquela gente, dos senhores de guerra! E eles queriam nos desmoralizar.

(Uma das lendas sobre a criação do Talibã dá conta de um comandante dos tempos dos *mujaheddin* que teria tomado à força um jovem kandahari e desfilado com ele como sua "noiva" em um tanque de guerra, o que teria enfurecido mulá Omar, que então decidira juntar seus estudantes e tomar a cidade).[12]

— São esses mesmos senhores de guerra que estão agora no governo — continua ele, raivoso.

— Esses homens que agora andam cercados de seguranças, que ocupam os cargos mais altos do governo... Eles são apenas criminosos, mercenários. Noventa por cento desse governo é ocupado por ladrões, negociam drogas e sequestros. Eles estão fazendo muito dinheiro e, se a guerra acabar, perderão seus lucros e benefícios. São corruptos e estão impunes. Nos tempos do Talibã não havia nada disso — diz, ecoando o que muitos afegãos repetem nas ruas de Cabul, mas também ignorando as atrocidades do regime radical islâmico. E acentuando as profundas divisões ainda existentes na sociedade afegã.

Mulá Abdul se refere, mais especificamente, a um homem de etnia tadjique e antigo desafeto que chegou a liderar exércitos para a luta no norte de Nangarhar contra os soldados talibãs sob seu comando: marechal Mohammad Qasim Fahim, o primeiro vice-presidente de Hamid Karzai. Nas rodas mais próximas à cúpula do poder no Afeganistão, dizia-se que Fahim e não o presidente afegão estava no comando do país.

— A paz não virá. Se vier, eu serei velho demais para ela — conclui Abdul.

3
Marechal Fahim — O senhor da guerra

Na longa história de conflitos no Afeganistão, o maior desafio dos conquistadores sempre foi alcançar um balanço entre as diferentes forças que dividem a sociedade — etnias, tribos, clãs, ordens religiosas. Um sistema em que o líder local tem mais influência do que qualquer governo central; e a palavra de um ancião, mais valor do que as leis. Hamid Karzai, ele também filho de um líder tribal, conhece bem essa característica peculiar que fez dos afegãos um povo ingovernável ao longo de milênios e até hoje. Seus inimigos também. Para se manter no poder, Karzai se cercou deles. Nenhum, no entanto, se tornou tão poderoso quanto Muhammad Qasim Fahim.

Os dois se conheciam de longa data. Durante a guerra civil, então subcomandante militar do lendário tadjique Ahmad Shah Massoud, Fahim teria mandado prender e interrogado Karzai pessoalmente — alguns dizem brutalmente, embora não seja possível provar — por suspeita de que fosse um espião do serviço secreto paquistanês, que apoiava o opositor da etnia pachto, Gulbuddin Hekmatiar.

Hekmatiar e Massoud foram dois dos sete comandantes *mujaheddin* a receber armas e dinheiro da CIA para impedir o avanço no país da União Soviética comunista.

O serviço de inteligência dos Estados Unidos começou a enviar ajuda financeira para as facções de rebeldes afegãos seis meses antes da chegada das tropas soviéticas ao país. Em dois documentos secretos, vazados à imprensa, o então presidente americano Jimmy Carter autoriza o "suporte unilateral ou através de países terceiros para os insurgentes afegãos na forma de dinheiro ou suprimentos não militares" e o uso de "propaganda" subliminar para "expor" o governo de esquerda no Afeganistão como "tirano, opressor".[13] As ações eram parte da chamada Operação Ciclone, de uma divisão de elite da CIA, que mais tarde incluiria o envio de armamentos em massa para o Afeganistão, já sob Ronald Reagan. Havia 4 mil bases de rebeldes no Afeganistão,[14] que operavam sob ordens de sete líderes baseados no Paquistão.

O Jamiat-i-Islami, partido do tadjique Burhanuddin Rabbani, integrado por Massoud e Fahim, no entanto, mantivera independência do Paquistão, que privilegiava Hekmatiar na destinação dos recursos. Ele teria recebido sozinho 600 milhões de dólares ou a metade do dinheiro enviado pela Casa Branca, pelo Reino Unido e pela Arábia Saudita para a resistência afegã.

Os militares do ISI vendiam ao Ocidente a imagem de um Hekmatiar moderado e confiável, mas ele era na realidade um fanático religioso, acusado de jogar ácido no rosto de meninas que ousavam ir para a escola, e um dos homens mais próximos de Bin Laden. (Dizia-se que Hekmatiar gastava mais tempo matando civis e outros *mujaheddin* do que combatendo os soviéticos e, mais tarde, ele seria colocado na lista de terroristas do Departamento de Estado Americano.) O Paquistão também estimulou a vinda de mais de 30 mil guerrilheiros de 43 países, jihadistas da Chechênia, Caxemira, Argélia etc., para lutar no Afeganistão, organizados e treinados pelo aliado e milionário saudita.

Naquela época, no entanto, Washington não se importava com nada disso. Tudo o que queria era ver os comunistas longe daquele território estratégico entre Ocidente e Oriente, ainda que seu lugar fosse ocupado por uma ideologia islâmica — isso não parecia representar qualquer ameaça aos interesses americanos, então.

Quando chegou com novas ideias ao Kremlin, em 1985, Mikhail Gorbachev seria determinante para a retirada das tropas do Afeganistão. Em 1988, os líderes dos países envolvidos nos conflitos assinaram o Acordo de Genebra, em que os Estados Unidos e a União Soviética concordavam em não mais interferir nos assuntos internos do Afeganistão e do Paquistão. Também foi definido o prazo para a retirada das tropas soviéticas do país, em fevereiro de 1989.

Moscou havia usado três estratégias principais na ofensiva em solo afegão: forçar a emigração das áreas onde havia revoltas, com bombardeios e minas terrestres, na tentativa de evitar que os dissidentes recrutassem novos milicianos e encontrassem esconderijo e apoio logístico entre a população; infiltrar espiões nos grupos de resistência; e usar a polícia secreta afegã (Khad) para espalhar falsas informações e instigar rivalidades dentro da Aliança dos Sete Partidos *Mujaheddin*, acentuando as diferenças já existentes entre eles, o que contribuiu para o conflito subsequente.

A resistência de Hekmatiar em aceitar um governo de união após a saída dos soviéticos e a ganância de Rabbani em tentar se segurar no poder a qualquer custo foram o estopim da guerra civil que transformou Cabul em um cenário de Guernica. Em uma reunião com os comandantes *mujaheddin* e líderes tribais e religiosos — Pir Syed Gailani, o pai de Fatema, entre eles — em Peshawar, em 1992, os rebeldes selaram um acordo em que o moderado Sibghatullah Mojaddedi, líder do partido de Gailani, assumiria o controle em Cabul por dois meses, até que pudesse ser formado um governo de transição.

Massoud foi nomeado ministro interino da Defesa. E a Hekmatiar foi oferecido o cargo de primeiro-ministro interino já no governo de transição, que seria rotatório, com cada comandante no poder por seis meses. O primeiro deles seria o tadjique Rabbani. Em princípio Hekmatiar aceitou, mas impedido por forças leais a Massoud de assumir o posto em Cabul, o comandante atacou a capital com o apoio do Paquistão. Depois de mais de uma década envolvido nos conflitos no Afeganistão, os militares paquistaneses não estavam dispostos a entregar o país, especialmente nas mãos de um tadjique. Embora oficialmente o então presidente do Paquistão, Nawaz Sharif, apoiasse o governo de Rabbani, o ISI permaneceu com Hekmatiar, redirecionando depois o apoio ao Talibã.

Rabbani tampouco estava disposto a abrir mão do poder e, depois de terminado o mandato de seis meses, permaneceu na presidência alegando que questões de segurança o impediam de passar o posto para a frente. Sem um acordo, e com armas de sobra deixadas pelos americanos,* os comandantes

---

* A ajuda americana, de um lado, e a soviética, do outro, fizeram do Afeganistão o maior receptor de armamento pessoal do mundo nos anos 1980, de acordo com o relatório do SIPRI Yearbook on World Armaments, publicado em 1991.

divididos em etnias lideraram seus exércitos sobre a capital. Massoud assegurou o controle do norte; Hekmatyar, do sul. O uzbeque Abdul Rashid Dostum aliou-se a Massoud, depois a Hekmatiar e, em seguida, passou a lutar independentemente — alguns comandantes mudavam de lado com a mesma frequência com que recarregavam suas armas. Um conselho de tribais anciãos assumiu Jalalabad. Outras cidades da fronteira com o Paquistão, como Kandahar, se tornaram territórios anárquicos. As milícias hazaras, apoiadas pelo Irã, tomaram Herat, sob Islamil Khan. O interesse de atores externos sobre o futuro do Afeganistão inundava o país com mais armas e dinheiro do que já havia sido desperdiçado durante a *jihad*.

Na capital, o Aeroporto Internacional foi fechado, o palácio presidencial tomado e destruído, assim como praticamente todos os prédios oficiais e marcos. Havia bombardeios diários. A estação de energia de Sarobi, a cerca de 50 quilômetros de Cabul, foi ocupada e o fornecimento de energia e água, cortado. Organizações humanitárias denunciavam execuções e estupros em massa, ataques contra alvos civis e outros crimes de guerra. O caos encorajava saques e roubos, vinganças e assassinatos motivados por acertos de conta pessoais. Não se podia mais confiar em ninguém. Aterrorizada, a população fugiu para os já lotados campos de refugiados nas fronteiras. Dos mais de 2 milhões de habitantes de Cabul, restaram apenas 500 mil. Em Kandahar, segunda maior cidade do Afeganistão com 200 mil habitantes, a população foi reduzida a apenas 25 mil pessoas.

Quando, em meio a esse caos, os talibãs ascenderam ao poder, os grupos inimigos — exceto por Hekmatiar, que debandara para o lado dos radicais islâmicos — deixaram as diferenças de lado e se uniram em torno da Aliança do Norte, sob o comando militar de Massoud. Eram tadjiques como ele, uzbeques e hazaras. Seus líderes se odiavam, mas não tinham alternativa senão unir forças e confiar em Massoud. Filho de um coronel do exército do rei Zahir Shah, estrategista brilhante, o Leão do Panjshir, como era chamado, conseguiu assegurar durante todo o regime dos radicais islâmicos o controle de pelo menos 10% do país — áreas de minoria pachto, como a província de Badakhshan, onde dispunha de 12 mil homens, além de outros 10 mil dispersos pelo país, e o próprio Panjshir[15] — sem nenhum apoio estrangeiro.

O Ocidente só voltou sua atenção novamente para Cabul quando a Al-Qaeda promoveu atentados contra embaixadas americanas no leste da África, em 1998, e os talibãs se recusaram a entregar Bin Laden. Massoud usou isso para pressionar a comunidade internacional. Ele levantou a bandeira da democracia e a proteção de civis contra os radicais. Em um encontro do Parlamento europeu em Bruxelas, Massoud fez um apelo para que o mundo apoiasse a Aliança do Norte e pressionasse o Paquistão a findar a ajuda aos radicais islâmicos e aos terroristas árabes no Afeganistão.

Massoud tinha 49 anos quando foi assassinado poucos meses depois desse encontro, naquela emboscada por terroristas da Al-Qaeda, dois dias antes do 11 de Setembro. O chefe da segurança e do serviço de inteligência de Massoud, no momento de sua morte, era Fahim.

Enquanto os atentados ocorriam na América, Fahim era confirmado no lugar de Massoud à frente da Aliança do Norte, em um encontro em Duchambe, a capital do Tadjiquistão, com representantes da Rússia, Índia, Irã, Tadjiquistão e Uzbequistão — eles tinham suas próprias agendas políticas e estavam preocupados sobre o futuro do Afeganistão. A Índia temia o avanço ainda maior do arqui-inimigo Paquistão, sob o governo militar de Pervez Mussarraf, que havia muito desejava estender seu domínio para além dos territórios pachtos divididos pela Durand Line; o Irã xiita não estava confortável com um governo radical sunita batendo à sua porta; a Rússia acreditava que Bin Laden, além de ter ajudado os afegãos a vencer os soviéticos, patrocinava rebeldes na Chechênia; e o Tadjiquistão e o Uzbequistão temiam a instabilidade em suas fronteiras e o fortalecimento de radicais islâmicos em seu território, além de terem ligações étnicas com os milicianos tadjiques e uzbeques de oposição aos talibãs.

Uma comissão de investigação sobre o 11 de Setembro, pelos Estados Unidos, sugeriu que o assassinato de Massoud havia sido uma tentativa de enfraquecer a Aliança do Norte e assim dificultar a resposta militar do Ocidente aos ataques contra as Torres Gêmeas. A CIA chegou a levantar a possibilidade de que Fahim tivesse envolvimento no crime — durante o regime soviético no Afeganistão, Fahim foi acusado de servir secretamente à KGB.

Mas, aterrorizada pelos atentados contra as Torres Gêmeas, a Casa Branca não tinha alternativa naquele momento. A administração Bush sabia que iria precisar de um aliado local forte para ajudar a combater os talibãs, e a Aliança do Norte era a única força coesa de oposição no país.[16] Eles teriam de engolir Fahim.

Nos meses seguintes ao 11 de Setembro, Fahim visitou bases militares na Grã-Bretanha e nos Estados Unidos, se reuniu com o então primeiro-ministro do Reino Unido, Tony

Blair, o presidente dos Estados Unidos, George W. Bush, e da Rússia, Vladimir Putin. Trabalhava próximo da CIA, negociava questões de segurança em reuniões a portas fechadas com o general americano no comando das operações no Afeganistão, Tommy Franks, o secretário-geral da Otan, George Robertson, e o comando militar das tropas de coalizão. Ele se tornaria o principal consultor e estrategista da guerra no Afeganistão, com extraordinária influência sobre o aparato militar e de segurança do país.

Em novembro de 2001, Fahim comandou pessoalmente o retorno triunfal de seus soldados a Cabul, acompanhado pelas tropas das forças de coalizão lideradas pelos Estados Unidos, para ocupar o governo e depor o regime dos talibãs — que, àquela altura, já tinham fugido para as montanhas. Tal papel lhe renderia a posição de ministro da Defesa do governo interino, como decidido na *loya jirga* realizada em Cabul em 2002, com o aval dos Estados Unidos e da ONU, que nomeou também Hamid Karzai como o novo presidente do Afeganistão para um mandato de dois anos até as eleições diretas previstas para 2004. Fahim não escondia sua insatisfação com a preferência do Ocidente por Karzai e dava demonstrações de que não estava nem um pouco disposto a ser colocado de lado no novo governo — por mais democrático que fosse. Quando Karzai voltou definitivamente para Cabul, para ocupar seu posto no comando do país, foi Fahim quem o recebeu no aeroporto.[17] E durante meses os dois antigos desafetos compartilharam as dependências do Palácio do Governo.

Fahim era apontado por integrantes da cúpula do novo regime como o homem mais poderoso do Afeganistão. E eu queria conhecê-lo.

— Você ficou maluca? Essa gente... Eles sequestram estrangeiros por dólares e matam os afegãos que estiverem com eles — reagiu o intérprete quando eu pedi que me levasse a um jogo de *buzkashi*, o esporte nacional do Afeganistão, na mansão do marechal Fahim, no norte de Cabul.

A tensão entre Fahim e Karzai havia atingido um pico e, então provisoriamente afastado da política, o marechal era acusado de ter se voltado para negócios tão lucrativos quanto o comércio de papoula, a grilagem de terras, os sequestros e a própria guerra, em que o ganho e a influência aumentam na medida da instabilidade — ele passou a dar consultoria em segurança para empresas privadas que mantinham contratos milionários com os Estados Unidos no Afeganistão.

Não sei como, afinal, consegui convencê-lo. Mas o fato é que, naquela sexta-feira ensolarada de outono, nós seguimos em seu carro na direção das montanhas de Kotal. Era sexta-feira, o único dia de descanso semanal para os afegãos, e as partidas de *buzkashi*, proibidas durante o regime Talibã, voltaram a ser um programa popular nas horas de lazer.

Casado e com "vários" filhos, Fahim vive em um casarão próximo do lendário Hotel Intercontinental, em Cabul, sendo a casa de Kotal, no norte, sua "residência de sexta-feira" ou casa de campo. O comandante é dono de imóveis em Cabul, no Vale do Panjshir e em Badakhshan. Reservado, amedrontado com a própria segurança e ultrarreligioso, o comandante mandou construir sua própria mesquita, e é raramente visto em público, à exceção das partidas de *buzkashi* e de pouquíssimos compromissos oficiais.

No caminho, o intérprete repetia o mesmo mantra:

— Quinze minutos! Só 15 minutos que é para não dar tempo de ninguém pensar em nos sequestrar.

Quando deixamos a estrada principal e seguimos à esquerda na direção das montanhas por um atalho de terra, um barbudo de roupas camufladas pulou na frente do carro apontando uma kalashnikov em nossa direção. Eu congelei ao mesmo tempo que meu coração disparou, a ponto de temer que o homem pudesse escutar as batidas. Era um dos seguranças de Fahim.

O intérprete nos apresenta como marido e mulher. O sujeito me olha um pouco desconfiado, mas eu uso roupas largas e pretas e não tenho um fio de cabelo à mostra sob o véu da mesma cor. Passo facilmente por uma cabuli, que teria abolido a burca depois do Talibã, talvez uma dessas que viveram fora e voltaram com um ar ocidental, mas ainda assim uma autêntica cabuli. Além disso, o homem só podia ver meu rosto e as sobrancelhas grossas eram como impressões digitais sobre meus olhos — as afegãs têm sobrancelhas muito grossas. Ele nos deixou seguir em frente depois de revistar o porta-malas, os bancos de trás e o motor do carro à procura de armas e explosivos.

A preocupação com a própria segurança é compreensível. Depois que se tornou um homem poderoso, o marechal sobrevivera a uma série de atentados. Em 2002, um suicida foi preso tentando aproximar-se de Fahim com 10 quilos de explosivos enrolados no corpo e prestes a serem detonados. No ano seguinte, uma bomba-relógio foi encontrada e desativada na frente de sua casa e, mais tarde, o chefe da segurança pessoal de Fahim morreria em um atentado. Naquela sexta-feira, havia homens de Fahim posicionados por todo o caminho até a mansão do comandante, e eles se comunicavam por rádio.

A densa poeira cobria o cenário com uma névoa amarelada, que se confundia com a terra seca batida do chão. O vale é um vasto cemitério de construções abandonadas no esqueleto em algum momento dos intermináveis conflitos recentes. No extremo norte, surge no topo de uma colina a casa de Fahim. Para os padrões locais, é uma mansão — de alvenaria, enquanto a maioria vive em casebres de barro, e paredes pintadas, um luxo para um povo que não sabe quando terá de deixar tudo para trás mais uma vez. Nos padrões ocidentais, é uma casa ampla, mas simples. Os únicos sinais de que ali vive um homem rico e poderoso são os seguranças fortemente armados, distribuídos em pontos estratégicos dos telhados. E os cavalos.

Aos pés da cordilheira Hindu Kush, 38 cavaleiros aguardam o início do jogo alinhados lado a lado com os animais. Eles esperam a chegada de Fahim. Usam roupas típicas, espécie de uniforme de polo da antiguidade: chapéu de lã e pele de ovelha, um robe colorido e acolchoado, botas de camurça. A sela dos cavalos é coberta com tradicionais tapetes afegãos. Na pequena arquibancada, eu era a única mulher em uma plateia de turbantes. Uma cabra que acabara de ser degolada sangrava no centro da arena.

É um cenário medieval. Exceto pelo fato de que Fahim de repente atravessa o campo em uma picape preta da marca Cadillac modelo Escalade novinha em folha (custo aproximado: 90 mil dólares, ou quase cem vezes a renda anual *per capita* dos afegãos). O marechal é escoltado por três seguranças particulares — um deles com o corpo para fora do carro pelo teto solar e a metralhadora apontada para a arquibancada, o outro é o motorista, e o terceiro está sentado no banco de trás. O marechal desce no centro da arena, exibindo-se em um *chaman* verde, o manto tipicamente usado na Ásia Central há milênios por sucessivos reis — e pelo presidente Karzai nas cerimônias e aparições públicas. A plateia se levanta em reverência.

Fahim se dirige a uma tribuna coberta onde senta-se ao lado de convidados a quem, no país do ópio, os afegãos se referiam como senhores das drogas.

— Quem mais no Afeganistão poderia comprar cavalos, pagar treinadores e patrocinar times neste país a não ser políticos corruptos, senhores da guerra e narcotraficantes? — sussurra o intérprete.

Fahim e seus convidados ostentam riqueza fazendo ofertas generosas em dinheiro vivo aos jogadores. Ele é dono de um dos times em campo e um dos maiores patrocinadores dos jogos, se não o maior. Entre seus pupilos está Aziz Ahmad, considerado o melhor cavaleiro do Afeganistão e um dos raros que vivem do esporte, embora a carreira tenha sido interrompida muitas vezes pela guerra. Começou a jogar aos 15 anos no vilarejo onde nasceu no norte de Kunduz. Aos 18, foi recrutado pelo exército soviético, mas desertou para se unir à *jihad*. Em 1992, ele seria descoberto por Fahim em um jogo convocado pelo comandante para celebrar a vitória dos *mujaheddin* sobre os russos.

Com o fim da ocupação, Aziz retornou à casa da família no vilarejo onde nasceu, mas o marechal mandou um helicóptero militar buscá-lo de volta. Quando o Talibã tomou a capital e proibiu o *buzkashi*, Ahmad se uniu a Fahim na Aliança do Norte.[18]

A ligação do *buzkashi* com a guerra é histórica. O jogo teria sido usado há quase oitocentos anos pelo conquistador mongol Genghis Khan para treinar seus soldados nas montanhas do Afeganistão. As equipes seguem a divisão étnica existente na sociedade. O time patrocinado por Fahim (de vermelho) é formado por cavaleiros tadjiques do vale do Panjshir, onde o marechal nasceu. O segundo (de preto) é o time de Cabul e seria patrocinado por Haji Hamidullah, um pachto acusado de terrorismo que ficou preso em Guantánamo por cinco anos. O terceiro (de azul) congrega uzbeques e turcos.

Vencer é uma questão de honra e sinal de poder. Os jogadores são motivados por prêmios ofensivamente polpudos para um país cuja população vive com 1 dólar por dia. Entre os presentes com os quais o marechal já agraciou o pupilo Aziz Ahmad estão um jipe no valor de 15 mil dólares e uma casa em Cabul. Dessa vez, um capanga do comandante exibe, sob sua ordem, maços de notas verdes e oferece mil dólares ao vencedor de cada partida — a diversão pode durar horas, às vezes um dia inteiro, e ter tantas partidas quantas os espectadores desejarem e os jogadores puderem suportar.

(A certa altura, o intérprete se afasta até a arena para tentar fotografar os poderosos na tribuna. Sozinha na arquibancada, sou cercada pelos homens de Fahim. Um deles aponta a kalashnikov para o meu peito e com a arma faz um sinal para que eu o acompanhe. O intérprete estava longe demais para que a minha voz agora falha e trêmula o alcançasse. Não havia saída a não ser segui-lo. Paramos perto da tribuna onde está Fahim e percebo que outro homem carrega de lá uma cadeira azul de plástico na minha direção. Sem entender bem aquela cena me distraí ao perceber que os olhos arregalados e aflitos do intérprete tentavam me localizar entre os turbantes. Os guardas fizeram sinal e, quando ele se aproximou, os barbudos lhe passaram uma coça: que tipo de afegão era ele para permitir que a mulher — eu, no caso — ficasse sentada no cimento gelado da arquibancada? Eles me ofereceram a cadeira azul para sentar.)

O jogo começa. Na arena, cavaleiros disputam como bárbaros a carcaça da cabra sem cabeça. O sangue escorre, tingindo a terra, enquanto os homens tentam derrubar os adversários e dominar o bicho morto. É um jogo bélico. Numa metáfora da guerra, os afegãos dizem que o animal inerte é o próprio Afeganistão, dilacerado por contínuos conflitos. Seu controle disputado à força e por jogadores demais: tribos e clãs divididos em etnias, os talibãs e seus aliados da Al-Qaeda, as 41 nações cujas forças internacionais ocupam o país, além de potências regionais como Arábia Saudita, Índia, Irã e Paquistão.

Como num *buzkashi*, o sucesso nessa guerra depende de um difícil balanço entre o uso da força e a capacidade de prever e compreender os movimentos dos diferentes jogadores em meio ao caos.

— *Bairááá! Bairááá!* [Vamos! Vamos!] — grita para os jogadores um ancião, o animador do *buzkashi* que entre uma disputa e outra recita poesias persas para a plateia, montado em um cavalo branco.

Vencer ou não esse jogo definiria o legado diplomático e militar do governo americano de Barack Obama. Democrata, primeiro negro a chegar à Casa Branca e vencedor do Nobel da Paz no início do mandato — mais por seu discurso pacifista do que por ações —, Obama assumiu o conflito que fora subestimado por seu antecessor, George W. Bush. O Afeganistão se tornou a guerra de Obama.

Ao contrário de amenizar esse fardo, a morte do saudita Osama bin Laden, em uma controversa operação militar americana na cidade paquistanesa de Abbottabad, na noite de 1º de maio de 2011 (horário de Brasília), pode ter tão somente evidenciado o fracasso dos Estados Unidos nesse complicado jogo. O fato de Bin Laden ser encontrado no Paquistão marcou a quebra de confiança entre as duas nações, cuja relação já era bastante frágil — durante o longo histórico de parceria regional entre Estados Unidos e Paquistão, a agência de inteligência ISI era acusada de fazer jogo duplo, colaborando ao mesmo tempo com Washington e com seus inimigos.

No longo prazo, vencer no Afeganistão exigiria muito mais do que trazer as tropas americanas de volta para casa, como anunciou o presidente Obama pouco depois da morte de Bin Laden, embora a medida pudesse, no curto prazo, lhe render votos.

Ironicamente, na vida real como no *buzkashi*, a vitória depende de se conseguir alcançar justiça. No jogo, o objetivo do cavaleiro é garantir o controle do animal morto — um fardo que pode chegar a pesar até 80 quilos —, vencendo a resistência dos demais, e levá-lo até o círculo desenhado no chão, o *hallal* (palavra árabe que significa, literalmente, "aquilo que é justo").

Na ânsia de vencer, os Estados Unidos e as forças de coalizão ignoraram esse objetivo em troca de uma frágil e breve sensação de estabilidade, permitindo que criminosos tomassem as rédeas do país, enquanto se ocupavam do Iraque. As tropas estrangeiras eram acusadas de pagar propina a velhos senhores da guerra em troca de calmaria e proteção nas áreas sob sua segurança. Especialistas sustentam que este foi o maior erro de estratégia da campanha militar no Afeganistão. A população, antes esperançosa com a chegada dos estrangeiros, começou a fazer piadas sobre o que testemunhava, dizendo que os soldados estavam tão amedrontados que nem sequer colocavam o nariz para fora de suas bases.

Para os afegãos, a volta de muitos dos temidos senhores da guerra e de suas milícias ao poder, sob a bênção de Washington, foi uma cínica sinalização de que até seria possível o Afeganistão conquistar a paz ou a justiça. Jamais ambos.

Relatórios da inteligência americana contra Fahim começaram a chegar na mesa do então presidente George W. Bush ainda em 2002.[19] Acusavam o ministro da Defesa do governo de transição não apenas de violações de direitos humanos, como de envolvimento no florescente comércio de drogas.* As denúncias não encontravam eco em Bush. Preocupado demais em invadir o Iraque, o presidente já havia decidido que seria mais barato e eficiente confiar em antigos senhores da guerra para garantir a segurança no Afeganistão do que criar um exército inteiro, que o país não tinha — enriquecidos com os dólares e armas da CIA, os senhores da guerra mantinham exércitos paramilitares próprios.

Além de Fahim, outros ex-comandantes *mujaheddin* integraram o governo de Karzai. O tadjique Rabbani, líder

---

* O Afeganistão é o maior produtor mundial de papoula, matéria-prima do ópio e da heroína, e responsável por 96% da droga que chega ao exterior, segundo o escritório das Nações Unidas para Drogas e Crime.

do partido de Fahim, tornou-se presidente do conselho de paz, responsável por alianças com opositores, inclusive os talibãs; o uzbeque Rashid Dostum, que coordenava a folha de pagamento da *jihad* e posteriormente foi acusado de matar milhares de prisioneiros talibãs, assumiu a chefia das forças nacionais de segurança, apontado por Fahim; o ismaelita Ismail Khan, um egocêntrico que fazia questão de ser chamado de "Sua Excelência" e tinha espalhadas por Herat fotografias suas de barba longa e negra sobre um cavalo branco foi nomeado ministro de Águas e Energia; o hazara xiita Abdul Karim Khalili tornou-se segundo vice-presidente; e Ustad Attah foi governador de Mazar-e Sharif, a principal cidade do norte do Afeganistão.

O general Karl Eikenberry, então responsável pelos programas de assistência militar para o Afeganistão, e que se tornaria mais tarde Embaixador dos Estados Unidos em Cabul, alegou não saber das suspeitas contra Fahim e disse que Bush nunca impôs restrições para que os militares continuassem lidando com o comandante, que continuava se encontrando com frequência com o alto escalão do governo americano, como o secretário americano de Defesa, Donald Rumsfeld, e o próprio Eikenberry. Ao Conselho Nacional de Segurança americano (CNS), Bush ordenou que as acusações contra o aliado fossem mantidas em segredo.[20]

Como prova de lealdade aos americanos, Fahim entregou às Forças Armadas afegãs, no fim de 2003, seu arsenal de 11 tanques, 10 lançadores de foguetes e 2 mísseis. Àquela altura, porém, a estratégia dos Estados Unidos havia mudado. Recrutar, treinar e armar soldados e policiais afegãos estava no coração da estratégia militar do general Stanley McChrystal no Afeganistão. Isso significava transferir milhões de dólares e mais armas para o ministro da Defesa, muito mais do que o arsenal que Fahim havia entregado.

Em 2004, nas primeiras eleições presidenciais da história do Afeganistão, Fahim estava certo de que seria o vice-presidente. Mas sentindo-se confiante, dois anos após ocupar o cargo de presidente interino, e pressionado por opositores e organizações de direitos humanos que o acusavam de ter se cercado de criminosos e narcotraficantes para se manter no poder, Karzai tentou finalmente livrar-se do comandante. Como tinha de apontar um tadjique para concorrer na mesma chapa, a fim de minimizar disputas étnicas no primeiro governo democrático do país, Karzai indicou como vice um dos seis irmãos de Ahmad Massoud, Zia Massoud, um homem sem grande expressão política no país.

Karzai foi eleito com maioria absoluta dos votos e mais uma vez desafiou Fahim ao não apontá-lo como ministro da Defesa, posto que o comandante ocupava no governo de transição. Como prêmio de consolação, o novo presidente aprovou um decreto, em dezembro de 2004, conferindo oficialmente a Fahim a patente vitalícia de marechal, o posto mais alto na hierarquia militar do Afeganistão, com todos os privilégios que o cargo prevê, como um lugar garantido na primeira fileira entre os oficiais em cerimônias públicas, livre acesso às instalações do governo, carro e seguranças particulares.

O marechal não ficaria nada satisfeito. Ele tentou salvar uma posição no governo até o último minuto, fechado em reuniões com o então embaixador nos Estados Unidos, Zalmay Khalilzad. Sem sucesso.

Fahim ficou furioso.* Sentia-se responsável pelo sucesso político de Karzai — afinal, havia ameaçado até mesmo cortar a cabeça de quem ousasse se colocar no caminho do antigo desafeto e agora protegido, como a primeira mulher a se candidatar à presidência na história do Afeganistão: Massouda Jalal.

(Em 2006, encurralado pela escalada da violência e o retorno do Talibã, Karzai reintegrou Fahim ao governo, primeiro como seu consultor de segurança. Em 2007, o marechal acusou Karzai de formar um governo unilateral e declarou que, sem a ajuda estrangeira, o governo do presidente afegão "não duraria uma semana". Nas eleições de 2009, Fahim integrou a chapa de Karzai e foi eleito vice-presidente do Afeganistão, embora o artigo 72 da nova Constituição exigisse diploma aos ocupantes dos cargos superiores ao de ministro, o que Fahim não tem.)

---

* Fahim não aceitou os diversos pedidos de entrevistas feitos pela autora entre 2008 e 2011. O marechal não fala com jornalistas desde as eleições de 2004. Seu perfil, neste capítulo, foi construído por meio de mais de duas dezenas de conversas com aliados e opositores, além de relatos de especialistas e funcionários do governo afegão e da Casa Branca.

4

Massouda — A candidata

Quando a médica Massouda Jalal conseguiu reunir, entre os integrantes da *loya jirga* presentes na tenda da Escola Politécnica da Universidade de Cabul, o número suficiente de assinaturas para se registrar como candidata à presidência do governo interino, seu marido imediatamente recebeu um telefonema.

— Detenha a sua mulher ou eu vou mandar cortar sua cabeça! — ouviu Faizullah Jalal.

Do outro lado da linha estava o marechal Fahim. Ele desligou e, então, percorreu toda a tenda, um a um.

— Não ouse votar nessa mulher! Isso é contra a charia!

Os 1.600 representantes das 34 províncias afegãs reuniram-se em junho de 2002 para decidir quem seriam os líderes do governo de transição para um mandato de dois anos, até que fosse possível organizar eleições diretas no país, o que estava previsto para 2004. A enorme tenda recebeu milhares de representantes das Nações Unidas, das embaixadas estrangeiras que aos poucos reinauguravam representação no país, olheiros das organizações de direitos civis e muitos jornalistas.

Por sorte (de Massouda), uma jornalista estava discretamente posicionada atrás de Fahim no momento da ligação e o marechal nem notou que sua conversa estava sendo gravada. Ele chegou a pedir a Jalal que negasse o ocorrido em uma coletiva de imprensa. Mas àquela altura a ameaça já havia sido transmitida pelo serviço persa da BBC, evidenciando a fragilidade da jovem democracia afegã.

Após mais de vinte anos de lutas, Massouda representava a transformação pela qual o país passava, em todos os sentidos — por ser mulher, com diploma universitário, independente de partidos e sem tradição política ou envolvimento nos conflitos passados. Ela era o novo em um Afeganistão ainda dominado por velhos — chefes tribais, líderes religiosos, comandantes, senhores da guerra. Eram eles que definiriam o novo governo de transição. E talvez o país não estivesse preparado para enfrentar o novo.

Aquele prenúncio do mal, no entanto, não intimidou Massouda. Como chefe das políticas para mulheres do Programa Mundial de Alimentação da Organização das Nações Unidas durante o regime Talibã, a médica estava habituada a receber ameaças, inclusive de morte. Por pouco não teve de deixar o país.

O 11 de Setembro a salvaria.

Ao tomar o poder, o Talibã tratara logo de banir as mulheres do mercado de trabalho. Dois anos depois de assumirem o país, eles as proibiram até mesmo de ser atendidas nos hospitais gerais. Massouda era professora da Faculdade de Medicina da Universidade de Cabul e durante toda a década da invasão soviética e o subsequente conflito civil havia atendido milhares de feridos, homens e mulheres, em um hospital de campanha montado nos jardins da universidade. Com especialização em pediatria, ela visitava vilarejos remotos para atender crianças nos dias de calmaria.

As decisões tomadas pelo novo regime islâmico reduziriam seu mundo aos limites das paredes da própria casa.

As únicas organizações internacionais que tiveram permissão para continuar trabalhando no país foram as Nações Unidas e o Comitê Internacional da Cruz Vermelha; e ambas ainda negociavam com o regime para recrutar pelo menos um número mínimo de mulheres. Precisavam delas para ter acesso à ala feminina das casas afegãs. O próprio regime radical islâmico não permitia aos homens ter contato com uma mulher que não fosse da mesma família — basicamente, mãe, esposa, irmã ou filha.

Um dia a organização contatou Massouda e ela imediatamente aceitou o desafio: liderar o programa para mulheres da organização. Por segurança, a médica continuaria trabalhando da própria casa.

Massouda achou que, como médica, acabaria com o tempo convencendo os temidos talibãs a aceitá-la. Enganou-se. Ao contrário disso, eles ameaçavam fechar todos os escritórios da ONU e proibir definitivamente a assistência às mulheres.

Massouda desafiava os radicais islâmicos ao receber famílias na sala improvisada como escritório, no sobrado de dois quartos no bairro de Microrayon, onde vive com o marido e três filhos adolescentes. Quem a procurava levava consigo suas mazelas. A saúde pública se tornara caótica e a gente morria por tudo e de nada naquele ambiente medieval. Logo o escritório virou uma clínica feminina caseira e gratuita. Massouda continuou viajando aos distritos mais remotos para fazer pesquisas de campo sobre a situação das mulheres no país; e aproveitava para dar consultas.

Ela sofria ameaças diárias. Enfurecidos, um dia os radicais islâmicos invadiram sua casa e a levaram presa. Massouda despediu-se dos filhos e do marido. Pensou que eles fossem executá-la — ela já havia presenciado uma amiga apanhar com uma vara na rua simplesmente porque, sem perceber, deixara exibir os calcanhares, e ouvia as terríveis histórias de mulheres apedrejadas até a morte por adultério. Ela estava apavorada.

Para a sua surpresa, antes de completar 48 horas desde a prisão, Massouda foi solta. A ONU havia interferido. Mas condicionara a libertação à sua saída do país. A médica tentou argumentar. Ofereceu-se para assinar um documento em que assumia os riscos e toda a responsabilidade sobre qualquer coisa que lhe viesse a acontecer. Mas a pressão aumentava mais e mais a cada dia. Os ministros da Justiça e das Relações Exteriores do regime Talibã queriam a sua cabeça. Ficar poderia comprometer todo o trabalho da ONU no país e isso a organização não podia permitir.

A médica sentia-se exausta e derrotada. Nunca quis deixar o país. Havia recusado refúgio em muitas ocasiões antes, mas dessa vez não via saída.

— Eu tinha me tornado um alvo.

Após mais um longo dia de trabalho, Massouda sentou-se sozinha no sofá da sala. Nas mãos, a carta recém-chegada de Islamabad, no Paquistão, que lhe dava o status de refugiada. Ela olhava para aquilo ao mesmo tempo triste e incrédula. Era o dia 11 de setembro de 2001 e ela sabe disso porque, ao chegar em casa depois do trabalho, o marido trouxe a notícia dos atentados contra as Torres Gêmeas do World Trade Center.

— Quando, pouco depois, as bombas começaram a cair do céu sobre o Aeroporto de Cabul, eu juro para você, foi um dos dias mais felizes da minha vida. Era possível ouvir os risos de alegria na vizinhança, mais alto do que o som dos bombardeios. Tínhamos atravessado tantos conflitos... Mas, dessa vez, era diferente: o mundo havia finalmente acordado para o sofrimento dos afegãos.

Seis semanas mais tarde, Cabul estava livre do Talibã.

— Ninguém acreditava! Aquilo era incrível! Quando o povo viu o comboio de tanques com os militares estrangeiros entrar na cidade... Eles chegaram pelo norte e todos foram para as ruas recebê-los.

Naquela última tarde sob o regime Talibã não houve conflitos, nem um tiro sequer, porque graças a um acordo os radicais tinham deixado a cidade pela manhã.

— Eu mesma os vi fugir, feito cachorros, com suas picapes em direção a Jalalabad, no sul.

As famílias haviam estocado alimentos para enfrentar os dias de mais um conflito e, na noite a que Massouda se refere, fizeram um banquete e compartilharam a comida com todos os vizinhos.

— Aquela foi uma noite de festa. Todo mundo foi para as ruas celebrar!

Na manhã seguinte, Massouda abriu os olhos e, por alguns segundos, pensou ter sonhado. Mas, quando olhou para a rua pela janela de casa, viu que as pipas estavam de volta ao céu de Cabul. Os afegãos desenterraram velhos rádios e aparelhos de tevê à válvula, e houve uma corrida para carregar as baterias nas oficinas. A música voltou a ser ouvida nas ruas.

As barbearias pipocavam — o Talibã exigia que os homens tivessem barba longa e eles agora saíam de casa e voltavam com a cara lavada.

Massouda vestiu sua melhor roupa, cobriu o cabelo com o véu islâmico, mas naquele dia deixou a burca em casa.

— Eu devo ter sido a primeira afegã a sair sem burca e ir trabalhar — diverte-se.

Ela seguiu para o escritório da ONU. Quando a viu, o chefe deu um sorriso de lado, como se estivesse esperando que a médica entrasse por aquela porta a qualquer momento.

— Bem-vinda de volta à folha de pagamento! — disse apenas.

Massouda ocupou uma mesa vazia, passou a mão no telefone e começou a ligar para antigos contatos nas províncias, colegas da ONU e as poucas mulheres que sabia serem educadas como ela. Reuniu os que se dispuseram a ajudar e, nos meses seguintes, trabalharia ajudando afegãs a estabelecer conselhos e associações locais femininas, organizações não governamentais e até pequenos negócios. Com o espírito renovado pelas mudanças, ela decidiu dar um passo além: candidatar-se à presidência.

— E por que não?

Naquela *loya jirga*, em 2002, Massouda não conseguiria votos suficientes para se tornar a presidente do governo interino do Afeganistão. Mas obteve um honroso, embora distante, segundo lugar — 171 dos 1.600 delegados deram seu voto a ela, enquanto 1.295 optaram por Karzai e o restante se dividiu entre diferentes candidatos.

Entre os afegãos, falava-se que aquele era um gabinete de velhos inimigos. Mas não era hora de se importar com isso. Os estrangeiros tinham vindo salvá-los — ou assim eles acreditavam — e os talibãs estavam finalmente fora. Milhares de refugiados voltavam para casa, havia pequenas reformas por todo lado, estrangeiros circulavam em seus 4x4 e os jornalistas exibiam modernas câmeras fotográficas e de vídeo; escolas e universidades foram reabertas, e o trânsito tinha se tornado alegremente caótico. Acima de tudo, a cidade estava viva!

Como havia sido acordado na *loya jirga*, o gabinete interino começou a trabalhar na nova Constituição. Mulheres como Massouda Jalal e Fatema Gailani foram apontadas para integrar o comitê responsável por garantir o direito de igualdade entre homens e mulheres no documento. E os conservadores não as deixavam trabalhar em paz. Queriam ter certeza de que, apesar dos tais direitos femininos, essa novidade trazida pelo estrangeiro, a tradição e a religião seriam consideradas na Constituição.

— Nós dissemos não para eles! Dissemos que teriam de escolher porque a tradição é abertamente conflituosa com a nossa religião. Não seria possível acomodar ambos!

Num Afeganistão rural, destruído pela guerra e privado do desenvolvimento, é a tradição e não a religião que faz do país o pior do mundo para se nascer mulher. Embora tivessem conquistado o direito de trabalhar, sair sem burca ou um *mahram* (homem da família), regras impostas pelos talibãs, a supremacia masculina permanecia imutável na sociedade afegã depois da invasão estrangeira.

Como há milênios, o pai é o chefe de família e, na ausência dele, o filho mais velho, mesmo criança. As mulheres têm de obedecê-lo e é ele quem fica com a herança. As afegãs não podem ter propriedades em seu nome. Os meninos devem cuidar dos parentes até o fim da vida e, portanto, representam um investimento de longo prazo, enquanto as mulheres "só dão gastos". Os pais leiloam meninas e as entregam a quem der o lance mais alto — entre 2 mil e 15 mil dólares. Elas são *commodities* trocadas em disputas tribais num ritual chamado *buth*, como previsto no código de honra *pashtumwali*, das tribos pachtos, transmitido entre gerações e gerações de afegãos e confundido com o próprio Islã — não se pode esquecer que essa é uma terra de tribais e analfabetos e o Corão, que aprendem a decorar, está escrito em árabe, idioma que não podem sequer compreender.

A esperança era de que uma nova Constituição — junto com a esperada retomada do sistema de educação e o desenvolvimento prometido pelos estrangeiros — separasse definitivamente as tradições afegãs do Islã.

Aprovada em fevereiro de 2004, na presença do rei Mohammad Zahir Shah, que 40 anos antes assinara a primeira Carta Magna do país, a nova Constituição foi comemorada pela comunidade internacional, especialmente as Nações Unidas, a Comissão Independente de Direitos Humanos do Afeganistão e a Embaixada dos Estados Unidos em Cabul que acompanharam o processo de elaboração do documento mais de perto.

Mas, assim que aprovada, os problemas começaram.

Um exemplo de menor importância: o canal estatal de tevê do Afeganistão surpreendeu os conservadores ao exibir um vídeo antigo de uma popular cantora afegã — isso em um país onde não existe energia elétrica, as tevês a bateria foram proibidas em 1996 e os homens há muito não viam o rosto de uma mulher que não fosse sua mãe, irmã ou filhas.

A apresentação televisiva dividiu o Afeganistão. De um lado, o então ministro da Cultura, Sayyed Makhdum Rahin, defendeu que a exibição de cantoras continuaria na tevê afegã, de acordo com a nova Constituição que garantia direitos iguais para homens e mulheres. De outro, os conservadores recém-empossados na nova Corte Suprema argumentavam que a apresentação de mulheres na tevê era inconstitucional porque viola o Islã, portanto, ferindo o artigo 3 da Constituição. O artigo 3 da nova Constituição determina ambiguamente que, a despeito de tudo o que está escrito em suas páginas, "nenhuma lei pode ser contrária às crenças e provisões da religião sagrada do Islã".

É um típico exemplo de choque entre tradição e religião.

Não há qualquer citação no Corão que proíba a mulher de cantar em público, segundo um dos membros do comitê de Constituição, Mohammad Sadiq Patman. O argumento dele na Corte Suprema era o de que, seguindo o próprio Corão, quando a mulher é intimada para testemunhar, o juiz deve ver seu rosto e ouvir a sua voz, mesmo sendo os presentes *namahram* ("não *mahram*", ou seja, aquele que não é um parente próximo e portanto se configura como pretendente em potencial ao casamento). Sua explicação foi rechaçada.

Curiosamente, foram os conservadores *mujaheddin* que aprovaram em 1992 um decreto banindo mulheres com 12 anos ou mais de aparecer na televisão, em uma das poucas medidas do breve governo de transição entre os soviéticos e o regime islâmico.

— Fala-se muito da situação da mulher durante o regime Talibã, mas as pessoas se esquecem de que os *mujaheddin* eram muito conservadores e a resistência contra os russos teve um apelo religioso fortíssimo. Foram eles que fizeram as mulheres educadas das cidades se cobrirem. Na época da faculdade eu me vestia como qualquer europeia. Usava calças jeans e minissaia e tinha os cabelos longos como os *hippies*! A primeira vez na vida que eu coloquei um véu foi na guerra civil — relata Massouda. — De qualquer maneira, se as muçulmanas não adotassem o *hejab* [o véu islâmico] para quem a Chanel iria vender aqueles lenços lindos de seda que tem em sua coleção? — diverte-se. — Não queremos ser a Barbie! Nossa identidade é o Islã. Ao mesmo tempo, temos valores comuns com o Ocidente: democracia, direitos humanos, direitos das mulheres. Queremos dar educação para as nossas crianças. Não queremos que os maridos espanquem suas mulheres. São coisas pelas quais os países ocidentais prezam e nós também queremos, porque estes são valores universais.

Massouda atribui seu papel na sociedade inteiramente à educação. A mãe era analfabeta até se casar, quando o marido fez questão de ensiná-la a ler e escrever e ela se tornou uma leitora assídua de livros de história, "uma mulher muito sábia que passou isso aos filhos". O pai era um intelectual. Por causa do trabalho — ele fez carreira em uma fábrica de tecidos alemã —, a casa era frequentada por estrangeiros.

— Ele queria que tivéssemos as mesmas oportunidades que as europeias têm, que pudéssemos viajar, estudar, trabalhar.

Quando tinha apenas 5 anos, Massouda um dia fugiu de casa e foi para a escola onde as irmãs mais velhas já estudavam.

— Eu quero me matricular — disse à professora, e não ficou satisfeita com a resposta. Ainda não tinha idade para o ensino básico.

Das quatro irmãs e três irmãos, somente Massouda se interessou pela política, à revelia do pai. O dia mais feliz da vida dele foi quando a filha entrou para a faculdade de medicina. Massouda sempre o preocupou. Era uma menina de personalidade forte, sem limites, e nunca aceitava "não" como resposta. Ela o fazia lembrar-se da própria mãe.

A avó paterna de Massouda foi uma mulher à frente do seu tempo. Herdeira de terras na província de Badakhshan, assumiu os negócios da família numa época em que o ambiente feminino se restringia à parte interna da casa e a vida social, à família. Analfabeta, ela conhecia as leis como nenhum jurista formado, ousava tratar com os homens de igual para igual e usava calças compridas, quando as afegãs já adotavam a burca — a calça era mais confortável para andar a cavalo, como ela gostava de se locomover pela província.

— Ninguém ousava tratar minha avó com desrespeito porque era uma mulher muito poderosa. Ela transformou as terras da família em um negócio lucrativo de exportação e importação, tinha muitos empregados e mandava nos políticos. Quando me candidatei, as pessoas mais velhas que a conheceram em Badakhshan diziam: "Nikhbar voltou a viver!" — diz Massouda, orgulhosa.

A nova Constituição garantiu às mulheres 25% dos 249 assentos no Parlamento e o direito de se candidatar a cargos públicos. Em 2004, então com 41 anos e mãe de três filhos, Massouda se tornou a primeira candidata mulher à presidência nas primeiras eleições diretas já realizadas no Afeganistão.

No país onde as mulheres não tinham voz nem rosto, havia agora pôsteres de Massouda espalhados por todas as províncias.

— As mulheres sofreram mais do que qualquer um nesse país nos últimos vinte anos. Perderam maridos e filhos na guerra, foram privadas de direitos básicos, oprimidas. Por isso eu quis levantar a nossa bandeira nas eleições. E, principalmente, porque temos as mãos limpas. Não há mulheres envolvidas nos conflitos, no terrorismo, no narcotráfico. Sempre são os homens. Sempre!

Nas eleições de 2004, Massouda concorria com oito deles. Karzai tinha o apoio financeiro e moral da comunidade externa, e os outros sete, alguns dos quais velhos senhores da guerra, eram donos de exércitos próprios e fortunas privadas. Massouda levantou 200 dólares com amigos para fazer cópias do material de campanha criado pelo próprio marido — parece pouco, mas era mais do que seis meses somados da renda média *per capita* dos afegãos.

Nos comícios, Massouda chegava a reunir mais de quinhentas pessoas, ainda que fosse para espiar quem era a mulher que ousava candidatar-se à presidência ou mesmo sair às ruas sem a burca.

— Visitei vilarejos onde era a primeira vez que os moradores viam o rosto de uma mulher estranha — lembra Massouda.

Eu assumi esse risco. Não pedia votos para mim. Eu queria explicar o que era democracia e tentava encorajá-los a participar e a deixar suas irmãs e esposas votarem!

Com a voz assertiva, Massouda desafiava o governo interino em seu discurso, apontando falhas cometidas; questionava especialmente onde tinham ido parar os primeiros 4,5 bilhões de dólares doados até aquele momento ao Afeganistão pela comunidade internacional. Era aplaudida de pé, como mostram fotografias da época registradas pela imprensa mundial.

— Os comícios não eram organizados. Eu chegava e me punha a falar. De repente as pessoas começavam a sair de casa trazendo comida, e aquilo se tornava uma grande festa.

Ela se lembra de ter enfrentado dificuldade em apenas um desses encontros, em um colégio só para meninos na província de Tahor. Os estudantes a desafiavam questionando a legitimidade, no Islã, de uma mulher sair de casa para se tornar uma líder.

— Nessas ocasiões você precisa falar a língua deles, então, tentei explicar que não se tratava de uma liderança religiosa, mas política. Dei exemplos de mulheres que foram líderes em países islâmicos como Paquistão, Indonésia, Turquia. Lembrei que o Corão nos ensina que todos, homens e mulheres, devem buscar aperfeiçoar-se pelo conhecimento, então eles perceberam que eu também conhecia nossa religião. E acho que entenderam.

O sobrado de dois quartos no bairro de classe média Microrayon, parte de um complexo de casas construído pelos soviéticos para empregados do governo — o mesmo que durante o regime talibã abrigara um consultório clandestino e o programa da ONU para mulheres —, foi transformado em comitê. O coordenador da campanha de Massouda era o próprio marido, Faizullah Jalal. Os dois se conheceram durante a guerra civil na Universidade de Cabul, onde ele era professor de ciências políticas.

— Ela é uma líder nata, já naquela época isso era evidente — diz o professor, ao chegar em casa e nos encontrar conversando na sala.

Foi a inteligência de Massouda que o atraiu. O regime soviético havia terminado e Faizullah criara a primeira comissão de direitos humanos do Afeganistão, reconhecida pelo Conselho de Direitos Humanos da ONU. Era o pretexto de que precisava para conhecer a jovem professora que ele admirava a distância cuidando dos feridos da guerra civil. Pediu ao reitor que os apresentasse com a desculpa de convidá-la para chefiar o departamento de assuntos da mulher dentro da comissão. Meses depois, estavam casados sob a bênção do pai e dos irmãos da noiva, como é costume no Afeganistão.

— Quando Massouda me disse que se candidataria, eu discordei a princípio, porque não tínhamos dinheiro nem partido, enquanto os concorrentes eram gente antiga com dinheiro, armas, poder e o apoio da comunidade internacional. Mas então vi que o objetivo dela não era apenas ganhar, mas marcar território para as mulheres afegãs na democracia que estava sendo instituída, então eu respeitei a decisão dela e dei todo o meu apoio — diz Faizullah, enquanto compartilhamos um copo de chá verde.

Mas, assim como em 2002, Massouda viu-se sob forte pressão na campanha de 2004. Agora em lados opostos, Karzai e Fahim, este furioso por não ter sido indicado a vice, tentavam ganhar o apoio dela, a única candidata independente na disputa. O presidente chegou a oferecer-lhe a primeira vice-presidência* para que desistisse da candidatura. De outro lado, os opositores tentavam convencê-la a juntar-se a eles em um boicote contra as eleições — por lei, se houvesse apenas um candidato, o pleito seria cancelado. O motivo do boicote seria a tinta usada na votação. Mais de 85% dos afegãos eram analfabetos — taxa que permaneceria perto de 70% em 2011 — e para votar seriam exigidas as impressões digitais. Por volta de 11h do dia do pleito, percebeu-se que a tinta era lavável, o que significava que os eleitores podiam voltar para a fila mais de uma vez. A única forma de provar que alguém já tivesse passado pela urna era o dedo manchado. Observadores externos denunciaram a fraude. Por outro lado, os organizadores argumentavam que os talibãs, infiltrados nos vilarejos, ameaçavam cortar fora a mão de quem tivesse os dedos manchados. Por isso, a escolha de uma tinta lavável.

Mais uma vez, a fragilidade da democracia afegã era exposta. Já se sabia que Karzai seria vitorioso. Ele era o presidente interino e seu governo havia recebido milhões de dólares da comunidade internacional; os talibãs haviam fugido para as montanhas, outros cortaram a barba e voltaram para seus pequenos comércios nos vilarejos. Aquele era um momento de esperança. Se Massouda se retirasse do pleito, todo o esforço e o dinheiro para realizar aquela primeira eleição direta iriam por água abaixo. Se decidisse ficar, estaria dando vitória a Karzai.

O entra e sai da casa de Massouda foi intenso naquele dia.

---

* Segundo a nova Constituição afegã, devem ser eleitos dois vice-presidentes, de diferentes etnias, sendo o primeiro hierarquicamente mais importante. Na ausência do presidente, é ele quem assume o país.

— A comunidade internacional falava em democracia e eu acreditei! Do fundo do meu coração, eu acreditei! Então, não podia fazer aquilo [*desistir do pleito*]. Ademais, aquela gente [*os opositores de Karzai*], eles tinham sangue nas mãos! Como eu poderia me unir a eles?

Mais do que isso, se Massouda desistisse da candidatura, o Afeganistão amanheceria sem um presidente no dia seguinte.

— Eu pensei em tudo o que aconteceu da última vez que houve um vácuo no governo central [*após a retirada das tropas soviéticas*]: nas mortes, nos estupros, no caos, no sofrimento humano que eu presenciei durante aqueles conflitos horrendos. Nós atendíamos, talvez, cem feridos por dia. Eu prescrevia a eles remédios que não podiam comprar e eu sabia disso! E quem agora me pedia para desistir das eleições eram aqueles mesmos senhores que fizeram a guerra civil. Esses candidatos tinham, por trás deles, o apoio do Irã e da Rússia. Eles me ofereceram dinheiro para desistir! Muito dinheiro! Depois me ameaçaram dizendo que haveria revanche. Não queriam ver o candidato dos Estados Unidos [*Karzai*] no poder. Então, mesmo sabendo que eu iria perder, eu prossegui, sob garantia da ONU de que seria feita uma investigação sobre as fraudes apontadas naquele dia.

Mesmo com todos os problemas, as primeiras eleições diretas no Afeganistão emocionaram a opinião pública. Apesar da guerra, das ameaças e da tentativa de manipulação, os eleitores compareceram em massa às urnas. Os problemas que toda jovem democracia enfrenta, é verdade, foram potencializados pelos conflitos, a destruição do país e a miséria. Além de ser muito recente, aquele era um sistema instituído à força pelas tropas internacionais. Ainda assim, os afegãos se sentiam orgulhosos e cheios de esperança.

Houve, sim, dificuldades básicas para atrair os eleitores às urnas. Tão básicas quanto a exigência de uma fotografia. Apesar de terem uma candidata à presidente, a maioria das afegãs ainda usava a burca. Elas vinham de vilarejos rurais remotos e sem energia elétrica — como uma mulher que nunca mostrou o rosto em público podia de repente levantar o véu e ter sua imagem registrada para sempre em um papel para qualquer um ver? O comitê de eleições decidiu que apenas uma foto seria tirada, para o documento particular que elas só teriam de mostrar no momento de votar. Para tirar as fotos e controlar as urnas, haveria fiscais do sexo feminino, evitando assim que tivessem de exibir a imagem a homens; ainda foi decidido que seria entregue a elas o negativo da fotografia. Isso é o Afeganistão. E deu certo. Filas de burcas estamparam as primeiras páginas dos jornais de todo o mundo na manhã seguinte.

No dia da divulgação dos resultados que deram vitória a Hamid Karzai, o presidente mandou o seu assessor pessoal à casa de Massouda para convidá-la a assumir o Ministério das Relações com as Mulheres, posto que ela assumiu no mesmo ano.

— Mas, do dia em que entrei pela primeira vez na minha sala naquele ministério até o dia que saí de lá, fui marginalizada e meus projetos postos de lado. Ninguém estava interessado em mudar a situação da mulher afegã. O ministério era apenas de fachada para a comunidade internacional ver.

Em segredo, e com a ajuda do marido, que ainda lecionava ciências políticas na faculdade de Direito da Universidade de Cabul, Massouda convidou futuros juristas para ajudá-la a escrever — naquela mesma sala que antes servira de clínica, escritório da ONU, QG de elaboração da nova Constituição e comitê de campanha — o projeto de lei pelo fim da discriminação e da violência contra a mulher.

— Eu sabia que os radicais jamais aceitariam a lei — disse. — Se pusesse para votação na assembleia legislativa e não fosse aprovada, todo o trabalho seria perdido — diz.

Então ela fez diferente. Quando o plano ficou pronto, no ano seguinte, levou-o sem dizer nada a ninguém para a Conferência de Londres sobre o Afeganistão. Diante da comunidade internacional, Massouda apresentou em seu discurso o projeto de lei e um plano de ação para as mulheres a ser implementado em dez anos. Karzai não teve alternativa senão aprovar a proposta, em público, diante da plateia de doadores.

— Você quer me tirar do poder? — teria perguntado o presidente, nos bastidores da conferência.

A ministra tinha se tornado um símbolo internacional da luta pelos direitos da mulher no Afeganistão e vivia um de seus melhores momentos. Em Londres, foi convidada para um jantar em família na casa do então primeiro-ministro Tony Blair, convite que não incluía Karzai. Em outro encontro internacional, na Turquia, conseguiu financiamento para 32 projetos do seu ministério. De volta ao país, criou, com aquela verba extra, departamentos de Relações com as Mulheres em cada uma das 34 províncias afegãs e grupos femininos em todos os ministérios, além de 1,2 mil conselhos voluntários nos distritos e vilarejos.

Quando os parlamentares tentaram acabar com a cota de participação feminina nos governos locais, sob a alegação de não haver candidatas suficientes para ocupar os cargos disponíveis, especialmente nas províncias mais conservadoras, Massouda reuniu seu exército de conselheiras e determinou que percorressem suas comunidades batendo de porta em porta para convencer mais mulheres a se candidatar. De fato, pouco antes das eleições parlamentares em 2005, havia apenas 16 candidatas para ocupar 68 postos — 2 em cada uma das 34 províncias. Em três dias, Massouda conseguiu reunir 242 candidatas.

— Eu não tinha sexta-feira, feriado, nenhum descanso. Eu trabalhava do início da manhã até meia-noite. E você sabe por quê? Porque eu sabia que, como mulher, eu não podia falhar — diz.

Durante o período como ministra, Massouda engravidou do quarto filho e a recomendação médica era de que descansasse. Ela sofreu um aborto.

Em um de seus muitos discursos sobre a guerra no Afeganistão, o então presidente americano George W. Bush usou Massouda como um exemplo e ela logo depois foi recebida por ele e pelo secretário de Defesa do seu governo, Dick Cheney.

— Que etnia você prefere? — perguntou o presidente.

— A das mulheres — ela respondeu.

— Muitos líderes sentaram-se nessa cadeira [ao lado de Bush], mas eles falharam. A senhora foi aprovada. Eu a respeito — teria dito o presidente, entregando-lhe um broche com o desenho da águia que é o símbolo dos Estados Unidos. Massouda tirou uma foto com a família Bush e estava de saída quando o presidente a chamou de volta. — A senhora pretende se candidatar de novo? — perguntou.

— Para que, se aquele que o senhor apoia se tornará o presidente? — E saiu com um cheque de 25 milhões de dólares para o seu ministério.

As conquistas de Massouda, porém, começaram a incomodar os radicais no país, e eles passaram a fazer *lobby* pelo fim do ministério. Primeiro, tentaram tirar o status de ministério e transformá-lo em departamento sob o gabinete de outro ministro — homem, é claro. Massouda recorreu à agência da ONU para mulheres, a Unifem, e conseguiu rapidamente um abaixo-assinado para evitar o fim do ministério. Muitos achavam que ela estava indo longe demais e cavando a própria cova.

Um dia, seu marido invadiu o gabinete, nervoso, entrou em sua sala e a pegou pelo braço aos berros.

— Eu conheço esses ditadores, esses senhores da guerra, eles matam uma pessoa como matam um passarinho! Por que você quer deixar os meus filhos órfãos? — ele gritava.

Em 2006, Massouda foi afastada. A decisão do presidente, no entanto, não foi aceita pelo Parlamento afegão, e a médica permaneceu por mais seis meses no cargo, até que arrumassem uma substituta para ela.

— No dia 26 de julho, eu estava fora — ela diz.

Em seu último dia no Parlamento, Massouda deixou a casa a pé, sem o carro oficial; também lhe tiraram o telefone e o segurança a que os parlamentares têm direito. Por aquele dia, ela receberia apenas a metade do salário, pois foi embora mais cedo. O marido foi demitido do cargo de professor da Universidade de Cabul.

Eu pergunto se Massouda chorou.

— Nem uma lágrima. Não derramo uma lágrima por essa gente! — ela diz na frente do *laptop* (Massouda não para de olhar e-mails durante toda a entrevista).

A Corte Suprema colocou contra ela uma acusação de corrupção e Massouda foi impedida de concorrer novamente à presidência em 2009. Sem provas, a acusação foi retirada mais tarde.

— Desde o início, eu jamais permiti que transferissem dinheiro diretamente para o ministério, mas para os cofres do governo. Eu conheço meus afegãos! — ela diz, com a voz ofegante e um riso meio nervoso.

Na estante atrás da mesa de trabalho — aquela velha mesa de trabalho — há certificados e troféus. Em 2010, recebeu o prêmio Morris B. Abram de Direitos Humanos, "pela coragem e dedicação na luta contra a discriminação da mulher no Afeganistão". Foi entregue a ela pela UN Watch, organização não governamental com base em Genebra, cuja missão é monitorar o desempenho das Nações Unidas. Diz o documento: "Você dá esperança para a nação e inspira mulheres de todo o mundo. É uma heroína da causa pela igualdade de direitos para todos".

Mas, embora tenham conquistado um lugar na política, as afegãs têm um longo caminho pela frente. Uma década depois da queda do Talibã, só havia uma mulher entre os 57 ministros do governo de Hamid Karzai — a ministra de Relações com as Mulheres. Elas ainda eram 9% dos servidores públicos, embora a Constituição assegure 30%. O Judiciário seguia sendo reduto dos homens. E 80% dos assuntos referentes às mulheres ainda eram decididos em *shuras* locais — tribunais conduzidos por mulás.

— Mas eu tenho uma filosofia: continuar, continuar, continuar... — diz Massouda. Ela estabeleceu uma organização com seu nome, a Fundação Jalal, mas diz que tem dificuldades de conseguir fundos por causa das acusações.

Massouda se tornou uma mulher amarga. Sofre de ansiedade e agitação, alternadas a longos períodos de profunda tristeza, que a impedem até mesmo de sair de casa. Duas em cada três afegãs, como ela, são vítimas de transtorno de estresse pós-traumático e depressão por causa dos sucessivos e intermináveis conflitos aliados à falta de perspectiva. Algumas a ponto de tirar a própria vida. No primeiro centro para mulheres queimadas de Cabul, pelo menos 30% das pacientes tentaram o suicídio por autoimolação, uma tradição perversa que perdura no Afeganistão a despeito de todas as promessas de melhorias no país e igualdade feminina. A cada três dias, em média, uma afegã tenta tirar a vida dessa maneira.

— Nada mudou para as mulheres afegãs. E, então, chega um determinado momento em que elas só querem morrer. Um dia, jogam diesel no corpo e acendem um fósforo. Só consigo salvar 3% delas — disse-me o médico afegão Arif Aryakhail, em uma visita ao centro, inaugurado no maior hospital público do Afeganistão, o Esteqlal. Foi onde a dona de casa Wahida acordou quatro dias depois de se tornar estatística da guerra no Afeganistão ao passar na hora errada perto da casa de Massouda, em Microrayon.

5

Wahida — A viúva

Wahida abriu os olhos devagar; achou estranho aquele ambiente todo branco. Por alguns segundos ficou parada olhando para o teto, tentando lembrar-se de como teria chegado até ali. Escaneou o quarto à procura do marido e do filho. Como não havia ninguém, tentou levantar-se, virando o corpo para a direita, depois para a esquerda, mas estranhamente não conseguia. Parecia faltar-lhe o apoio dos braços. Percebeu, então, estar enfaixada desde a cintura até a altura dos ombros. Ela recostou novamente a cabeça sobre o travesseiro. Apagou. Sentia-se anestesiada. Então, pensou que fosse um sonho e dormiu. Acordou, tentou sentar-se de novo, mas desistiu. Dormiu, acordou e voltou a dormir por quatro meses naquela cama de hospital, durante os quais a vida passava como um filme em sua memória confusa.

Wahida nasceu em um vilarejo nas colinas da província de Logar, mas, como a maioria dos afegãos, não sabe dizer quando. Oficialmente, ela não existe. Sem sobrenome ou registro de nascimento, tampouco sabe a própria idade ou a do marido no dia em que se casaram. Mas, ao olhar para a mais velha dos seis filhos, ela calcula que tinha tantos anos quanto tem a menina agora. Khalida aparenta ter por volta de 14, 15 anos.

A mãe olha para ela como se estivesse vendo a si própria em uma fotografia antiga — que não guarda, porque nunca teve uma máquina fotográfica. Ela toca os cabelos negros da filha, como eram os seus; tem a sobrancelha grossa e olhos que parecem duas enormes jabuticabas, a pele ainda lisa de bochechas levemente rosadas e o mesmo sorriso tímido que Wahida lembra ter no rosto quando aquele homem estranho entrou em sua casa pela primeira vez.

Ele vinha de uma tribo remota nos arredores de Jalalabad e estava de mudança para Charassiab, pequeno distrito a 30 quilômetros de Cabul. Antes de partir, decidiu que era hora de pegar uma esposa. Como manda a tradição, perguntou a vizinhos e amigos se sabiam de alguma família com meninas disponíveis para se casar — sob a burca, não é possível ver o rosto delas, que dirá trocar olhares ou dirigir a palavra a uma estranha. Assim, quando decidem que as filhas estão prontas, as mães tratam de espalhar a notícia pela vizinhança e entre amigas e familiares. Então, os pretendentes começam a bater à porta.

Naquele dia, alguém lhe apontou a casa do ourives da cidade, o pai de Wahida.

No costume afegão, o pai da noiva estabelece um valor para entregar a filha. A lógica é a seguinte: se o noivo estiver disposto a dispensar um bom dinheiro pela menina, é uma boa indicação de que é um homem generoso, quer muito se casar com ela e tem recursos suficientes para lhe dar uma boa vida. O que o Ocidente chama de dote, os afegãos chamam *mahr* (presente). O valor deve estar à altura das posses do noivo; pode ser dado em dinheiro, roupas, joias, propriedades, e são exclusivamente dela, mesmo que eles se separem futuramente.

Os acordos sobre o destino dos filhos resistem ao tempo e quanto antes os pais arrumarem um marido para as meninas tanto melhor — ou assim pensam os afegãos. No entendimento dos pais, eles estão fazendo o melhor para ela, assegurando-lhe um futuro, uma vez que a maioria não tem oportunidade de estudo ou trabalho — pela pobreza que limita o acesso à educação, pelo fundamentalismo, porque a guerra destruiu e fechou as escolas. Na sociedade afegã também é importante reforçar laços étnicos e tribais, e o arranjo serve a esse fim. O casamento no Afeganistão não é visto como a união entre duas pessoas, mas entre as famílias.

Escondida atrás da cortina que dava para a sala onde o tal homem negociava seu preço, Wahida conseguiu ver o perfil do pretendente por uma fresta e nada mais.

— Ele parecia jovem, talvez não tão jovem quanto eu. Na hora não achei nada. Não estamos acostumadas a achar nada sobre essas coisas. Não existe amor nesse país! Nós não somos como vocês, que, como se diz... [ela queria dizer namoram, mas não sabe que palavra usar]. Nós apenas entregamos nossas filhas a um homem — resume Wahida. — Dias depois, ele voltou na nossa casa e me levou.

Simples assim.

Há certa amargura em sua voz. Mas quando eu pergunto sobre o dia da cerimônia, seus olhos brilham.

— Foi uma grande festa, com muita comida e um bolo para 200 pessoas — diz, enchendo o peito como um pavão.

É a primeira vez que a vejo sorrir.

Como de costume, convidados homens e mulheres celebraram o casamento de Wahida em ambientes diferentes. Ela vestiu-se de branco e, no momento certo, cobriu o rosto para ser levada até a tenda ao lado, onde está o noivo e seus convidados. O casal se senta em duas poltronas, como rei e rainha, e um pequeno espelho é entregue a ela. Sob o véu, ela mostra o rosto a ele pela primeira vez na imagem refletida no espelho.

Wahida mudou-se com o marido para Charassiab. Era 1992, o ano em que estourou a guerra civil e o comandante *mujaheddin* Gulbuddin Hekmatiar aterrorizava a população. Entre os ataques contra civis atribuídos a ele estão hospitais e a sede do Comitê Internacional da Cruz Vermelha (CICV) em Cabul. Em Charassiab, onde estabeleceu uma espécie de QG informal e ao ar livre, ele transformou casas em quartéis, civis em combatentes, mulheres em serviçais. De outro lado, a área era fortemente bombardeada pelos opositores sob o comando do tadjique Ahmad Shah Massoud.

Os primeiros quatro meses de 1995 foram os mais violentos dos conflitos entre os soldados de Hekmatiar e Massoud; tão violentos que não era possível sequer pôr o rosto na janela, e qualquer coisa que se movimentasse na rua se tornaria um alvo fatal. O marido, pedreiro, não tinha trabalho.

— Todo dia ele gritava e brigava com a gente. Acho que não tinha uma mente normal. Eu às vezes achava que ele me odiava. Aí eu ficava triste. Ele me chamava: Wahida! E eu não respondia, então, ele ficava furioso!

(Ela pede para mudarmos de assunto, porque o marido está morto.)

Confinada, a família vivia um inferno particular.

Eles sobreviveram de água suja e pão velho durante os quatro meses. E uma Wahida já enfraquecida daria à luz o terceiro filho em casa, sem anestesia nem ajuda.

Quando os tiros e explosões cessaram e finalmente pôde sair de casa para ir a uma clínica, Wahida sentiu pena dos jovens estudantes ao ver os corpos inertes de 22 deles, largados como animais num beco de Charassiab, mortos um a um com um tiro certeiro na cabeça — nunca se soube em que circunstâncias exatamente. Foi a maior baixa dos jovens talibãs então, mas em outubro do mesmo ano eles voltariam a Charassiab e seu regime prevaleceria sobre as forças de Hekmatiar e Massoud; logo depois tomariam Bamyian e, no ano seguinte, Cabul.

Aquela imagem voltaria muitas vezes à cabeça de Wahida durante o regime dos radicais islâmicos. Mas ela jamais sentiria de novo um pingo de pena deles.

— Eu odeio, odeio, odeio. Eu odeio os talibãs — ela repete, como se a soma da palavra dita muitas vezes pudesse dar a dimensão do seu ódio. — Só de ouvir esse nome, quando me vem à cabeça, só consigo pensar em algo brutal.

Wahida viveu os anos do regime Talibã confinada à própria casa.

— Eu tinha muito medo deles.

Quando os estrangeiros chegaram, a princípio, não promoveram grande mudança na vida de Wahida. Apenas o clima estava mais leve. Os afegãos ainda acreditavam na prometida reconstrução do país. Diziam na vizinhança que o Afeganistão se tornaria uma espécie de América da Ásia Central e, embora não saiba onde fica ou como se parece a América, Wahida achou bom. (Ao contrário dela e dos talibãs, os estrangeiros tinham dinheiro e estudo e havia de ser bom o que planejavam para o Afeganistão.)

O marido voltara a fazer bicos e, apesar do ganho de 300 afeganes (cerca de 11 reais) por dia de trabalho — quando muito conseguia 200 reais por mês — havia esperança de que as condições de vida se tornariam muito melhores do que nos tempos dos talibãs.

— Nós estávamos felizes. Pela primeira vez, estávamos 100% felizes.

As pessoas se sentiam mais livres e não havia nada de errado em festejar. As mulheres tiraram do armário o salto alto, a maquiagem e os melhores vestidos para ir ao casamento de uma prima, em Jalalabad. Em dois dias de festas, Wahida dançou como havia muito não fazia. Estava feliz por ter reencontrado os familiares, alguns dos quais não via desde que tinha mudado para Charassiab.

No dia seguinte à festa, Wahida, o marido e o filho Amanullah aproveitaram a viagem para visitar um dos jardins de rosas de Jalalabad, à beira do rio Cabul, local preferido de Wahida quando viveu na cidade, adolescente. Foram ainda antes de o sol nascer e o marido aproveitou para fazer a primeira reza do dia ao ar livre. Almoçaram cedo com a família e por volta de meio-dia pegaram um táxi de volta para Cabul — por questões de segurança, queriam chegar à capital ainda de dia e no inverno rigoroso de janeiro no Afeganistão anoitece muito cedo.

Era o dia 27 de janeiro de 2004. Por volta das 15h daquela terça-feira fria, mas ensolarada, eles entraram em Cabul, e Wahida dormia no táxi, exausta. O trânsito estava especialmente ruim. No bairro de Microrayon os carros pararam de vez no congestionamento provocado pela passagem de um comboio das forças de coalizão. Quando o tráfego começou a se dissipar, um Corolla avançou na direção do comboio, mas antes de alcançá-lo bateu no carro à frente do táxi onde estava Wahida e explodiu.

Simples assim.

O motorista do Corolla tinha explosivos enrolados no corpo. Foi o primeiro atentado suicida praticado por um afegão na história. Hafez Abdallah, da província de Khost, tinha pouco mais de 20 anos — idade média dos homens-bomba no Afeganistão.

A guerra contra os talibãs e seus aliados da Al-Qaeda havia perdido a importância aos olhos da imprensa internacional e da Casa Branca quando os Estados Unidos voltaram a atenção para o Iraque, no fim de 2003. O Pentágono já falava em reduzir o número de soldados americanos no Afeganistão, de apenas 18 mil. Os talibãs eram tidos como vencidos e acreditava-se que os remanescentes do regime islâmico não passavam de 2 mil milicianos, que haviam fugido para o Paquistão. Estavam enganados.

Enquanto os americanos se ocupavam de Saddam Hussein, o comando do Talibã teve tempo de se reorganizar no Paquistão ao lado da Al-Qaeda. Aderiu ao movimento pan-islâmico e se alinhou à organização, assimilando táticas conhecidas do terrorismo internacional, mas não vistas no Afeganistão até recentemente. Os afegãos, antes de serem influenciados pelos terroristas, consideravam o suicídio uma desonra e acreditavam que aqueles que o cometiam tinham como destino o inferno. Beneficiados pela frustração e miséria dos afegãos, os talibãs haviam conseguido recrutar no ano da minha primeira visita ao país 123 homens-bomba.

Wahida só se lembra do próprio grito e um clarão. Acordou quatro dias depois, naquele leito do Esteqlal. Aos trinta e poucos anos, tinha o rosto e 35% do corpo queimados, perdera um seio, os dois braços e o marido, morto no momento da explosão. Ela nunca mais o veria.

— Você tem sorte de estar viva e ainda poder ver seus filhos — o médico disse, explicando-lhe o que aconteceu, quando ela finalmente recobrou a consciência, muito tempo depois. Ela caiu num choro ruidoso, sofrido. Não sabia se pela falta dos braços, se de dor, medo ou saudade. Sentia-se abandonada ali. Por que os filhos não vinham visitá-la?

Um dia, acordou decidida a sair daquele estado vegetativo. Com a força do abdome, levantou o tronco e devagar escorregou para a ponta da cama. Pôs-se de pé, sozinha. Caminhou até o banheiro. Empurrou a porta com o ombro. (Ainda não podia acreditar no que estava acontecendo. No fundo, sentia-se a mesma pessoa; como podia agora seu corpo estar reduzido a um tronco sem braços?)

Então viu refletida no espelho a imagem de um rosto retorcido de mulher, como uma pintura de Dalí. Feridas. A carne viva. Uma bandagem cruzando seu tórax, desde as costas até o ombro esquerdo, cobrindo um dos seios que já não estava lá. Só a dor.

Wahida soltou um grito agudo. — Deus, por que não me deixou morrer?

Desabou. Não sabe por quanto tempo ficou ali, no chão do banheiro. As enfermeiras vieram em socorro e ela as ouvia de longe dizerem que precisava ser forte para os filhos, que agora teria de criar sozinha. Não tinha forças. Quando se deu conta, os quatro meninos e duas meninas olhavam para ela em volta da cama, quietos. Foi Amanullah quem quebrou o silêncio.

— Esta não é a minha mãe! — ele gritava e chorava.

No momento da explosão, Amanullah separou-se dos pais. Ele ficou três dias perdido num hospital infantil, até que localizaram a família. Para o menino, eles haviam sumido naquele clarão. Não havia corpo a ser velado. Só essa mulher, estranhamente enrugada, fazendo-se passar por sua mãe. Wahida teve sorte. Primeiro, por estar viva. Depois, porque a marca escura de nascença permaneceu na pele agora deformada.

— Eu mostrei a ele a marca. Por isso, sabe que sou eu.

Enquanto conta a sua história, Ghairatullah, Amanullah, Farida, Sahadatullah, Rahullah, com idades ente 4 e 11 anos, agora a rodeiam e acariciam seu rosto desfigurado. Khalida, a mais velha, nos serve chá. Ela revela os traços da beleza que Wahida perdeu juntamente com a esperança de uma vida melhor no Afeganistão.

Já recebeu, pelo menos, uma dezena de ofertas de casamento, mas Wahida teima em dizer não. Teme perder a menina, que se tornara uma extensão dos braços da mãe. Wahida já não pode fazer coisas cotidianas como tomar banho ou pentear o cabelo sozinha. Como é que vai viver sem os braços de Khalida? É ela quem prepara a comida, limpa a casa, cuida dos irmãos e do jardim. Depois, não quer que ela tenha o mesmo destino da mãe: casar-se jovem demais com um homem desconhecido, tosco, analfabeto.

— Eu vi como era difícil a nossa vida. Eu não tenho boas memórias, nunca tive.

Ela tem só duas ambições: ver os filhos alfabetizados e fazer uma plástica. Os queloides do rosto lhe incomodam demais. Chegou a procurar um hospital, mas lhe pediram 300 dólares (12,9 mil afeganes) pela cirurgia — ou o equivalente a um ano inteiro de aluguel ou quatro vezes o que ela recebe de ajuda do Comitê Internacional da Cruz Vermelha para sustentar os seis filhos.

Por lei, as viúvas afegãs não têm direito a herança nem pensão. Se tivesse o que deixar, o que não é o caso do marido de Wahida, as posses iriam para o filho mais velho ou o irmão do marido. Foi o cunhado quem a abrigou com os filhos depois do atentado. Ali Ahmed, de 46 anos, é oficial da Força Nacional de Segurança — nas mãos da qual os Estados Unidos pretendem deixar o país quando as tropas estrangeiras saírem, o que estava previsto para 2014. Ele ganhava 1.500 afeganes de salário — ou pouco mais de 34 reais — para ser um alvo ambulante dos talibãs, dos quais 1.000 eram gastos no aluguel.

— Ninguém jamais foi realmente bom para o Afeganistão — resume ele.

O dono da casa, em Kart-e Nau, permitiu construir um puxadinho no quintal para Wahida viver com os filhos — mas cobrava outros 1.000 afeganes, que ela não tinha. No pequeno cômodo forrado com retalhos de tapetes havia um fogão a lenha, colchões e cobertores velhos, os únicos pertences da família. Tudo doado. Não havia banheiro, só um buraco no chão. Nem energia elétrica ou água potável, que compravam com muito custo de um caminhão-pipa por 35 afeganes para o dia. Para tomar banho, Wahida e os filhos iam a um *hamam* (banho) público no centro velho de Cabul. A entrada custa 20 afeganes por pessoa.

Visitei uma dessas casas para mulheres. No salão de pedra, abafado e úmido, uma dezena delas compartilhava canecas de plástico com água farta que saía dos canos, aquecida por um enorme forno abastecido com carvão por um empregado do lado de fora. Algumas ficam nuas, outras se banham em velhas peças íntimas de algodão; não têm nenhuma feminilidade, uma esfregando a outra com retalhos de panos, encolhidas pelos cantos, como se o próprio corpo fosse um estranho. As que têm condições trazem sabão e xampu.

As casas de banho são comuns no Afeganistão e algumas estão sendo restauradas pela Fundação Aga Khan. Não bastasse a miséria, a guerra, a ignorância, o país viveu nos 30 anos desde o início dos conflitos contra os soviéticos a maior seca da história. A primeira vez que estive no país, o rio Cabul, que segue da capital para o leste e passa por Jalalabad até desaguar no Paquistão, havia se transformado em um colorido e fedorento amontoado de lixo seco — sacos e sacos de tudo o que se pode imaginar — numa espécie de toque Midas às avessas. Como se tudo o que tocasse o solo afegão virasse coisa ruim. A seca ameaçava matar de fome 10 milhões, em 2011, segundo a ONU.

Em Charassiab a água vem das montanhas e quando o proprietário da casa em Kart-e Nau, onde vivia Wahide, ameaçou aumentar o valor do aluguel para 1.500 afeganes, ela teve de procurar um lugar mais barato para morar — 500 afeganes ou 1/3 do valor pedido, para ser exata — e acabou voltando para onde vivia com o marido antes de ele morrer. As crianças tiveram de deixar a escola e às vezes ganham um trocado colhendo cebolas. O mais velho trabalhava numa padaria e agora está desempregado. Um mulá se ofereceu para ensiná-las em casa e em nosso último encontro Wahida se perguntava se ele era um homem confiável.

Quando chegou a Charassiab, soube que não era a única a voltar. Os radicais islâmicos também estavam de volta.

Os militares americanos descrevem a insurgência como um balão: você aperta de um lado e eles estouram de outro. As forças de coalizão conseguem até expulsar os talibãs, mas não segurar o local por tempo suficiente para a tão falada reconstrução que foi muito prometida, mas nunca aconteceu. Assim que os militares migram para outra missão, eles voltam.

Entre os afegãos, a sensação é de déjà-vu. Radicais de barba longa e turbante negro circulam espalhando o terror em picapes, rifles AK-47 em punho. Impõem regras próprias e decidem o destino dos cidadãos em tribunais conduzidos por mulás, com base na charia, a lei islâmica. Relatório publicado em janeiro de 2008 pelo Conselho Internacional em Segurança e Desenvolvimento apontou que os talibãs já voltavam a dominar 72% do território — em 2007, controlavam 54%. Isso significa que a maior parte das províncias funciona à revelia do governo de Hamid Karzai e das forças de coalizão. Nelas, o país tem outro nome: Emirado Islâmico do Afeganistão.

Na província de Logar, onde Wahida nasceu, distante apenas 50 quilômetros de Cabul, os radicais voltaram a controlar estradas, vistoriar carros à procura de "infiéis", cobrar pedágio de caminhões e bloquear a ajuda humanitária.

Olho para o rosto desfigurado de Wahida e sinto raiva do mundo. Em nosso primeiro encontro, quando ela me revelou o sorriso por trás do portão da pequena casa no assentamento precário de Kocha Kharabad, em Kart-e Nau, uma das áreas mais pobres de Cabul, a primeira coisa que me veio à mente foi como essa mulher ainda era capaz de sorrir. Em minhas viagens, presenciei o sofrimento humano em níveis que antes não imaginava toleráveis. Nenhuma história, porém, resume de forma tão completa a tragédia no Afeganistão.

Eu preciso saber onde Wahida estava no 11 de Setembro e se, naquele momento, sabia que os atentados afetariam diretamente a sua vida. Mas tudo o que ela me dá é um olhar vago, vazio. Nada parece vir à memória. Em minha inocência ocidental, eu insisto na pergunta. Decerto ela se lembra daquelas imagens dramáticas, as Torres Gêmeas em chamas!

— *Ne!* [Não]

Então eu me lembro que na casa de Wahida, como na maioria das casas do Afeganistão, não havia tevê — nem luz. Ela nunca viu as imagens do 11 de Setembro. Decerto ouviu falar sobre o ocorrido.

— *Ne.*

Por que acha que o Afeganistão está em guerra?

— A América sabia [*dos talibãs*] e veio nos salvar. Não é?

— E se eu lhe disser que não, que a história não é bem essa, que existe uma relação entre o 11 de Setembro e a guerra no Afeganistão, você acredita?

Ela levanta levemente os ombros, sem graça.

— Não sei...

E a Al-Qaeda?

— Eu tenho medo dos talibãs, sobre a Al-Qaeda não sei...

Por que acha, então, que o carro explodiu na sua frente? (Ela se contorce, angustiada.)

— Não sei! Não sei por que motivo o povo do Afeganistão está fazendo isso. Eu não sei! Só Alá sabe!

Por um momento eu me distraio da entrevista e penso na enorme distância entre o Ocidente e o mundo de Wahida; distância que não pode ser medida em quilômetros, mas em tempo. Cabe um milênio entre mim e a mulher sentada na minha frente e aquilo me causa uma profunda melancolia. Wahida me tira desse estado dizendo — talvez esteja sendo sincera, mas tudo indica que queira apenas me agradar — recordar-se por alto de uma vizinha lhe ter contado sobre um "grande acidente na América". Nada mais.

Eu me despeço da família. Khalida some por alguns segundos e volta com um pano bordado e um espelho pequeno decorado com miçangas verdes e vermelhas — as cores da bandeira do Afeganistão — e o desenho de uma pomba com a palavra *peace* (paz, em inglês) escrita em tinta. Eu resisto em aceitar. Como posso deixar para trás essa gente que não tem nada e ainda levar deles alguma coisa, qualquer coisa que seja? O intérprete intercede:

— Você precisa aceitar. No Afeganistão, é uma enorme desfeita não aceitar um presente. — Wahida e Khalida abrem lindos sorrisos quando eu pego as lembrancinhas das mãos delas. Num impulso, antes de partir, eu pergunto ao intérprete se seria uma ofensa dar alguma contribuição à família. Meio sem graça, tiro 80 dólares — é todo o dinheiro que tenho na carteira — e entrego uma parte a Wahida e a outra para Khalida distribuir entre os irmãos. Ao longo da minha carreira, eu nunca tinha feito aquilo. No fundo, eu sabia que o motivo era culpa.

Durante muitos momentos com Wahida só o que eu queria era fechar o meu bloquinho e sair correndo para um lugar bem longe. Ela tinha me dado muito mais do que o pano bordado, o espelhinho ou algo que qualquer valor em dinheiro pudesse pagar — ela tinha dividido comigo a sua vida. Decerto com alguma esperança de que, ao fazê-lo, alguém conheceria seu sofrimento e viria em socorro. Só eu sabia que não era verdade.

No caminho de volta, Hassim, o motorista, ouvia o rádio e eu notei que ele estava pálido.

— Você ouviu? Você ouviu o que estão dizendo sobre o atentado? — A notícia que ele acabara de ouvir, em dari, informava que às 14h40 daquela tarde um homem-bomba detonara seus explosivos em uma rua movimentada da capital, próximo à Embaixada da Alemanha, matando dois afegãos e ferindo outros muitos. Eu me lembrei na hora do lugar. No dia anterior, pedi que Hassim parasse o carro exatamente ali para tirar uma foto da Habib High School, mas ele disse que estávamos 20 minutos atrasados para a entrevista às 15h, e só deu tempo de abrir a janela com o carro em movimento e tirar uma foto da mesquita do meu lado do carro. Foi entre a mesquita e a escola que vinte minutos antes das 15h, às 14h40 daquela tarde, o ataque suicida ocorrera.

A situação é hoje pior do que ontem e tem sido assim desde o início da invasão das forças de coalizão lideradas pelos Estados Unidos. A guerra do Afeganistão chegou a uma década com um morto a cada três horas — oito a cada dia, dia após dia. Nas estimativas mais conservadoras, 2.777 civis foram mortos na guerra em 2010 — 15% mais do que em 2009. Pelo menos 2.080, ou 75% das mortes, são atribuídas aos talibãs — 1.141 delas em ataques suicidas. Os outros 25% teriam sido vítimas das forças de coalizão ou do governo. Os números crescem a cada ano e somam quase 12 mil mortos desde que começaram a ser computados, em 2006. Os dados são da Missão das Nações Unidas no Afeganistão.

As forças de coalizão chegaram a fazer vítimas civis quase na mesma proporção que os insurgentes, sobretudo com o aumento de bombardeios aéreos com aviões não tripulados na fronteira com o Paquistão, medida adotada pelo presidente George W. Bush em 2008 e intensificada por seu sucessor, Barack Obama, a partir do ano seguinte.

E essas são somente as vítimas fatais dos confrontos. Diferentes fontes falam em cerca de 1,5 milhão de mulheres que perderam os maridos nos mais de 30 anos de conflitos no país, desde a invasão soviética em 1979. A idade delas, quando ficam viúvas, não passa de 35 anos. A maioria tem filhos e 94% são analfabetas, segundo a ONG Beyond 9/11, que trabalha com essa população. O índice é maior do que a já absurda taxa nacional de 82% de analfabetismo entre as mulheres afegãs — os conflitos são mais intensos nas zonas tribais, onde o acesso à educação é muito mais difícil.

Suas histórias, assim como a de Wahida, são dramáticas.

Shaista, uma jovem que conheci em um abrigo para viúvas em Cabul, perdeu o marido não sabe se quando um microônibus explodiu na frente dele, no caminho do trabalho para casa na província vizinha de Zabul, ou se num bombardeio americano nos arredores de Kandahar — os milicianos talibãs havia muito tinham voltado a controlar a área. É tanta a violência que os afegãos já não sabem mais do que estão morrendo.

— A vida se tornou muito difícil — diz Shaista. — Os talibãs acham que você colabora com os estrangeiros. Os estrangeiros acham que você é talibã. Nós somos pegos no meio.

Na história do Islã, conta-se que o consentimento para que os homens tivessem até quatro mulheres tinha como motivo evitar que as viúvas ficassem desprotegidas e acabassem nas ruas. Como fiéis muçulmanos, os pais e os irmãos mais velhos de Shaista a entregaram em casamento ao cunhado, que também herdou as três pequenas propriedades do casal, em Kandahar, Ghazni e Zabul. A história seria suficientemente trágica, mas outro efeito da guerra no Afeganistão tornou seu destino ainda mais dramático. O cunhado de Shaista estava viciado em ópio — havia então 1,7 milhão de agricultores afegãos trabalhando nas plantações e eles ocupavam áreas em 90% das províncias do sul, como Kandahar.

O vício do cunhado era motivo de brigas constantes entre ele e o marido de Shaista.

— Meu medo era que acabasse por vender a mim e a meu filho. Então, uma noite, eu fugi — conta.

Shaista passou nove dias nas montanhas. Segurava seu filho nos braços com tanta força que chegou a abrir feridas em sua pele. Acabou num hospital, onde passou dois meses, e vive escondida desde 2009 em um *marastoon* (abrigo) para viúvas e órfãos, mantido pela organização Crescente Vermelho. Se um dos oito irmãos mais velhos a encontrar, eles muito provavelmente a matarão por abandonar o segundo marido e, no entendimento deles, desonrar a família.

Em 2010, o rosto desfigurado da jovem Aisha, de apenas 18 anos, estampou a capa da revista *Time*. Seu sogro, Sulaiman, de 45 anos, teria apontado uma arma para a nora enquanto os cinco filhos mutilavam seu nariz e as orelhas. Ela tinha 8 anos quando foi prometida em casamento para um dos jovens. Aos 16 foi viver com a família. Maltratada, decidiu fugir dois anos depois, mas foi localizada e entregue pela própria polícia aos pais, que então a devolveram ao marido. Ela foi punida pelo crime de desonra. Quando fugiu de novo, foi abrigada no *marastoom* onde está Shaista e sua história corre, como o vento que anuncia uma tempestade, os corredores do prédio de dois andares onde vivem 54 viúvas com histórias tão ou mais trágicas do que a sua, a de Shaista ou Wahida.

O número das que procuram abrigo aumenta na medida dos conflitos.

— Só no mês passado, 30 mulheres vieram bater em nossa porta, principalmente das províncias do sul, como Kandahar e Helmand, onde os conflitos são mais intensos —

disse o chefe do abrigo, Shawaly Wadat, um senhor tranquilo, alinhado em um terno marrom que parece ter guardado no armário desde os tempos áureos do Afeganistão, a era hippie-chique dos anos 1970. Ele nos oferece almoço: pão afegão, iogurte, batatas cozidas e carne sob uma montanha de arroz com cenoura e frutas secas, entregues em recipientes de isopor por um serviço *delivery* — ah, e Pepsi-Cola.

A organização mantém abrigos em Jalalabad, Mazar-e Sharif, Kandahar e Herat. Todos lotados.

— De cada dez que chegam aqui em Cabul, nós ficamos com uma. Não temos mais espaço.

As que conseguem abrigo têm sorte — milhares de outras acabam nas ruas de Cabul, mendigando. No alojamento escuro e frio, com tapetes e cobertores para dar algum aconchego, as viúvas podem ficar com os filhos de até 10 anos — Shaista não viveria sem o pequeno Hamid Karzai, de 6. O nome e sobrenome foram escolhidos em referência ao presidente do Afeganistão.

— Eu quero que ele seja um homem estudado, um político, e não um talibã. Por isso o nome — explica ela. — Hamid quase morreu nos meus braços, mas sobreviveu comigo a tudo o que atravessamos, por isso sei que ele é um menino forte e pode chegar tão longe quanto quiser na vida.

Karzai, o presidente, é também um pachto de Kandahar

— *Inshallah* [se Alá quiser] ele terá uma vida melhor do que a minha. *Inshallah!*

Em outro edifício vivem 60 órfãos com 11 anos ou mais, além de 30 idosos, alguns deles com deficiências físicas, e 38 mulheres com problemas mentais causados pelos conflitos. Os homens que sofrem de distúrbios foram transferidos para outro abrigo, em Herat, porque já não havia vagas em Cabul com tantas mulheres chegando. No total são 378 pessoas.

Os órfãos vivem no abrigo até os 18 anos; vão para a escola a partir dos 7. Abdul Hai, de Tahor, 14 anos, diz que os conflitos se intensificaram em sua província nos últimos três anos.

— Todo dia havia guerra, muito, muito ruim... Um dia, seus pais foram pegos no meio do fogo cruzado. Quando os tiroteios e as explosões cessaram, Abdul foi recolher seus corpos caídos no meio da plantação de trigo.

— Eles têm uma feição boa, parecem tão inocentes! Não parecem gente má. Mas colocaram fogo nas mesquitas, nas escolas, destruíram pontes... — diz ele, sobre os talibãs. Tem os pés descalços e sujos.

Sayed Ahmad, de Tahor, 15 anos, acanhado, magrinho e ereto com os pés e as mãos delicadamente juntas à frente do corpo mirrado, perdeu o pai e um irmão em um bombardeio. A mãe está doente e hospitalizada (ele diz que quer ser médico para tratar dos pobres). Foi o irmão mais velho que o levou até o abrigo, onde o menino passa os dias parado olhando para o nada. E fala sempre na terceira pessoa, como se assumir a tragédia da própria vida fosse doloroso demais.

Morre-se de tudo e por nada nos vilarejos remotos das montanhas.

Na percepção dos afegãos, eles estão largados à própria sorte. Se por um lado se revoltam com o terrorismo dos talibãs, de outro não entendem como seu governo, apoiado por 41 nações ricas e desenvolvidas, com poderio militar e quase 200 mil soldados no país, não é capaz de protegê-los. Frustrados com a corrupção no governo, a ineficiência da ajuda humanitária e a incapacidade das forças de coalizão, muitos acreditam que a ordem imposta pelos talibãs é melhor do que ordem nenhuma. O que os estrangeiros estão, afinal, fazendo no Afeganistão?

Por ironia, foi um estrangeiro quem me ajudara a reencontrar Wahida, mas um estrangeiro querido pelos afegãos: o fisioterapeuta Alberto Cairo.

Wahida tinha se mudado de Kart-e Nau e, sem telefone, era difícil rastrear seus passos — com a ajuda de Alberto, eu a reencontrei na lista dos beneficiados de um programa do CICV de auxílio mensal a viúvas. Em nosso último encontro, a situação havia se agravado tanto que não encontrei um intérprete sequer disposto a me acompanhar até Charassiab. O local onde ela agora vivia com os filhos havia se tornado um território talibã. Rendida, paguei um táxi para que ela viesse me ver em Cabul. Quando Wahida despontou na esquina, eu a reconheci na figura do menino, Amanullah. Então chamei seu nome para ter certeza de que era ela. E de repente me vejo abraçando uma burca no meio da rua. Wahida apenas encosta a cabeça coberta no meu ombro e eu entendo que também me abraça como pode.

Eles me trazem presentes — vasos feitos pelas crianças com garrafas PET recicladas. Vejo os olhos de Amanullah brilharem pela primeira vez quando entrego a ele uma bola de futebol do Brasil, além de dois jogos de botão, lápis de cor, giz de cera, massinha de brincar, para dividir com os irmãos; um colar de conchas do mar para Khalida e outro para Wahida. Quando sentamos para conversar, no jardim da pousada onde eu estava hospedada, ela retira a burca e me dá um sorriso largo. Diz que nunca tinha ganho um colar de presente antes. E eu me pergunto como pode ainda sorrir.

ND
6
Alberto – O estrangeiro

— A pobreza mata muito mais gente no Afeganistão do que a guerra em si — sentencia o fisioterapeuta italiano Alberto Cairo.

Alberto ajudou a recolher os mortos e feridos da *jihad* contra os soviéticos, sobreviveu ao conflito civil, aceitou a ajuda de senhores da guerra, negociou muitas vezes com os talibãs, cuidou de alguns deles e de inúmeras de suas vítimas. Tratou de amputados, aleijados, queimados; de feridas infeccionadas, necrosadas pelo abandono e a miséria.

No ano em que assumiu a missão do Comitê Internacional da Cruz Vermelha, em 1989, 5 milhões de afegãos — ou um quarto da população — tinham abandonado o país, atravessando para o lado do Paquistão e, em menor escala, Irã e Tadjiquistão. Peshawar, centro administrativo da Federação de Áreas Tribais (Fata), território semiautônomo na fronteira afegão-paquistanesa, recebeu a maior parte deles.

Alberto foi a Peshawar para uma reunião com os médicos que atendiam nos campos de refugiados e voltara para a delegação local preocupado. Milhares deles tinham problemas físicos graves e precisavam de alguma intervenção cirúrgica — mas como e onde? Eram deformações não tratadas, cortes profundos mal cicatrizados, fraturas que teimavam em não calcificar. À falta de cuidados, somavam-se a desnutrição e os distúrbios mentais. Os campos de refugiados eram como sucursais do inferno que se tornara o Afeganistão.

De volta ao escritório, Alberto notou que os colegas estavam na frente da tevê assistindo a outra cena dantesca: um avião bater em uma torre do World Trade Center. Achou que fosse filme. O plantão de notícias na tevê, no entanto, não deixava dúvidas: aquela era uma cena real.

Ele telefonou imediatamente para Genebra, onde fica a sede do CICV. Por precaução, o comitê determinou a retirada imediata de 15 funcionários estrangeiros que atravessaram o regime Talibã expatriados no país. A primeira reação de Alberto foi imaginar que não poderia voltar para casa — referindo-se como casa a Cabul. Havia mais de uma década, ele adotara o Afeganistão como um lugar para viver. E morrer.

— Até que tudo fosse esclarecido, eu sabia que não me permitiriam voltar e aquilo me deixava desesperado. O que eu iria fazer agora? Haveria mais uma guerra, mais feridos. E eu simplesmente daria as costas para eles e para tudo o que construí nos últimos anos? Ir embora seria trair aquela gente toda que, depois de muito tempo e esforço, aprendera a confiar em mim, apesar de eu não ser afegão ou muçulmano. Eles foram tantas vezes maltratados pela história que não confiam mais em ninguém.

Foi difícil pegar no sono naquela noite. Sua mente não parava de maquinar um jeito de atravessar a fronteira de volta para o Afeganistão.

Na iminência de uma nova guerra, confirmada em discurso do presidente George W. Bush, a ONU disponibilizou um avião para retirar os demais expatriados. Cerca de 100 estrangeiros de diferentes organizações tentavam deixar o país. Àquela altura, porém, Alberto não era exatamente um deles — falava dari perfeitamente e se virava bem com o pachto, estava no país havia mais de uma década, conhecia os afegãos como nenhum outro estrangeiro e a logística das operações humanitárias.

Alberto, então, sugeriu que o deixassem voltar a Cabul "apenas para fechar os escritórios da organização" ainda que parcial e provisoriamente (embora não tivesse intenção de fazer isso). Conseguiu o que queria.

Quando o pequeno avião da Cruz Vermelha aterrissou na capital afegã, o aeroporto estava lotado de estrangeiros tentando deixar o país e o fisioterapeuta ainda pôde se despedir de velhos amigos.

— Estavam todos saindo, só eu chegando — diverte-se.

Alberto atravessou solitário o velho e agora vazio saguão de desembarque e seguiu, afinal, para casa.

Logo as novas vítimas começaram a chegar — novas vítimas dos novos e velhos conflitos. Os soviéticos tinham deixado para trás 460 quilômetros quadrados de campos minados, 75% de pastos e 20% de áreas agrícolas. Dos 356 distritos afegãos, 162 tinham explosivos ainda não detonados no solo. Cabul se tornou a capital mais minada do mundo; Helmand, Herat, Kandahar, Paktia, Logar, territórios de altíssimo risco. Helicópteros despejaram milhares de bombas cluster — elas se abrem, espalhando centenas de submunições que não explodem na hora, mas ao serem manipuladas ou pisadas.

Dez milhões de minas terrestres no total; 10 milhões de tragédias, um passo de cada vez.

(Em 1994, o CICV estimou que levaria 4.300 anos para remover todas as minas soviéticas do Afeganistão.)

Banidas pela ONU no Tratado de Ottawa, assinado em setembro de 1997, as minas terrestres ainda fazem, pelo menos, duas vítimas por dia no Afeganistão, entre mortos e feridos. Crianças são 48% delas, surpreendidas ao fazerem coisas tão cotidianas em um país predominantemente rural quanto brincar nos campos ao ar livre ou buscar lenha para aquecer a casa.

Um treinamento do CICV ensina mulheres e crianças a identificar minas terrestres — com base em desenhos, porque a maioria é analfabeta. As áreas atingidas estão hoje delimitadas. Placas vermelhas indicam territórios proibidos; as azuis são aquelas em que "é provável" ainda haver explosivos; e as brancas estão limpas. Acontece que muitos locais seguem ainda sem marcações. Na sala com 25 mulheres eu pergunto se têm algum parente na família que foi vítima de minas. Todas levantam a mão. E despejam suas histórias da guerra.

Um dos filhos de Ziugul, de 70 anos, desapareceu no caminho para Logar; outro era soldado durante o regime soviético e foi morto em Jalalabad; o marido saiu para comprar comida no mercado e foi atingido por uma bala perdida no fogo cruzado entre comandantes *mujaheddin* na guerra civil; restaram-lhe uma filha e sete netos, como Rabia, de 8 anos, que acompanha a avó na demonstração. O pai de Jamila, de 30 anos, perdeu uma perna; o irmãos, as duas; o cunhado também amputado tem uma bala disparada por um talibã ainda alojada no abdome. O irmão de Malia, de 35 anos, que era soldado do governo afegão, perdeu a mão e os dois olhos em um confronto com insurgentes no caminho para Kandahar; o sobrinho de 8 anos, órfão de pai, morreu de pneumonia; o marido é diabético e perdeu a visão por causa da doença. (Não estou inventando nenhum diálogo, é assim que elas contam a sua tragédia — em número de mortos e pedaços de corpos.)

Eu volto à clínica para espairecer, mas as histórias continuam a me inundar de tristeza. O agricultor Said Rahim de 45 anos, que produz muletas para o centro ortopédico pisou em uma mina e lá se foi uma perna — daquele momento, ele só se lembra da fumaça preta. Aabida Faizi, também funcionária, de 24 anos, tinha 13 anos quando perdeu a perna, brincando nas montanhas — "por que o ar ficou tão empoeirado de repente?", perguntou-se compreendendo o acontecido apenas quando viu o sangue que escorria de seu tronco. Entrou em desespero, não pela dor, mas porque sabia o que a esperava — a mãe perdeu as duas pernas quase da mesma forma.

Entre os pacientes, o lenhador Meejram, de 40 anos, vinha de um jogo de futebol no banco de trás de uma caminhonete quando os três amigos voaram pelos ares, só ele sobreviveu porque tinha um turbante na cabeça e o usou para estancar o sangue. Sua maior dificuldade agora, ele me conta, é compreender as receitas que os médicos lhe dão, porque ele não sabe ler. Faiz Agha, de 28 anos, fazia a segurança de um caminhão de mantimentos entre Kandahar e Ghazni quando uma dezena de talibãs abriu fogo contra o comboio e duas balas se instalaram em seu joelho — a ferida gangrenou.

Quando checou seus arquivos pela última vez, Alberto já havia ajudado 90 mil afegãos a andar de novo. Todos passaram por suas mãos inquietas, mas cuidadosas.

Na pequena fábrica de pernas de Alberto, produzem-se cadeiras de rodas, colchões especiais, próteses, muletas. Embora sejam dramáticas, as amputações não são consideradas pelo fisioterapeuta como o maior problema dos afegãos, mas sim a miséria.

Eu peço a opinião dele sobre a reconstrução do país, prometida pelo presidente americano George W. Bush ao anunciar a ofensiva, em 2001.

— Reconstrução? Você que tem andado por aí, consegue ver nas ruas algum sinal de reconstrução? Tinham de ter feito um Plano Marshall para o Afeganistão. Tinham de ter ajudado os afegãos a reerguer o próprio país. Deviam ter afugentado os senhores da guerra. Não fizeram nada disso.

Quando as forças de coalizão lideradas pelos Estados Unidos iniciaram a ofensiva no Afeganistão, em 2001, a infraestrutura do país era praticamente inexistente. Nos quase 20 anos anteriores de conflitos, a metade dos vilarejos e 25% das rodovias foram destruídas. Hospitais e clínicas, escolas e abrigos, casas, a rede elétrica, o sistema de irrigação, aeroportos bombardeados.

Os planos para a reconstrução começaram a ser colocados em prática no início de 2002. Havia mais de 14 mil projetos previstos, que deveriam ser supervisionados pelos chamados Times de Reconstrução Provincial (equipes multidisciplinares formadas por diplomatas, militares, urbanistas). O Banco Mundial criou o Afghanistan Reconstruction Trust

Fund (ARTF), com financiamento de 24 países. Mais de 30 bilhões de dólares foram alocados pela comunidade internacional, a maior parte dos Estados Unidos.

— Nós desperdiçamos uma grande oportunidade, perdemos o timing, porque os afegãos estavam muito esperançosos. De fato, eles foram para as ruas celebrar a chegada dos estrangeiros. Acreditaram realmente que os americanos viriam salvá-los. Achavam que fariam do Afeganistão a própria América. Era esse o clima em 2002, 2003... E então a dupla Bush-Blair [Tony Blair, então primeiro-ministro do Reino Unido] resolveu ir para o Iraque com seus trilhões de dólares e se esqueceu do Afeganistão. Até 2004 todos ainda estavam confiantes de que a situação ia melhorar. A partir daí, as coisas só foram piorando, piorando, piorando... — diz Alberto.

Aos 59 anos, ele acorda às 4h, vai para o escritório, responde e-mails, lida com a burocracia do cargo, como preparar "relatórios chatos", nas palavras dele mesmo, enquanto o silêncio ainda paira na clínica. Quando os funcionários chegam, inicia uma bateria de reuniões com médicos, enfermeiros e fisioterapeutas. Almoça no refeitório da clínica ou em sua sala enfeitada com flores coloridas de plástico — presente dado por pacientes —, onde mantém um frigobar com água apenas; seu nome escrito à mão e preso com fita adesiva na porta. Então faz o que mais lhe dá alegria: as visitas aos pacientes.

Alberto brinca com todo mundo, abraça e beija os homens, curva-se diante das mulheres com um sorriso no rosto e a mão direita no coração, em sinal de respeito. O gesto também quer dizer que são bem-vindas. Todos vêm cumprimentá-lo. Fala alto, gesticula, esbraveja com os funcionários, põe as mãos na cabeça e diz que eles o deixam louco; depois, faz piadas e todos caem numa gargalhada coletiva — já estão acostumados com os ataques do italiano enérgico que fala e grita com as mãos, mas age sempre com o coração. E ele tem um coração bom, seus colegas dizem. Alberto os faz rir daquilo que é mais trágico, assim deixa o ambiente leve, tão leve que tornou possível a todos carregar esse fardo da guerra por tantos anos. Ele conhece cada história, cada paciente pelo nome.

— Eu me tornei um homem mais rico aqui. De certa forma sou um egoísta, porque é fácil ser recompensado com um trabalho como esse. Eu vejo alguém chegar se arrastando e, alguns dias depois, já estão andando de novo.

O fisioterapeuta tem quinta e sexta-feira livres, mas vai para a clínica mesmo assim; em Cabul há 180 pacientes vivendo em leitos, gente que vem de longe ou não tem para onde voltar. Com isso, Alberto já tem 150 dias acumulados de férias — e não sabe o que fazer com eles.

Os funcionários das organizações de assistência humanitária, que trabalham em áreas de risco, em geral têm períodos longos de folga em que são estimulados a deixar os locais onde sofrem forte pressão por terem a própria vida em risco e por presenciarem cotidianamente o sofrimento humano. Os funcionários do CICV no Afeganistão têm, para cada cinco semanas de trabalho, uma de descanso — que Alberto não usa.

Alberto não se casou, não tem filhos e vive sozinho em um casarão de Cabul com o símbolo do CICV num adesivo preso à porta. Vai para casa às 18h, janta e se entrega à leitura — quase sempre sobre o Afeganistão, como *The Dressmaker of Khair Khana*, que conta a história de uma empresária afegã que de-

Shah

AFP/Getty Images

Alberto

Mulá Abdul

Marechal Fahim

Fatema

Miguel (ao fundo)

Massouda

Ajmal

Wahida

Sayed

Sadaf

Mulheres aprendem a identificar minas terrestres. Embora banidos pela ONU desde 1997, os explosivos fazem duas vítimas por dia no país – 48 por cento delas são crianças.

O sapateiro Sher Mohammad, de 28 anos: "Nossa vida virou um inferno."

A fantástica fábrica de pernas de Alberto Cairo.

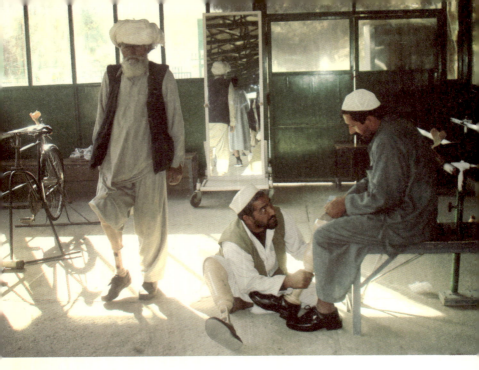

Homens reaprendem a andar:
mais de 50 mil amputados em 20 anos de guerra.

Pacientes são transportados pelo Comitê Internacional da Cruz Vermelha,
vindos de regiões remotas do país para tratamento em Cabul.

Órfão de Kandahar, recém-chegado ao abrigo. O pai está morto e a mãe, presa.

Órfãos da guerra.

Assim como no Brasil, os espaços livres são ocupados por crianças jogando futebol, nos arredores de Cabul.

Esta já é a quarta geração de refugiados em três décadas de conflitos. Acampamentos precários proliferam na periferia de Cabul, com cinco milhões de refugiados que retornaram ao país após a invasão americana, em 2001.

Num país miserável, brinquedos singelos como balões fazem a alegria das crianças.

Cercada pelas lindas crianças do campo de refugiados de Jalozai.

Majiba, de 12 anos, coleta água em um dos 500 poços abertos pela Sociedade Crescente Vermelho. O país viveu a pior seca dos últimos 30 anos.

O marechal Fahim chega para uma partida de *buzkashi* na arena de sua mansão de inverno, aos pés da cordilheira de Hindu Kush.

Cavaleiros disputam a carcaça de uma cabra sem cabeça no *buzkashi*, esporte nacional praticado desde os tempos de Genghis Khan para treinar combatentes. Numa metáfora da guerra, os afegãos dizem que o animal é o próprio Afeganistão, disputado por muitos invasores e dilacerado em contínuos conflitos.

A deputada Fauzia Kofi,
no Parlamento.

A rua da casa de Fatema Gailani,
a herdeira do rei: destruição, barricada
e homens armados.

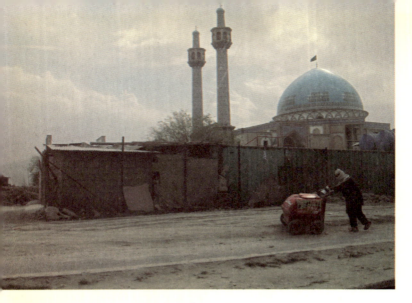

Um sorveteiro vence o ar empoeirado da capital na frente da maior mesquita xiita do Afeganistão.

Shukria Barakzai, que fundou a revista feminina *Aina-E-Zan* (Espelho de mulher), em sua casa.

Morador dá informações sobre o paradeiro do mulá Abdul Rocketi no bairro de Khosh Hal Khan, onde vivem os ex-comandantes do Talibã.

Anotações das primeiras aulas de dari.

Eu mesma experimentando uma burca,
no bazar Mandavi.

Shalpoor Zaheri, de 41 anos (à esquerda, ao lado
de seu filho), é da quarta geração de vendedores
de burca, ofício que ele agora transmite aos
15 filhos que tem com duas mulheres.

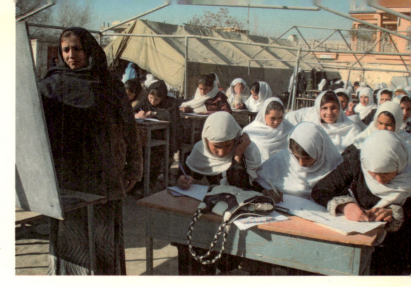

Durante o regime talibã, a diretora
da escola feminina de Gozargah, Mahbooba
Khaja Zada, de 30 anos, educou 180 meninas
às escondidas na sala de sua casa.

Na escola há espaço para apenas
10 por cento das 4.280 alunas.
As outras estudam em tendas no pátio.

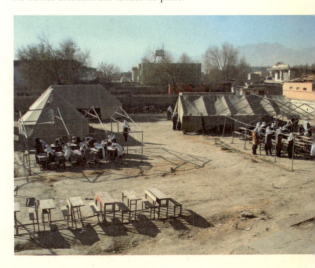

Desembarque em Cabul, com a companhia aérea afegã Safi.

Vista aérea da cordilheira de Hindu Kush.

Jovem abastece o fogareiro com carvão para aquecer o *hammam* (casa de banho pública).

A entrada do *hammam*, no centro velho de Cabul.

Kafi podia ser o protagonista de *O caçador de pipas*. Ele é um dos melhores. Após os talibãs, as pipas voltaram a colorir a colina de Nader Khan, onde acontecem as competições.

A rua onde morei em Shar-e Nau, bairro nobre da capital afegã onde vivem os estrangeiros.

O endereço do livreiro de Cabul.

Sem direito a nada, viúvas sobrevivem mendigando com os filhos.

Shaista, da província de Kandahar, vive em um abrigo com o filho, Hamid Karzai, nome escolhido em homenagem ao presidente afegão. Assim como ela, 1,5 milhão de mulheres perderam os maridos nos sucessivos conflitos.

Shamsia com o grupo de jovens artistas na National Gallery de Cabul.

Mulá Habibullah, meu guardião nas caminhadas por Faizabad, capital da província de Badakhshan, no norte do Afeganistão, faz pose sobre um velho tanque soviético, sinal da guerra que já dura mais de 30 anos.

Palácio Darul Aman, construído pelo rei Amanullah e destruído durante a guerra civil.

Mercado de pulgas Bush Market, onde são vendidos produtos roubados da base aérea americana de Bagram e mercadorias vencidas descartadas pelos estrangeiros.

O centro velho da capital afegã.

O primeiro
botão de rosa
a abrir no meu
jardim afegão.

Pôr do sol em Cabul.

safiou os talibãs ao sustentar toda a família costurando vestidos para fora e negociando com mercadores. Era esse o título que Alberto lia em seu iPad, no voo para a província de Badakhshan, no norte do Afeganistão. Eu o acompanho na viagem.

O avião do CICV levando pacientes que passaram por cirurgias em Cabul de volta para casa ruma para o norte e segue a rota do Corredor de Wakhan, um braço da cordilheira de Hindu Kush espremido entre a China, o Paquistão e o Tadjiquistão. Aos pés das montanhas ainda cobertas de neve, casebres de tijolo de barro, madeira e palha acompanham as curvas do rio Kokcha. Campos verdes, de trigo e algodão; a papoula está mais para o norte.

O avião se aproxima do solo e vão surgindo minúsculos pontinhos coloridos e brilhantes, as roupas das crianças tadjiques que trabalham nas plantações, burcas azuis sobre cavalos, homens de turbante, pastores e ovelhas.

Aterrissamos entre campos minados numa velha pista de pouso soviética; um piso irregular, de ferro, que não raro fura o pneu das pequenas aeronaves que chegam com ajuda humanitária. Aconteceu na semana passada e o avião do CICV pousou de barriga. Aviões grandes não conseguem pousar em Faizabad, a capital da província, porque o vale é cercado por montanhas muito altas. Não há equipamentos, torre de controle, nada. Fia-se nos olhos do piloto.

A antiga pista servira aos comunistas durante a invasão soviética em 1979. Não é a única lembrança da guerra. No caminho até a clínica, passamos um cemitério de tanques de guerra; outro enferruja, solitário, no topo de um monte.

Eu me hospedo no alojamento da clínica, um quarto simples, com banheiro comunitário. Não há luz nem água potável — o chá no Afeganistão faz parte da cultura de hospitalidade, mas é também uma forma segura de beber água. Quem trabalha aqui se priva de todo o conforto e lida com a solidão de estar longe e quase incomunicável, e com a rotina perturbadora de presenciar a tragédia humana dia após dia.

No avião, além de Alberto, viajavam uma iraniana criada na Alemanha, a caminho de Mazar-e Sharif, onde havia duas semanas sete funcionários da ONU foram mortos; e uma arquiteta italiana envolvida no projeto do hospital de Kunduz, a ser reformado para mais uma temporada de violência no norte — nos invernos rigorosos do Afeganistão, os insurgentes se retiram apenas para voltar mais fortes na primavera.

Ao desembarcar, Alberto recebe 15 SMS com alertas de segurança.

— Não vá para o norte do país. Não viaje ao sul. Não isso, não aquilo... O que eu faço, então? Volto para a Itália? Ah, sim, há uma boa opção sobre o que fazer quando você recebe esses alertas no Afeganistão: apagar todos! — ele diz, pressionando a tecla no celular.

E, então, cumprimenta os afegãos que vêm recebê-lo.

Mustafá, de 35 anos, diretor do centro ortopédico, estudava para ser piloto em Cabul quando a escola militar foi bombardeada no dia em que a guerra civil chegou ao coração da capital — 1º de janeiro de 1994. Ele perdeu as duas pernas. Naquele mesmo dia, os intensos bombardeios impediriam Alberto de abrir o centro em Cabul pela primeira vez desde a sua inauguração.

— Não sabíamos então que ambos estávamos em lados opostos da cidade, lutando para sobreviver e continuar. Durante a guerra civil afegã os doentes pararam de procurar o centro, porque nós também éramos alvo. Foi o único ano em que tivemos de fechar as portas e eu sempre tentava reabrir a clínica, que funcionava por dois meses, mas o conflito nos obrigava a fechar de novo e de novo e mais uma vez. Por outro lado, foi também quando fiquei mais próximo dos afegãos. Eu vi tanto sofrimento! Você não consegue fechar os olhos num lugar como este!

Como os pacientes não vinham, Alberto e a equipe se arriscavam no fogo cruzado para tratá-los em casa. Quando deparou com a situação de pobreza dos pacientes, foi que Alberto convenceu o CICV a contratá-los. Os 600 funcionários dos seis centros ortopédicos mantidos pelo CICV — em Mazar-e Sharif, Herat, Jalalabad, Gulbahar e Faizabad, além de Cabul — são, eles próprios, amputados e deficientes físicos. Foi assim que conheceu Mustafá, que depois de um treinamento em Cabul foi enviado a Faizabad para abrir o novo centro de reabilitação, o primeiro na região norte do país, inaugurado em setembro de 2001, pouco antes dos atentados nos Estados Unidos.

— Exceto pela guerra civil, que afetou Cabul muito intensamente, nunca tive problema para trabalhar nesse país. Nem no regime talibã.

— Já atendeu um talibã? — eu pergunto.

— Espero que sim! Mas não sei dizer, porque quando atendo um ferido não pergunto quem ele é. Isso não me interessa — responde ele, ríspido.

— Não teve problemas durante o governo dos radicais? — eu insisto.

— Só o que os talibãs me pediram era que homens e mulheres fossem atendidos em alas separadas.

Foi assim que os convenceu de deixá-lo treinar fisioterapeutas do sexo feminino.

Maulawi Abdul Wali, ministro da Promoção da Virtude e Prevenção do Vício, costumava inspecionar pessoalmente o centro.

— Você sabe, alguns deles eram ignorantes... Adbul Wali procurava problemas. Era sempre muito educado comigo, mas eu via em seus olhos que ele não gostava de mim por uma simples razão: eu sou católico e a organização tem a cruz vermelha como símbolo. Como podia um não muçulmano estar fazendo um trabalho que todos os muçulmanos admiravam? Ele simplesmente não conseguia engolir aquilo. Tinha um olhar de inveja e raiva.

Abdul Wali chegou a determinar na rádio nacional — estação Voz da Charia, mantida pelos milicianos — que a população não muçulmana deveria exibir um pano amarelo preso à roupa para diferenciá-la dos demais. Alberto nunca atendeu à exigência.

— Eles sabiam que precisavam da gente. Fomos praticamente a única organização a continuar mantendo o mesmo trabalho no Afeganistão durante o regime. Nós apoiávamos 22 hospitais e eu cheguei a receber homens religiosos pedindo que tratássemos suas esposas no centro, porque era o único lugar onde podiam ser atendidas por mulheres. A tradição tem muito mais peso do que a religião neste país, para o bem ou para o mal.

A província de Badakhshan, cuja capital é Faizabad, nunca se rendeu ao domínio dos radicais, que são de etnia pachto enquanto a maioria da população local é tadjique. Até quando era incerto. Acuados pelo aumento dos bombardeios das forças de coalizão na fronteira com o Paquistão, no sul, os insurgentes migraram para o norte. E os feridos voltaram a chover naquele centro ortopédico.

Abdul Jalil é um deles. Tem apenas 20 anos. Há sete meses, vive com uma perna só. Ainda não se acostumou com a nova prótese, colocada há dois dias.

Ele lutava com as forças dos Estados Unidos nas montanhas da província de Paktika. Havia um dia e uma noite que o confronto não cessara. Os americanos calculavam haver cerca de 300 milicianos talibãs nas redondezas. E eles estavam cada vez mais perto. Tiros. Explosões. O conflito se aproximava como uma chuva de verão. De repente, Abdul sentiu um puxão, como se o chão levantasse num tranco sob seus pés. Desmaiou. Só recobrou a consciência no hospital, já sem a perna. Teve sorte.

Quinze soldados afegãos, como Abdul e o melhor amigo dele, perderam a consciência naquele mesmo momento e nunca mais voltaram. Quinze corpos a mais no saldo de mortos na guerra do Afeganistão. Quinze viúvas e umas dezenas de órfãos a somar seu fardo a uma sociedade que já tem muito com que se preocupar.

Abdul aponta para os botões de rosas prestes a abrir. Não é comum ver meninos da idade dele tão dedicados a flores no Brasil. Mas os afegãos adoram seus jardins internos, pequenos paraísos particulares, ilhas de paz no caos de um país inteiro destruído por sucessivos conflitos. Quem dera Abdul pudesse passar o tempo a cuidar de suas roseiras. Durante os dias que passei na clínica de Faizabad, eu acordava com as galinhas e, então, descia para apanhar uma xícara de chá. E lá estava ele, entre as roseiras do jardim. Mãos enfiadas na terra. Tinha dificuldade para se movimentar. Apoiado sobre o pé direito, inclinava o tronco para baixo e segurava o joelho esquerdo com as duas mãos para levá-lo até o outro lado da cerca. A outra perna seguia, mas ele frequentemente perdia o equilíbrio e caía de bunda no chão.

Ele me conta que na pequena chácara onde vivia com a família no vilarejo de Khojahor, na província de Tahor, cultivava trigo, algodão, melão. Um dia o pai cravou a pá em uma antiga mina soviética. Ficou cego na explosão. O cultivo mal dava para o sustento, então. E os cinco filhos foram arranjar o que fazer. Abdul largou suas flores e foi pegar em armas. Ganhava 1.400 afeganes por mês — ou 51 reais.

Em visitas domiciliares com os médicos do CICV conheci muitos afegãos dispostos a largar suas roseiras e pegar em armas, caso os talibãs ousassem se aproximar demais daquelas terras — um prenúncio de que uma nova guerra civil poderia acontecer depois da saída das forças de coalizão lideradas pelos Estados Unidos.

Azizullah, um velho camponês que passa os dias cuidando de suas roseiras, da horta e de uma vaca, diz só sair de seu pequeno pedaço de chão morto.

— E então eles [*os talibãs*] podem me enterrar aqui mesmo — disse, fincando a pá na terra. — Eles [*os talibãs*] se fazem passar por muçulmanos, mas não são! Há um provérbio no Corão que diz 'devemos buscar conhecimento, do nascimento à morte'. Nosso Corão diz que não devemos matar outros muçulmanos, mas eles matam muitos muçulmanos nos mercados, bazar, mesquitas, com seus homens-bomba. Diz também que quando matamos outro ser humano, nós estamos matando toda a humanidade. Os talibãs são apenas criminosos comuns.

Ele tem 58 anos, é tadjique e essa é a terra dos tadjiques.

— Para onde ir? O que mais eu poderia fazer além lutar? Sim, tenho medo, mas se os talibãs vierem e trouxerem insegurança de novo para esse solo, como nos tempos dos russos e da guerra civil, eu vou desenterrar minhas armas e lutar contra eles.

Em pequenos quartos ao redor das roseiras, como é desenhada quase toda casa afegã, moram Azizullah, a mulher, uma nora e 8 filhos, a mais velha vítima de um distúrbio grave e degenerativo do sistema nervoso, que vive em uma cadeira de rodas doada pelo CICV, mas há oito anos não sai de casa "porque as ruas não têm asfalto". O neto Hussein, de dois anos, nasceu com os pés deformados por uma doença congênita — nascem muitas crianças com problemas congênitos no Afeganistão. Os pais são parentes próximos, as mães casam-se ainda meninas, o *nan-e* afegão, o pão nacional, base da alimentação, é delicioso, mas não evita a desnutrição.

No mundo civilizado também há esses problemas, mas são facilmente corrigidos na infância. Aqui a poliomielite ainda não foi erradicada. Qualquer doença simples pode matar. Muitas mulheres chegam com feridas já gangrenadas porque demoram a procurar uma clínica; estão limitadas por longas distâncias, por estradas quase intransitáveis, pela falta de um médico, de transporte e de dinheiro, ou pela ordem dos maridos.

Seis anos depois de casado, o marido de Zahra decidiu arrumar outra esposa. Aos 17 anos, ela já havia lhe dado um filho, mais sete vieram. Quando recebeu a notícia sobre outra mulher, Zahra desesperou-se, gritou com o marido e ele reagiu jogando uma pedra sobre seu pé. O ferimento infeccionou e, como ela precisou andar muito para chegar até a clínica de Faizabad com uma fratura exposta, teve complicações e perdeu parte da perna. Amputada, continua morando com o marido, os oito filhos, a segunda mulher e os cinco filhos dela.

Alberto tenta integrar parte dessas mulheres ao trabalho nos centros ortopédicos ou ajudá-las com um programa de microcrédito que conseguiu implementar no CICV.

— É fácil dar uma perna para essas mulheres. Difícil é dar emprego — ele diz, bufando como sempre o faz.

A ala feminina da clínica é separada, mas as mulheres ainda têm o véu sobre os cabelos; as burcas ficam penduradas no corredor. Eu almoço com elas. Há quatro fisioterapeutas afegãs treinadas pelo CICV — elas próprias ex-pacientes e todas casadas com os fisioterapeutas da clínica, exceto por Bargigul, que se casou com um primo e paciente. São as noivas de Faizabad, como Alberto Cairo as chama.

Mahbobu, de 27 anos, estava na 5ª série quando transferiu os estudos para Cabul, para ajudar a irmã que acabara de se casar e estava grávida. Mas logo os talibãs chegaram. Como Badakhshan era então dominada por um grupo de oposição aos radicais islâmicos, durante quatro anos ela não pôde voltar para casa e ver o restante da família. Um dia foi parada na rua por um oficial quando voltava com amigas da casa de uma vizinha onde as meninas costumavam se reunir para estudar, já que estavam proibidas de ir à escola. Eram crianças e por isso não vestiam burca. Apanharam do homem com uma vara.

A irmã teve de cortar uma burca pelos pés, para que lhe coubesse no corpo de 11 anos. As irmãs decidiram voltar. Viajaram até Kunduz, uma área Talibã mais perto de Badakhshan, para de lá seguir por um dia e uma noite no lombo de um burro até Faizabad, sua cidade e capital — durante seu governo, os radicais não deixavam que chegasse lá aviões e bloquearam as estradas para carros e caminhões.

Hoje, Mahbobu garante que usa a burca por opção.

— Estou acostumada e é estranho de repente sair sem nada sobre o rosto. As mulheres de Faizabad todas usam, então, não quero ser diferente. Os homens ficariam me olhando e não gosto disso — diz ela, grávida de cinco meses, assim como Bargigul e Shakira.

Bargigul é a única delas que não usa burca — o noivo estudou em Cabul, considerada uma capital moderna para os padrões locais, e não se importa. Mahbobu conta que, durante sete anos, o pretendente de Bargigul visitava a clínica para tratamento e revela que a menina já andava de olho no rapaz, até que ele propôs. Só isso a faz corar de vergonha. Shakira, de 27 anos, é casada com Mustafá, que prefere que a mulher continue usando a burca.

Já Fazulbari, de 36 anos, marido de Mahbobu e vítima de poliomielite, diz que preferia que a mulher se vestisse como as jovens iranianas de Teerã, "mais modernas", mas "ela não quer". Não é só da burca que ele reclama em relação à cultura do seu país. Diz que a mulher e a mãe mandam nele. E que "foi muito difícil arranjar uma esposa".

— Muito caro! Cultura ruim!

Faizulbari conta ter gasto 1.500 dólares na festa para 500 convidados e outros 2 mil dólares em ouro, dinheiro que economizava desde que começou a trabalhar! Eu digo a ele que não acho o sistema lá tão ruim. Ele ri e se põe a me dizer tudo o que sabe sobre o Brasil, orgulhoso do próprio conhecimento.

— Índios, uh? — pergunta, fazendo um gesto como apontando uma flecha para mim. Aprendeu em um documentário da BBC sobre os povos remotos da Amazônia.

— Presidente do Brasil, mulher, uh? Depois de Lula da Silva... Lula amigo de Ahmadinejad [*presidente iraniano*], uh? Gosto do Brasil! Capital, Barasííília, uh? Pelé? Brasil tem gente amigável! Na copa, todo mundo queria que o Brasil vencesse. México é perto do Brasil, uh? México, muito, muito perigoso... Brasil também! Muita gente diz: oh, o Afeganistão é muito perigoso, mas não! O Talibã não tem poder aqui no Badakhshan. Ainda não. Mas o que eles podem fazer? Umas explosões? Nada mais, não. Crime? Nããão. Tiro, droga. Nada disso, nãããão! — ele fala sem parar, arregalando os olhos.

Todo o tempo me serve chá, no único copo disponível — é comum compartilhar a xícara de chá que eles lavam com um pouquinho da própria bebida, despejando o resto num pires também comunitário.

É fim de tarde e nessas tardes agradáveis de verão no norte, Catriona, uma fisioterapeuta escocesa que treina profissionais afegãos, aproveitava para caminhar pela cidade e áreas rurais. Assim, sentia-se um pouco livre. Em Cabul, isso seria praticamente impossível — estrangeiros não andam sozinhos nas ruas de nenhuma outra cidade afegã, aliás. Mas o mulá que lidera as rezas no centro ortopédico de Faizabad se oferece para nos escoltar.

Abdul Qahar é um mulá que adora novelas indianas e fala no celular o dia inteiro, inclusive durante o passeio, em que ele segue na frente segurando o seu masbaha, o terço islâmico. Ainda assim, todos os olhares se voltam para nós; algumas burcas nos seguem, curiosas; os meninos riem envergonhados como se estivessem vendo algo que não deveriam; os homens comentam; crianças se aproximam e tentam conversar.

Costumávamos caminhar até a cidade velha, onde fica o bazar, e era como ter voltado 2 mil anos em alguns passos. Quando chovia, as ruas se transformavam em um lamaçal, tanto sabem disso que os mercadores ergueram suas pequenas tendas sobre palafitas cambaleantes. Galinhas, pássaros em gaiolas de madeira, quatro cabeças de cabras sangrando no chão ao lado do açougueiro que acabara de cortar os pescoços delas ali mesmo. Homens sem dentes, jovens que parecem ter mais de 100 anos. Num campo aberto, uma roda-gigante, em tamanho miniatura, coloridíssima, conferia um ar ainda mais bucólico à paisagem de montanhas de neve e campos verdes.

Cada um tem sua própria história de guerra para contar. O feirante Ahmad Jan, de 55 anos, ia comprar vegetais e frutas em Barak, quando a força aérea russa bombardeou a região. Os russos foram embora e ele um dia acabou sequestrado pelo Talibã quando fazia compras em Jalalabad — logo o deixaram ir. Na barraca ao lado, Abul Shokor, de 32 anos, é personagem de outra guerra, mais recente. Ele acaba de chegar de Kandahar, onde lutou três anos contra o Talibã, ao lado das forças militares afegãs. Encheu-se dos conflitos e voltou para vender bugigangas em Faizabad. As histórias seguem. Um vendedor de pipas, o curandeiro da cidade, um açougueiro, cada qual com sua tragédia, suas roseiras e o desejo de manter os talibãs longe daquelas terras.

Depois das caminhadas, voltávamos sempre para o jantar na clínica à luz de um enorme e barulhento gerador.

Sopa de legumes com pão, como no almoço; chá para beber. O mulá ri com a novela indiana que passa na Tolo TV, o primeiro canal privado afegão, aberto em 2004. As atrizes indianas têm os cabelos à mostra e usam muita maquiagem, mas parte dos braços e o colo são cobertos por tarjas que distorcem a imagem. A novela termina às 20h e pouco depois todos já estão dormindo na clínica. Silêncio. Calmaria. Escuridão. Frio. No meu quarto há um fogareiro a carvão, que eu não sei usar.

Para Alberto é a mesma rotina de Cabul; às 20h já está dormindo. Tem à disposição uma cozinheira, um caseiro e um motorista que trabalham para a organização. Mas não anda com seguranças armados, como a maioria dos expatriados, dispensa os carros blindados e, nas pequenas distâncias, locomove-se de bicicleta. Não frequenta restaurantes, não aceita convites para festas.

Num país de fundamentalistas islâmicos, ele leva, pode-se dizer, uma vida cristã. Diferentemente de boa parte dos expatriados em curtas temporadas no país.

Cerca de 15 mil estrangeiros — jornalistas e funcionários da ONU, das embaixadas, organizações não governamentais, agências de ajuda humanitária e empresas privadas — vivem no Afeganistão. Alberto chegou ao país antes da maioria e, ao contrário do fisioterapeuta, os que estão apenas de passagem vivem em verdadeiras bolhas de segurança. Casarões fortificados em condomínios fechados vigiados por câmeras, seguranças fortemente armados, arame farpado, barricadas, cercas elétricas, muros de concreto com mais de cinco metros. Estima-se em 250 mil dólares ao ano o custo para manter no país um funcionário estrangeiro das Nações Unidas, por exemplo.

Gostem ou não, os funcionários têm de cumprir regras rígidas de segurança e toques de recolher. Muitos chegam e vão embora sem nunca ter andado nas ruas. As instruções variam de acordo com a organização e o nível de risco, medido por equipes próprias de segurança ou empresas privadas especializadas. Em Cabul existe uma espécie de green zone que é Shar-e Nau, considerada relativamente segura justamente por abrigar os escritórios dessas organizações e os prédios do governo. Mas andar a pé, nem pensar!

Uma brasileira que eu tive a sorte de conhecer no Afeganistão, Graziella Leite Piccolo, então no cargo de chefe da comunicação do CICV, diz que essa missão foi "a mais pesada emocionalmente e psicologicamente" de sua carreira em termos de segurança até então. Formada em relações internacionais com mestrado em direito público internacional, Graziella já passou por países da América Central, México, Peru, Uganda, Croácia e Uzbequistão, onde conheceu o marido, o médico italiano Luca Falqui, com quem se casou um dia antes de terminar sua missão no Afeganistão, na embaixada italiana em Cabul. De lá, o casal seguiu para o Iraque.

— É uma vida difícil, mas permite conhecer bem algumas culturas, principalmente quando a segurança não limita tanto os nossos passos como no Afeganistão — ela diz, sentada entre almofadas no chão de sua casa em Cabul, onde me recebeu para um delicioso bate-papo, regado a chá (é claro!) sobre o Afeganistão e o Brasil.

(Uma noite, ela me convida para conhecer o "bar" do CICV, que fica dentro do condomínio em que vivem os funcionários da organização e onde eles mesmos organizam festas privadas, sempre às quintas-feiras — o DJ era um médico suíço baseado em Herat. O lugar funciona em um antigo abrigo antiaéreo e atravessou o regime Talibã como um refúgio para aliviar a tensão do trabalho que envolve a assistência humanitária. Em plena guerra afegã, eu me vi dançando "New York, New York", de Frank Sinatra, última música da noite, até a luz abacar em Cabul.)

Foi Graziella quem me falou sobre a Chicken Street, para onde escapava do cotidiano duro nas poucas horas de folga, e quando os toques de recolher permitiam.

Uma tarde, eu vesti minha burca — "made in China" e comprada por 16 dólares em uma rua só de comerciantes de burca, entre uma e outra entrevista — e me joguei às compras com o intérprete, que mais uma vez fez o papel de meu marido. A estreita rua reúne o maior número de comerciantes de arte afegã por metro quadrado de Cabul. Saí de lá com três lindos tapetes, adquiridos de um velho de barba longa e branca que me serviu chá e frutas secas, e por mais de uma hora me contou histórias de sua família de fabricantes de tapetes persas em Herat, próxima à fronteira com o Irã.

A Chicken Street, apesar do apelido americanizado, é sobretudo um mergulho na cultura afegã — se o estrangeiro tiver paciência, é claro. Os comerciantes costumam ser velhos de barba branca com histórias tão antigas quanto a idade que aparentam, sobre a produção da tradicional porcelana turquesa afegã, sobre a prataria trabalhada, as lindas caixas de madeira talhada, as joias raras de lápis-lazúli e outras pedras preciosas encontradas nos arredores de Bamiyan, no Afeganistão central. Está tudo naquelas vitrines. Tudo coberto por camadas e camadas de sujeira, um passado magnífico reduzido a pó.

Justamente por atrair estrangeiros se tornou tão perigosa. De lá, segui para outro mercado a céu aberto, mas este destinado aos clientes locais. (Antes de descermos do carro, o intérprete pede que eu ande um passo atrás dele e não diga uma palavra em inglês.) O mercadão caótico foi apelidado pelos afegãos de Bush Market, em "homenagem" ao ex-presidente americano George W. Bush. Localizado à beira de um lixão, vende basicamente produtos roubados da base aérea de Bagram ou dispensados pelos militares estrangeiros, como comida vencida. Uniformes do Exército dos Estados Unidos, óculos de visão noturna, um colete à prova de balas por 70 dólares, rações especiais para soldados em combate e vitaminas que os jovens afegãos acreditam terem o poder de deixá-los tão musculosos quanto os militares americanos. Em uma das caixas lê-se: "Propriedade do Exército dos Estados Unidos. Venda proibida."

A Chicken Street e o Bush Market são como uma representação do velho e do novo no Afeganistão; de um passado nobre e um presente miserável. Mais uma vez, o velho e o novo não se encaixam.

Nos tempos áureos da antiga Chicken Street, os bem-vindos estrangeiros eram hippie-chiques, com seus dólares e seu apreço pela cultura nativa milenar, a caminho de Katmandu. No novo Bush Market, eles são os invasores que jogam fora produtos que a maioria dos afegãos não pode comprar e têm muito mais valor no mercado dos sequestros do que todos os produtos vendidos juntos naquele emaranhado de barracos transformados em lojinhas.

O abismo cultural e o problema da segurança limitaram a vida dos estrangeiros em Cabul a ilhas ocidentalizadas e infiltradas num país extremamente conservador e religioso, sem que haja interação entre os dois mundos.

    Há lugares públicos no Afeganistão onde os afegãos não entram. O L'Atmosphere é um dos mais conhecidos e frequentados, e eu marquei um jantar com colegas do *New York Times* e da agência de notícias britânica Associated Press para conhecer o lugar. Foi a primeira vez que peguei um táxi sozinha em Cabul. A empresa de radiotáxi tinha sido indicada por uma amiga e jornalista portuguesa, Alexandra Lucas Coelho, e eu sabia estar em boas mãos. Mas quando o motorista parou numa rua escura, na frente de uma porta sem placa, e me entregou para o homem de roupa camuflada e uma kalashnikov no ombro, achei que tinha sido sequestrada. O homem não falava uma palavra de inglês. Ele abriu a porta e me pôs para dentro de um quartinho claustrofóbico, sem janelas, onde outros homens barbudos e outras kalashnikovs me esperavam. Confiscaram meu documento e minha bolsa e me conduziram a outro quartinho — e mais um homem barbudo e mais uma kalashnikov —, onde passei por um detector de metais e percebi que havia câmeras de segurança no teto.

    Quando me devolveu a bolsa e o passaporte, respirei aliviada. O segurança então abriu outra porta blindada que dá para o jardim da casa e, de repente, me vi em um restaurante cosmopolita de cozinha francesa que poderia muito bem estar localizado em Nova York. Há muitas loiras, e elas exibem decotes e têm os cabelos ao vento. Música alta — Beyoncé, talvez? Falatório. Garrafas de vinho nas mesas. Eu me junto a colegas jornalistas. Peço um medalhão de filé ao molho de mostarda e aceito dividir o vinho tinto. Os correspondentes conhecem bem o Afeganistão, e foi importante saber mais sobre a vida e o trabalho na guerra.

A certa altura, porém, talvez porque o som estivesse ainda mais alto e as pessoas nas outras mesas já um tanto alteradas, aquilo tudo começou a me provocar uma irritação, um mau humor insuportável. As pessoas fumavam muito, bebiam além da conta, falavam alto demais e davam gargalhadas e aquilo tudo não cabia no ambiente de Cabul. Talvez eu estivesse apenas muito cansada. Entendo que a vida dos expatriados em um país perigoso como o Afeganistão não é nada fácil; tampouco o fato de serem privados do direito de ir e vir, de pequenos luxos tão habituais para os estrangeiros como uma taça de vinho, ou andar com os cabelos descobertos, no caso das mulheres. Sim, deve dar uma tremenda saudade de casa e de tudo o que é familiar. Mas aquele ambiente — onde os afegãos não são permitidos, por isso a necessidade de mostrar o passaporte na entrada — me parecia apenas aumentar o abismo entre as duas culturas, que apesar da convivência jamais se integraram.

No Afeganistão, as bebidas alcoólicas são proibidas, as roupas ousadas ofendem os locais, assim como a azaração. Cada um faz o que bem entender dentro de casa, mas ali, naquele ambiente público, quem servia as mesas eram garçons afegãos — naquele mesmo lugar onde a entrada deles não era permitida como clientes. Isso em seu próprio país.

No Hotel Serena, um cinco-estrelas em plena Cabul, as mulheres estrangeiras tomam sol de biquíni e bebem drinques à beira da piscina. O Gandamack Lodge, a pousada mais cara de Cabul, tem em anexo um restaurante com carta de vinhos e um pub inglês como qualquer pub inglês de Londres.

O nome refere-se ao local onde as forças inglesas sofreram uma trágica derrota na primeira guerra anglo-afegã com um saldo de 16 mil mortos. O lugar foi aberto em 2001 em um casarão que até então fora habitado por uma das mulheres de Osama bin Laden, na Passaport Lane. Depois, ela se mudou para outra casa, próxima do endereço original.

E há ainda os restaurantes de várias nacionalidades — libaneses, em maior número —, onde afegãos e estrangeiros podem até compartilhar mesas, embora seja raro, mas a bebida alcoólica é vendida "disfarçadamente" em canecas de café e só para quem tem passaporte internacional. Na pousada onde estava hospedada, conheci dois americanos que me contaram frequentar um restaurante chamado Bocaccio, que, diferentemente da fachada pacata, nos fundos tem "à disposição" de estrangeiros jovens russas e dos países do leste europeu.

E aquilo tudo me pareceu muito errado.

É como se fossem duas sociedades paralelas, em que um lado não tem acesso ao outro. Afegãos e estrangeiros podem até dividir o escritório — as organizações internacionais empregam milhares de afegãos, e talvez seja esse o maior benefício, aliás, da presença estrangeira no país. Mas, de um lado, apesar da hospitalidade afegã, a família e a vida privada são preservadas da influência estrangeira, como se eles realmente temessem um envolvimento maior. É perceptível a olho nu, acima de tudo, uma enorme falta de compreensão entre as duas culturas. De outro lado, há certa inflexibilidade dos estrangeiros em abrir mão dos próprios costumes.

A falta de segurança, é claro, exacerba tudo isso.

Num Afeganistão ainda miserável depois da saída do Talibã, os expatriados se tornaram mais do que um sinal de progresso: um produto valioso nas mãos de sequestradores. Quando visitei o Afeganistão pela primeira vez, em 2008, quatro funcionários da Cruz Vermelha, entre eles o então chefe da segurança, o albanês Irfan Sukejmani, tinham sido sequestrados e ficaram desaparecidos por quatro dias. Quando o comando do Talibã soube do sequestro, por milicianos de menor escalão, o porta-voz do grupo foi a público pedir desculpas. Foi a primeira vez que os talibãs se desculparam por uma barbaridade como aquela.

O direito humanitário internacional garante ao CICV neutralidade nos conflitos, um dos princípios fundamentais para garantir a proteção de civis e o atendimento médico aos feridos de qualquer lado dos campos de batalha. A legislação internacional também garante ao CICV o direito de não testemunhar para nenhum dos lados dos conflitos. Isso dá à organização, ao mesmo tempo, liberdade e uma certa segurança.

Na minha primeira viagem ao Afeganistão, os sequestros haviam se tornado endêmicos. Havia o crime comum, motivado pelo pagamento do resgate em dinheiro simplesmente, e o ideológico, perpetrado principalmente pelos insurgentes talibãs para promover a instabilidade e espalhar o terror (como no caso do jornalista Daniel Pearl, que relatei no início do livro), ou usar o sequestrado como moeda de troca com o governo e as forças internacionais. Por seu status, o CICV negociava a libertação das vítimas, como os 22 cristãos sul-coreanos em 2007 — dois deles foram executados antes de iniciadas as negociações, liderada pelo próprio Irfan. Ele deixaria a missão no Afeganistão logo após o episódio do seu sequestro.

De certa forma, era um trabalho frustrante. O CICV mantinha então contato direto tanto com as tropas estrangeiras quanto com os talibãs e outros grupos insurgentes, e negociava com eles garantias de proteção de civis. Garantias descumpridas por ambos os lados dessa guerra sangrenta, como saberia o jornalista Ajmal Naqshbandi.

7
Ajmal – O infiel

Quando ouviu na rádio iraniana Irin 1 a notícia do 11 de Setembro, Ghulam Haider Nagshbandi não deu muita importância ao evento. A perna parcialmente amputada ainda lhe causava dores e muitos problemas; não conseguia se adaptar a nenhuma prótese, talvez tivesse de fazer nova cirurgia e, mesmo sob efeito de analgésicos e anti-inflamatórios, aquilo tirava seu sono. Os centros cirúrgicos no Irã, onde a família se refugiou do regime talibã, estavam acima do seu orçamento e os refugiados não tinham acesso a saúde, educação e outros serviços públicos.

Não que a família vivesse em más condições. Na comparação com outros afegãos que migraram junto com eles, Haider e os filhos eram privilegiados. Em grande parte, graças a Ajmal, que desde pequeno teve facilidade com línguas e ajudava a sustentar a família dando aulas de inglês e árabe para iranianos jovens e com sonhos de sair pelo mundo, como ele. Autodidata, Ajmal aprendeu urdu, idioma nacional do Paquistão, e pachto, língua nativa das tribos homônimas e dos talibãs, além de dari. Esforçado, o jovem financiou com seu trabalho os estudos dos três irmãos e os seus — durante o exílio, ele cursou jornalismo na Universidade de Teerã.

O 11 de Setembro interessava especialmente a Ajmal, que vinha acompanhando atentamente todas as notícias sobre os atentados na América. E já começava a fazer planos em sua mente inquieta. No dia 6 de novembro daquele ano, o presidente dos Estados Unidos George W. Bush fez um discurso duro e decisivo às nações. Em uma coletiva de imprensa na Casa Branca junto com o então presidente da França, Jacques Chirac, Bush disse que a neutralidade não seria suportada na guerra contra o terrorismo e convocou os países da coalizão formada logo depois da tragédia a agir.

— Algumas nações não querem contribuir com o envio de tropas e nós entendemos isso. Mas, na luta contra o terrorismo, todas terão de fazer alguma coisa. (...) As nações têm de saber que serão responsabilizadas por sua inatividade.

— E então cravou a frase famosa, já citada aqui. — Ou vocês estão conosco ou contra nós na luta contra o terror.

No mesmo discurso, Bush condenou publicamente Osama bin Laden e a Al-Qaeda pelos atentados de 11 de setembro e dera um ultimato aos radicais do Talibã: ou entregavam os terroristas ou teriam o mesmo destino que eles.

Caças B-52 e aviões de transporte militar C-130 estavam sendo usados em intensos bombardeios nas montanhas de Tora Bora pelo primeiro batalhão americano enviado ao Afeganistão. O Pentágono declarou oficialmente estar fornecendo armas e munições para a Aliança do Norte. Avançando por terra, eles tinham capturado áreas ao sul de Mazar-e Sharif, como Kisindeh e Zari, e seguiam em direção a Cabul. No mesmo dia, um cinegrafista da rede de tevê CNN testemunhou pelo menos cinco explosões em Bagram, a pouco mais de 60 quilômetros de Cabul. As forças de oposição aos radicais islâmicos estavam chegando mais e mais perto.

Como fazia todas as noites, Ajmal reuniu-se com a família na sala depois do jantar para assistir ao principal jornal televisivo da estatal Iran TV. Ele acompanhou o noticiário sem dar uma palavra, parecia perdido dentro de si mesmo.

Assim que o programa terminou, Ajmal colocou-se de pé na frente da tevê.

— Vamos voltar, pai!

Se o motivo que levou o pai a deixar o Afeganistão com toda a família era o Talibã, logo não haveria mais motivo algum.

— Vamos voltar, pai! — repetiu Ajmal. — Lá é a nossa terra, não aqui!

Ele enxergou na ofensiva internacional uma grande oportunidade. Falava bem inglês, e os estrangeiros precisavam de intérpretes. Uma categoria, em especial, não podia sobreviver sem eles no Afeganistão: os jornalistas, como o próprio Ajmal.

Mas havia outro motivo para o jovem querer tanto voltar: então com 19 anos, Ajmal estava na idade de se casar e a prima, o amor de infância que tinha sido prometido a ele, o esperava em Cabul. Quando o regime radical islâmico colapsou, três semanas depois, o pai concordou em voltar.

Comunicativo e carismático, Ajmal não levou muito tempo para conseguir fazer bons contatos. Do lado dos rebeldes talibãs era um interlocutor importante com o mundo. Para os estrangeiros, a própria salvação: era muito difícil encontrar um jovem educado como ele no Afeganistão, com formação universitária, e ainda em jornalismo, além de excelente inglês.

O nome de Ajmal começou a se espalhar rapidamente, boca a boca, entre os correspondentes de guerra. Sua fama — e preço — foi às alturas quando o jovem apareceu em um vídeo ao lado do jornalista Christian Parenti, da revista *The Nation*, durante uma entrevista com comandantes talibãs fortemente armados, rostos cobertos com turbantes pretos, em uma localidade não revelada.

No fim da conversa, um Ajmal orgulhoso pede para tirar uma fotografia ao lado de um dos comandantes talibãs. Ajmal e o jornalista americano voltam para o carro, animados e ofegantes.

— Esse é o melhor fixer do Afeganistão, esse que você está vendo agora mesmo aqui! — diz Christian Parenti, enquanto o operador de câmera focaliza o rosto sorridente de Ajmal. — Obrigado! — retribui o jornalista afegão.

Um fixer é um intérprete ou guia nativo, geralmente jornalista também, contratado para facilitar a obtenção de informações e a produção de reportagens especialmente em ambientes hostis a estrangeiros e zonas de conflitos.

— Você vai contar para a sua noiva sobre essa entrevista? — pergunta Christian para Ajmal.

— Não, de jeito nenhum! Ela me mata! — ele responde, rindo.

— [Elas são] o perigo real, certo? Esqueça os militantes!

Os dois riem.

O casamento aconteceu pouco depois em uma festa para 700 convidados no Hall Ariana, o mais caro e kitsch salão de festas de Cabul, com luminosos tão bandeirosos na entrada que lembram um hotel de Las Vegas e chegam a dar tontura. Ajmal não economizou recursos — 16 mil dólares só na comida. Ele contratou os melhores músicos, fotógrafos e cinegrafistas da cidade, o maior bolo de casamento, a decoração mais estonteante — para chegar até o altar onde se sentaria ao lado de Ajmal em uma poltrona cravejada de pedras, a noiva, de branco e ouro, atravessou uma ponte enfeitada com arcos de flores e montada sobre uma fonte em pleno salão de festas.

Agora, sim, Ajmal estava realizado por completo. Profissionalmente, adorava o que fazia, sentia-se de alguma forma contribuindo para o país ao mostrar "a verdade" para a imprensa estrangeira e era reconhecido por isso. Pessoalmente, tinha realizado o sonho de se casar com a prima por quem era apaixonado desde a infância. Só não houve lua de mel. Naquela época, era difícil sair e entrar do país em guerra e Ajmal precisava voltar ao trabalho.

Ajmal havia se tornado um jornalista experiente, imparcial, cauteloso no trato com as fontes e meticuloso com a informação. Demonstrava um profundo respeito por quem quer que fosse o entrevistado e seria incapaz de trair qualquer um dos lados do gravador. Os jornalistas acreditavam em seu julgamento sem questionar, a ponto de lhe confiarem a vida, e disputavam seus serviços como urubus brigando por carniça.

Meses depois do casamento, Daniele Mastrogiacomo, repórter do *La Repubblica*, segundo maior diário da Itália atrás do *Corriere della Sera*, contatou Ajmal. O jornalista italiano queria uma entrevista com o temido mulá Dadullah, o comandante das operações militares do Talibã.

Mulá Dadullah foi o primeiro oficial de alto escalão do grupo a dar entrevistas depois da queda do regime em 2001. O comandante deixou-se filmar pela rede de tevê árabe Al Jazeera nas montanhas de Hindu Kush, em uma entrevista em que declarou ter treinado dezenas de homens-bomba afegãos para o martírio. Em 2003, tamanha era a confiança de mulá Omar em Dadullah que o líder talibã despachou o comandante para o Paquistão para reunir antigos milicianos, que haviam se dispersado, e recrutar novos pupilos nas madrassas das áreas tribais da fronteira.

Apontado como um dos dez membros do conselho de líderes dos talibãs, ele estava diretamente envolvido na organização de ataques contra as forças de coalizão lideradas pelos Estados Unidos. E comandava pessoalmente, em campo, a insurgência na província de Helmand, então um dos mais perigosos territórios para as forças estrangeiras.

A imprensa mundial queria Dadullah.

Três dias depois do primeiro contato feito pelo jornalista italiano, Ajmal informou a ele que Dadullah havia aceitado dar a entrevista.

Ocasionalmente, o comandante usava um telefone por satélite para ligar a uma lista muito restrita de jornalistas afegãos e paquistaneses com quem tinha contato e passar-lhes informações sobre ações dos insurgentes ou fazer ameaças à comunidade externa. Apesar de Ajmal fazer parte desse estreito círculo, havia a questão da segurança.

Dadullah era conhecido como um esquizofrênico sem escrúpulos nem piedade, acusado de condenar à morte — às vezes decapitando com as próprias mãos — suspeitos de espionagem. Em 1998, ele teria sido o responsável pelo massacre de xiitas (os talibãs são sunitas) da etnia hazara na província de Bamyian.[21]

Ajmal não tinha medo. Já havia entrevistado outros comandantes talibãs antes, inclusive Dadullah, e conquistado a confiança deles como jornalista. O jovem sabia que, no fundo, os rebeldes precisavam da mídia para fazer propaganda e espalhar o terror. Acima de tudo, Ajmal era um bom muçulmano e considerava-se protegido entre os religiosos.

Apenas duas coisas o preocupavam: a segurança do repórter estrangeiro e a oposição do pai.

Ajmal e Haider tinham visões políticas diferentes, e desde que o filho começou a trabalhar como jornalista, depois do 11 de Setembro, os dois discutiam muito. O pai discordava da invasão das forças internacionais, não guardava nenhuma ilusão de que os estrangeiros estavam preocupados em ajudar os afegãos ou mesmo encontrar Osama bin Laden, "que já não estava no Afeganistão havia muito tempo, e sim escondido no Paquistão, todos sabiam disso". O objetivo dos americanos no país, na visão de Haider, era apenas estabelecer uma base militar da região mais hostil aos Estados Unidos, com vizinhos como Irã e Paquistão e suas ameaças nucleares.

Em sua lógica, Haider achava que o filho estava sendo usado — ele nunca deixou que Ajmal levasse um amigo estrangeiro em casa. Por outro lado, confiava menos ainda nos talibãs. Ele vivia repetindo ao filho:

— Fique longe dessa gente, Ajmal!

Como sempre fazia, Ajmal passou para receber a bênção do pai e da mãe antes de viajar. Para não preocupá-los, e evitar uma nova discussão com o pai, disse-lhes que iria para Herat, cidade próxima à fronteira com o Irã, relativamente preservada da influência dos talibãs e segura. Ajmal sabia que isso deixaria Haider tranquilo.

O jornalista aproveitou uma carona com o irmão caçula até o aeroporto e embarcou com o jornalista italiano para Kandahar, o berço do Talibã, no sul do Afeganistão. Ajmal arranjara de antemão um motorista para buscá-los. De lá, os três seguiram para Lashkar Gah, capital de Helmand. Como era costume nesses casos, a localização do comandante era mantida em segredo até o último momento.

Um jovem miliciano foi ao encontro deles nos arredores de Lashkar Gah, conforme havia sido combinado. O grupo seguiu por um atalho de terra cercado de campos de papoula em direção a Nad Ali, território pachto a cerca de 30 quilômetros de onde estavam. A viagem era particularmente perigosa porque, dias antes, a Otan havia anunciado uma operação conjunta com soldados afegãos — "a maior ofensiva no sul do Afeganistão desde o início da guerra" — na província de Helmand. Era grande o risco de que fossem pegos no meio do fogo cruzado entre as forças de coalizão e os insurgentes. O trajeto, no entanto, estava calmo e Ajmal achou que aquele era um dia de sorte.

Pouco depois, milicianos talibãs se aproximaram em três motocicletas. No lugar de serem recebidos para uma entrevista, como imaginava Ajmal, eles tiveram as mãos amarradas para trás, foram encapuzados e, então, levados.

Ao bando juntaram-se outros 15 ou 20 talibãs. Os rebeldes os acusavam o tempo todo de serem espiões. Ajmal tentava argumentar. Em vão. Ele, o jornalista italiano e o motorista foram colocados em um jipe e seguiram pelos desertos de Helmand em uma viagem que durou dois dias.

Quem deu a notícia à família foi a mulher de Ajmal. Eles tinham se casado oito meses antes. Assim que soube do sequestro, ela correu para avisar os sogros e estava na casa deles quando o telefone tocou. Haider não teve tempo de passar a ligação para ninguém. Ajmal disse apenas três frases:

— Fica tranquilo, pai. Eu estou nas mãos de muçulmanos. Não vão fazer nada comigo. — E desligou.

A informação chegou aos jornais no dia seguinte ao sequestro, mas foi noticiada com discrição. Desde o assassinato, cinco anos antes, do jornalista americano do *Wall Street Journal* Daniel Pearl, a imprensa estrangeira chegara a um acordo informal em que concordava em não divulgar notícias sobre sequestros em andamento, mas apenas quando tivessem terminado. No entendimento de especialistas, a medida poderia desestimular casos semelhantes, já que só o que os criminosos queriam, pelo menos no caso de Daniel Pearl, era causar uma comoção pública com imagens dramáticas e, assim, pressionar as autoridades estrangeiras a atender às suas demandas. Os jornais e as tevês serviam de combustível para a propaganda terrorista.

Em troca de Ajmal e Mastrogiacomo, os terroristas exigiam a libertação de comandantes talibãs presos na base militar americana de Bagram.

Como nenhum dos sequestradores falava inglês, Ajmal continuou atuando como intérprete entre eles e Mastrogiacomo.

Nas duas semanas seguintes, as negociações seguiriam em segredo entre o governo da Itália, o presidente Hamid Karzai e o comando talibã.

Em um vídeo divulgado pela imprensa apenas depois do desfecho do caso, Ajmal aparece traduzindo do pachto para o inglês a mensagem de apelo que os talibãs obrigaram o jornalista italiano a gravar.

— Você quer mandar uma mensagem para sua mãe e sua esposa? — ele pergunta a Mastrogiacomo no fim da gravação, mas os homens desligam a câmera antes que o italiano respondesse.

Em outro vídeo, Ajmal aparece sozinho e é forçado a fazer uma confissão: teria entrado em território talibã "ilegalmente". Em uma mensagem para a mãe, ele diz que está bem e *Inshallah* não terá problema.

— Esses são nossos conterrâneos. Esses são muçulmanos. Nós estamos nas mãos do Islã. Nas mãos de muçulmanos. *Inshallah* eu serei solto logo e voltarei para casa — ele declara no vídeo. Ajmal tem o rosto corado, saudável; parece calmo e confiante. No final, revela a data da gravação: 12 de março de 2007.

As três vítimas estavam sequestradas havia uma semana, desde o dia 5. Sayed Agha, o motorista, foi separado de Ajmal e Mastrogiacomo, que ficaram no mesmo cômodo, uma cela pequena e imunda. O italiano não sabe quantos dias se passaram. Mas chegou um momento em que foram levados, ainda encapuzados, para um campo aberto e obrigados a ajoelhar na grama sob a mira de kalashnikovs.

Um dos talibãs, então, lê um texto em que se refere ao motorista e eles se dão conta de que Sayed também está ali.

— Este espião trouxe esses dois homens que nós capturamos e são também espiões. Agora ele será punido com a morte. Nós, *mujaheddin*, declaramos ao governo italiano que aceite nossas condições ou os outros serão mortos. A sentença está dada.

Os talibãs apertam as mãos uns dos outros, como se estivessem se parabenizando por algum feito, mostra o vídeo enviado à imprensa. O motorista é, então, deitado na grama e decapitado.

Ajmal foi poupado, salvo pela profissão. Os milicianos precisavam de seus serviços de intérprete.

Quando terminam o ritual de terror, eles tiram a venda dos olhos de Mastrogiacomo e o fazem gravar um apelo:

— Hoje, 15 de março de 2007, o Talibã matou um de nós três. Eu e Ajmal, o jornalista afegão, ainda estamos vivos, mas a situação é brutal, péssima. Eu apelo à piedade cristã do governo, ao presidente Romano Prodi para que faça tudo o que é possível. A situação está muito, muito difícil... Para mim, muito difícil... — diz o jornalista, visivelmente abalado, com as mãos e o rosto trêmulos, e a voz engasgada. Ele evita chorar, mas não consegue.

Quatro dias depois, Mastrogiacomo foi libertado, no primeiro episódio desde o início das guerras no Afeganistão e no Iraque em que autoridades estrangeiras negociaram com terroristas a troca de prisioneiros. Mais que isso: cederam à demanda dos criminosos. Depois de um acordo a portas fechadas com o então primeiro-ministro da Itália, Romano Prodi, o presidente Karzai ordenou a liberação de cinco milicianos talibãs em troca de Mastrogiacomo.

O acordo foi largamente criticado pela comunidade internacional, sobretudo os Estados Unidos e a Inglaterra. As autoridades apontavam para o risco de um acordo favorável aos insurgentes encorajar novos sequestros.

A notícia trouxe à tona uma negociação anterior para libertar outro jornalista italiano sequestrado no Afeganistão,

Gabriele Torsello, cinco meses antes. O governo de Prodi teria pago aos insurgentes 2 milhões de dólares pelo jornalista, segundo a organização italiana que administrava o Hospital de Emergência de Helmand e mediou as negociações. O jovem afegão usado pela direção do hospital para entregar o dinheiro aos sequestradores foi preso por suspeita de envolvimento no crime, o que levou ao posterior pedido de demissão de 40 médicos italianos em protesto contra a prisão do companheiro afegão.

— As negociações [*em ambos os casos*] para libertar os sequestrados foram conduzidas de forma correta em colaboração com o governo do Afeganistão — Prodi declarou, então, em um comunicado à imprensa. — Nossa prioridade tem sido sempre uma só: salvar vidas.

O primeiro-ministro da Itália parecia ter se esquecido apenas de um detalhe: Ajmal, o jornalista afegão que acompanhava Mastrogiacomo, ainda estava sequestrado.

Os sequestradores pediam que o governo soltasse outros três milicianos, em troca de Ajmal. Sob forte pressão internacional, o presidente afegão havia declarado que não negociaria mais com os sequestradores.

Mais duas semanas se passaram sem notícias do jornalista afegão após a libertação do italiano. Preocupado, Haider começou a se movimentar. Ligou para jornalistas que ele sabia ter contato com os talibãs, assim como seu filho. No dia 1º de abril, o repórter paquistanês Rahimullah Yusufzai, um dos raros jornalistas com acesso ao líder talibã, mulá Omar, publicou uma matéria em que citava um apelo de Ajmal para o presidente Karzai: "Você se esqueceu do jornalista afegão! Está preocupado apenas com os estrangeiros!"

Outra semana se passou sem notícias por parte do governo de Karzai ou dos sequestradores.

Ajmal foi morto no dia 8 de abril de 2007, após passar 35 dias sob custódia dos talibãs; seu corpo foi devolvido à família decapitado. Ele tinha 25 anos.

— Eu tinha de ver! Eu precisava ver! Ou não acreditaria ser ele! Eu não acreditava que tinham feito aquilo com meu filho — diz Haider, em prantos. Mesmo anos depois, toda vez que fala disso, ele chora.

No dia em que Ajmal foi enterrado, jornalistas afegãos tomaram as ruas da capital exibindo pôsteres com sua imagem, em protesto contra a morte do jornalista.

Em todas as histórias que acompanhei sobre a tragédia do Afeganistão, a impressão que fica é a de que são sempre os afegãos que morrem.

Pouco mais de dois anos após a tragédia, em agosto de 2009, o documentário *The fixer*, em que o diretor Ian Olds reproduz o sequestro de Ajmal, estreou na rede de tevê a cabo HBO.*

Quase paralelamente à estreia, em um distante Afeganistão, o comando das forças britânicas ordenou uma operação no norte do país para resgatar outro repórter mantido em cativeiro pelo Talibã, o britânico Stephen Farrell, do *New York Times*, sequestrado em Kunduz dois dias antes junto com seu intérprete afegão Sultan Munadi.

Segundo Stephen, embora os talibãs os tratassem bem, dando-lhes comida, água e cobertores, e não tivessem usado

---

* O diálodo do repórter americano Christian Parenti com Ajmal e o conteúdo dos dois vídeos gravados pelo jornalista afegão e pelo italiano Mastrogiacomo durante o sequestro, e reproduzidos aqui, constam no documentário.

de violência, os milicianos ameaçavam todo o tempo Sultan, prometendo fazer com ele o mesmo que tinham feito com outro jornalista afegão — Ajmal — anos antes em Helmand. A história, no entanto, não se repetiria. Os sequestradores vinham utilizando com frequência o telefone, o que permitiu que a inteligência dos Estados Unidos, que colaborava com os britânicos na operação militar, rastreasse parte das ligações e pudesse determinar o paradeiro das vítimas. Elas estavam sendo mantidas no distrito de Char Dara. Os Estados Unidos também forneceram helicópteros para a operação, que seria realizada por soldados britânicos.

Entre seis e oito milicianos faziam a segurança dos sequestrados, e seus movimentos eram imprevisíveis. Eles já haviam transferido as vítimas de lugar em muitas ocasiões, às vezes rodando com eles escondidos em um Corolla durante horas pelo distrito. Os sequestradores pareciam nervosos e discutiam a possibilidade de transferir as vítimas para o Paquistão. No último cativeiro, a única casa com eletricidade onde haviam parado, porém, os milicianos decidiram começar a gravar um daqueles ultrajantes vídeos em que aparecem decapitando suas presas enquanto declamam sermões religiosos.

A vida das vítimas parecia estar perto do fim, mas ao mesmo tempo aquilo manteve os milicianos por algumas horas no mesmo local, o que deu aos militares tempo suficiente para que pudessem agir.

Os terroristas teciam elogios a Osama bin Laden e aos *mujaheddin* da Chechênia e da Somália, quando, às 2h30 no horário local, os helicópteros militares se aproximaram da casa e eles ouviram o barulho forte de explosões aproximar-se do local onde estavam. Os milicianos fugiram imediatamente.

Stephen e Sultan permaneceram onde estavam com medo de serem pegos no meio do fogo cruzado. Quando as coisas pareciam ter se acalmado, e o som de tiros cessado, o jornalista e seu intérprete caminharam até o jardim da casa. Eles se perderam um do outro por alguns segundos, mas voltaram a se encontrar. Sultan pôs-se na frente de Stephen, guiando-o por um longo corredor que parecia levar à saída do complexo. Na escuridão, não podiam enxergar nada além de alguns passos à frente. De repente, viram-se do lado de fora. Com o corpo ainda na frente do jornalista britânico, como que um escudo humano para protegê-lo, Sultan ergueu as mãos e gritou:

— Jornalista, jornalista!

Farrell ouviu, então, uma rajada de tiros sem conseguir ver de onde vinha. Sultan caiu morto ao seu lado. Ele tinha 34 anos, mulher e dois filhos. Farrell foi resgatado com vida pelas tropas britânicas.

— Ele estava tentando me proteger até o último minuto — disse à imprensa. — Mais três segundos e estaria seguro.

A morte de Ajmal e Sultan lançou luz sobre os riscos que correm jornalistas afegãos (ou fixers) por seus clientes estrangeiros. Simplesmente não haveria reportagens sem eles. Seu trabalho vai muito além da mera tradução. Em um território tão pouco familiar, hostil e perigoso quanto o Afeganistão, eles são os olhos e ouvidos, a voz e os instintos de sobrevivência do forasteiro. É uma situação-limite em que se entrega a um desconhecido a própria vida; uma relação de confiança tão estreita que não raro leva a laços profundos de amizade.

Um jornalista local ou um fixer funciona como uma enciclopédia ambulante da história do lugar, analista, gerente de logística, guia turístico, agenda telefônica! Os correspondentes de guerra, quando voltam para casa, recebem todo o mérito por suas reportagens, ganham prêmios e prestígio na redação. Mas sem um bom fixer, eles não seriam nada.

Quando têm o que precisam de informação, os estrangeiros voltam para casa. Os fixers não têm para onde ir. Ali é a sua casa. Eles ficam para trás e continuam tendo de lidar, cotidianamente, com os riscos que o correspondente assume por alguns dias apenas. Este sempre pode decidir ir embora; o fixer, não. Por trabalharem com estrangeiros, eles são vistos pelos insurgentes como "infiéis", e se tornam alvos fáceis nas mãos dos criminosos.

— Se soubesse que ele ia para Helmand, eu não teria lhe dado minha bênção, não teria permitido! — diz Haider.
— E eu vejo aquele homem de 65 anos cair de novo num choro de soluçar, feito criança. A voz não sai. Haider me recebeu, gentilmente, todas as vezes que pedi, na casa da família em Cabul para conversas à luz de lampiões porque não há energia. Ele usa sempre a mesma roupa, um salwar kameez cinza-claro, chinelão e meias pretas somente no pé esquerdo, disfarçando a prótese. Não consegue se livrar da culpa que o atormenta por ter dado a bênção ao filho naquele dia. Desanda a falar. No meio da frase tenta conter as lágrimas colocando as mãos nos olhos. Então soluça, engasga, mas prossegue como um disco quebrado.

— Eu era contra as ideias do Ajmal, mas nunca interferi. Eu era mesmo contra as escolhas dele, eu era 100% contra as ideias de Ajmal e a profissão dele. Eu dizia: Não saia de Cabul, meu filho! Eu dizia a ele. Não o forçava, mas pedia, por favor, que não saísse de Cabul. Quando sentávamos para conversar, então eu falava para ele: meu filho, não vá, a situação não é boa, eu conheço essa gente! Meu sonho era que ele mudasse de profissão.

A mulher de Ajmal ainda visita a família no aniversário da morte dele, mas o sogro lhe entregou os 7 mil dólares que tinha guardados e lhe disse que era livre para ser feliz com outro homem, embora não saiba se ela se casou de novo, pois jamais tocaram nesse assunto. A mãe de Ajmal teve um infarto no dia do enterro do filho e quase nunca deixa o quarto escuro da casa. Haider também não sai, à exceção dos dias em que vai buscar a sua pensão na empresa onde trabalhou como engenheiro, a companhia aérea afegã Ariana, antes de se engajar na resistência contra os soviéticos e perder a perna.

— Eu lutei por este país, e para quê? — ele segue. Tem os dentes escuros, manchados, a pele muito enrugada. — Os estrangeiros não sabem o que é ter filhos no Afeganistão.

Aposentado, Haider passa os dias cuidando do viveiro de pássaros que cria no quintal da casa, interrompendo a distração apenas para rezar, cinco vezes ao dia, como determina o Islã. Ele busca respostas.

— Eu rezo sempre a Deus, cinco vezes por dia eu pergunto a Ele: por que Deus? Por que o senhor permitiu que isso acontecesse com meu filho?

Então se lembra mais uma vez de que, para acreditar, teve de ver o corpo decapitado do filho. Ele cai num choro profundo.

Karzai condenou publicamente o assassinato de Ajmal — assim como o primeiro-ministro italiano, Prodi. A convite do presidente afegão, Haider foi visitá-lo no Palácio do Governo pouco depois da morte de Ajmal.

— Eu fiquei ali sentado, esperando para ouvir o que ele tinha a me dizer. — O filho mais novo o cutucava: "Pai, fala, pai! Fala alguma coisa!" — Finalmente eu falei: por que deixou que isso acontecesse com meu filho? Por que deixou que soltassem o jornalista estrangeiro e meu filho continuasse preso? Por que não quis negociar a vida de um afegão? — Karzai pediu aos seus assessores e soldados que deixassem a sala. "Eu estou sob a autoridade dos estrangeiros", teria confessado a Haider.

O governo italiano também chamou o pai de Ajmal para uma conversa.

— Na saída, quando deixávamos a Embaixada da Itália, eles colocaram um maço de dólares nas mãos do meu filho mais novo. Eu nunca vi tantos dólares, não sei quanto era. Mas fiz meu menino rasgar as notas e jogar no lixo na frente do embaixador.

Nada disso foi capaz de acalmar o coração do pai. Nem mesmo a morte do fundamentalista islâmico que cortou o pescoço do seu filho. Mulá Dadullah foi executado em uma batalha contra forças afegãs e da Otan no distrito de Girishk, em Helmand, meses depois da morte de Ajmal. Foi a maior baixa do Talibã desde o início da guerra. Mas Haider só soube disso meses depois, porque a casa não tem tevê. Um dia ele ficou tão nervoso que quebrou o aparelho. Foi quando o presidente Hamid Karzai confirmou estar conduzindo, com o apoio dos Estados Unidos, negociações de paz com os talibãs.

— Criminoso sem escrúpulos! — esbravejou Haider quando conversamos sobre a ideia de um acordo do governo afegão com os radicais que mataram seu filho. Ele se refere a Karzai.

As negociações começaram com um encontro secreto convocado pelo rei saudita Abdullah em Meca, em 2008 — apenas um ano após a morte de Ajmal — com 50 representantes afegãos. O que era para ser um jantar do iftar, quando os muçulmanos quebram o jejum do mês sagrado do Ramadã, tornou-se uma reunião de cúpula em que estavam dois líderes talibãs, mulá Wakil Ahmed Muttawakil, ex-ministro das Relações Exteriores do regime, e mulá Abdul Salaam Zaeef, ex-embaixador do governo dos radicais no Paquistão. Os Estados Unidos não teriam participado do encontro, mas nos bastidores das negociações, encurralados pelo aumento da violência, já se mostravam flexíveis a negociar com os talibãs.

Segundo informações vazadas à imprensa, então, os talibãs no encontro sinalizaram haver uma quebra dentro do grupo. Parte achava que os custos de proteger aliados árabes estavam se tornando altos demais — ademais Bin Laden já não estava mais sob custódia dos talibãs e eles sabiam disso. Outros, como os fundamentalistas Jalaluddin Haqqani e Gulbuddin Hekmatiar, além de mulá Omar, supostamente baseados em Quetta, continuavam fiéis à Al-Qaeda.

Muttawakil e Zaeef, os presentes naquele encontro, vivem hoje em Cabul, sob custódia — alguns diriam, proteção — do governo de Hamid Karzai. Suas casas são fortemente vigiadas por militares afegãos. Eles integram o Conselho de Paz criado com o objetivo de encontrar uma saída política para a guerra — leia-se uma forma de reconciliação pacífica com o comando Talibã. Isso incluiria acordos com gente como Haqqani e Hekmatiar, e o próprio mulá Omar, segundo declarou Karzai na Conferência Internacional sobre o Afeganistão, ocorrida em Londres, em 2010.

Em uma demonstração de força, os militantes talibãs na ativa dentro do Afeganistão responderam às iniciativas com mais bombardeios, assassinatos e emboscadas, principalmente contra alvos militares, prédios oficiais, autoridades, chefes de segurança e bases policiais afegãs.

— Diga a eles que já preparem caixões para seus soldados! — disse mulá Zabiullah Mujahid, porta-voz dos talibãs, ainda em 2008. Por exigência dele, a entrevista foi feita por telefone do escritório do jornalista afegão Farhad Peikar, em Cabul. Para não ser rastreado, o próprio Mujahid telefonou para o número do intermediador três vezes, cada vez de um número diferente e sem permitir que a ligação durasse mais que cinco minutos.

— Quem são os talibãs hoje? — eu pergunto.

— Somos os mesmos e mantemos a mesma estrutura de antes. (...) Todas as decisões são tomadas por esse conselho de comandantes. E temos governadores em distritos e províncias. Temos o apoio de toda a nação muçulmana afegã.

— Quem financia o Talibã e a insurgência?

— O Talibã não precisa de suporte financeiro e temos armas suficientes dos tempos da *jihad* contra os russos e do nosso governo. Além disso, nossos soldados não lutam por um salário, mas por Deus e pelo Islã, e são alimentados pelo povo afegão, que os acomodam em suas casas.

O miliciano afirmava que o grupo já controlava a maior parte do Afeganistão.

— Os americanos e seus escravos estão apenas nas grandes cidades, escondidos em seus prédios oficiais, é claro

— declarou, às gargalhadas. — Quanto mais soldados, maior a oportunidade de causar mortes. Seu fracasso é inevitável, é só uma questão de tempo. Estamos muito próximos da vitória!

Eu pergunto se essa vitória envolve negociações com o governo de Hamid Karzai e quais seriam as demandas do Talibã para que aceitasse um acordo de paz. Mas ele rechaça a ideia, diz que os milicianos fiéis a mulá Omar não estiveram na Arábia Saudita e afirma que "Muttawakil e Zaeef estão sob custódia do regime de Cabul", sinalizando que já não faziam parte do grupo.

— Isso [*a tentativa de um acordo de paz*] é ideia de nossos inimigos que perderam completamente a moral porque sabem que não podem vencer a guerra. Nós só queremos uma coisa: todas as forças estrangeiras fora do país para que a charia seja aplicada.

Quando o questiono sobre as crueldades dos talibãs e o fato de que os afegãos muçulmanos são as principais vítimas dos ataques suicidas e dos sequestros, usados como estratégia pela insurgência, Mujahid responde apenas que assim como seus inimigos "os talibãs também mudam suas táticas frequentemente". Segundo defende, o objetivo maior da *jihad* era libertar o Afeganistão das mãos dos "infiéis", referindo-se como infiéis aos "americanos e seus escravos afegãos".

— O que os talibãs estão fazendo não é Islã, não é humano, eles não são humanos. Este é um país em guerra! E eu passei a minha vida toda em guerra! Perdi a minha perna, a vida. Mas nada, nada foi pior do que perder o meu filho. Nada! Nada! — ele repete, batendo a mão na prótese que substituiu sua perna esquerda, amputada depois de uma ba-

talha contra os soviéticos. É como se tentasse dimensionar a dor de perder o filho como a um pedaço arrancado do corpo.
— Nada foi pior! Nada! Eu perdi uma parte de mim.

A família mudou-se para a mesma casa em Cabul, num terreno do avô de Ajmal compartilhado com os oito irmãos homens de Haider, o mais velho tem 18 filhos — as nove irmãs estavam casadas e, como de costume, se mudaram para a casa dos maridos. No ano-novo afegão, celebrado no dia 21 de março, todos se reuniam. A última vez que Haider fez as contas, seu pai tinha 156 netos e bisnetos. Ele sorri, orgulhoso, pela primeira vez em todas as nossas conversas. Então se lembra de como gostaria que Ajmal estivesse entre eles e se entristece de novo.

— Obrigado por não deixar que se esqueçam do meu filho — diz, quando nos despedimos no portão. — Meu filho não era um infiel, escreva isso na sua reportagem. Ajmal era um bom muçulmano.

Ao contrário do devoto Ajmal, o conceito de infiel (ou *kafir*) no Islã se refere àqueles que não acreditam em Alá ou não seguem a religião muçulmana — perfil no qual o mensageiro Miguel se encaixa perfeitamente e, por isso mesmo, está jurado de morte no Afeganistão.

8
Miguel — O mensageiro de Deus

Miguel e sua mulher viajavam pela BR-101 a caminho do Quilombo dos Palmares, entre Alagoas e Pernambuco, quando ouviram a primeira mensagem de Deus — a volta de Cristo estaria em execução, não mais apenas nos planos do divino. Naquele instante, o casal parou no acostamento, ajoelhou-se e começou a rezar. Seguiram, então, por mais alguns quilômetros até um posto de estrada onde fizeram uma parada para o café da manhã. Na tela de tevê da churrascaria viram o segundo avião bater na torre sul do World Trade Center. O sacrifício — pensou Miguel. Era o Diabo agindo no mundo espiritual e ele pedia sangue. Estava na hora de Cristo voltar à terra dos homens.

Antes disso, porém, Ele tinha uma missão para Miguel. A mensagem viria em uma aparição um ano depois daquele primeiro contato divino.

— Deus apareceu na minha frente, assim mesmo, como você está falando comigo agora.

Desde que deixara sua casa no interior de Minas Gerais para pregar o Evangelho nos confins nordestinos, Miguel pegou gosto por rezar à beira-mar, sozinho no cair da escuridão, em silêncio. Numa dessas noites, ouviu a voz grave e serena de Deus, Ele, segundo a própria crença:

— Meu filho, é para esse lugar que você deve ir — disse Deus, o Próprio, abrindo um mapa-múndi no céu estrelado de São Luís do Maranhão. Um naco de terra emergiu no centro do mundo, destacando-se em 3D no emaranhado de países da Ásia Central. Miguel voltou para casa, atravessou correndo a sala e a cozinha até o velho atlas esquecido numa estante de livros. No lugar que lhe fora apontado na imagem celeste e tridimensional, leu: Afeganistão.

Em casa, Miguel transmitiu o recado divino à mulher:
— Deus falou comigo hoje. E ele disse que nós devemos ir para o Afeganistão. — Por que logo o Afeganistão?, eu pergunto, interrompendo sua história. — Porque eles estão entre os últimos povos ainda não alcançados. — Não alcançados? — Pelo Evangelho. Por Jesus. Existe uma 'janela', latitude 20' e altitude 40', no mapa. É onde está a maioria dos povos que ainda não ouviram falar do Evangelho de Jesus. — E os judeus nessa escala divina?, eu interrompo de novo. — Os judeus são o povo de Deus, como nos ensina o Antigo Testamento.

Embora tente ser imparcial, eu devo ter arregalado os olhos para além do imperceptível, involuntariamente, pois Miguel, que até então mantinha um semblante grave, deixou escapar uma risada franca e ruidosa.

— Você precisa ver a sua cara ao me ouvir — disse, numa gargalhada quase infantil, o homem sentado na minha frente. Estamos em uma mesa do restaurante Viena, no Aeroporto Internacional de Cumbica, em Guarulhos, antes de

Miguel embarcar de volta a Cabul, a capital afegã, onde nos encontraríamos novamente dois meses depois. Confesso-lhe que, como típica brasileira católica não praticante, tenho a sensação de que posso estar perdendo parte dos quase 2,5 mil anos de história que ele me conta. Como jornalista, tendo a desconfiar de tudo e de todos. Miguel sorri.

— Eu sei como é... — Ele parece ser um sujeito gente boa. E, como todo pastor que se preze, não perde a chance de arrebatar mais um para o seu rebanho: — Você precisa voltar para Jesus! — diz. E, antes de se despedir, sugere: — Venha passar uns dias conosco em Cabul.

A mulher de Miguel me telefona no meio do dia avisando que irá preparar um bom feijão e mexidinho de carne para o jantar. Comida mineira em plena Cabul! Chamei um dos meus fiéis taxistas afegãos e segui para a área onde vivem os brasileiros, nos arredores de Cabul, mas o motorista não encontra o endereço. Eu o pus para falar no celular com o casal — ambos falam dari fluentemente, assim como os filhos — e mesmo assim não parávamos de dar voltas. Um entra e sai de ruas de terra, sem placas ou numeração nas casas. Um funcionário do casal veio nos resgatar. Ele é afegão, mas chega falando português quase sem sotaque, e é estranho ouvir o idioma nesse lugar sem nenhum paralelo com o Brasil. Seguimos ao encontro de Miguel. Eu o reconheço de longe.

Miguel é do tipo escandinavo, de barba, com os cabelos relativamente compridos de um tom de cor indefinido entre loiro e ruivo, e olhos de um azul intenso. Não fosse pela robustez de seus mais de 100 quilos distribuídos por 1,90 metro de altura, pareceria a encarnação do próprio Cristo. O perfil físico faz dele um alvo ambulante no país do Talibã. Mas ele parece não se dar conta disso. Quando o vejo na rua entre afegãos, a primeira coisa que penso é: como ele tem coragem de fazer o que faz neste país? Não tem medo? — Nada... Deus está comigo, lembra? — ele diz, com seu sorriso largo.

Do ponto de vista da segurança, não parece ser uma boa ideia "levar a palavra de Jesus" a um lugar onde a conversão ao cristianismo pode levar à prisão, às vezes à morte. Mas Miguel tinha 33 anos — a idade de Cristo, como ele diz — quando recebeu o chamado. E um discípulo não pode simplesmente ignorar um chamado d'Ele.

Quando o marido chegou para lhe transmitir o recado de Deus, de que deveriam mudar-se com os dois filhos pequenos para o Afeganistão, a mulher de Miguel ainda dormia. Antes mesmo que o marido terminasse a fala, respondeu em tom monocórdio:

— Esquece, não vou! Tire isso da sua cabeça. — E continuou a dormir.

Dois anos depois, o casal desembarcava em Cabul.

Era fim de 2003. Ao perceber o caos onde tinham se enfiado — homens amputados, crianças imundas, mulheres miseráveis mendigando sob burcas nas ruas sem asfalto, prédios bombardeados, muros marcados por tiros de kalashnikovs deixadas para trás pelos soviéticos, almas destruídas nas três décadas seguintes de conflitos —, os religiosos caíram num choro coletivo.

"Sua lágrima vai tocar aquela terra e lá você encontrará um homem, um afegão, e falará com ele, não em dari, mas através do espírito", disse Deus no chamado que levara Miguel àquele inferno. Mas ele só se lembrara disso quando, na terceira noite em Cabul, se viu ajoelhado em oração no quintal da casa do missionário argentino onde o casal estava hospedado. Ao lado da mulher, Miguel evocou Jesus para tentar explicar-lhe que talvez não fosse mesmo uma boa ideia permanecer ali.

— Nós não vamos conseguir. Não é possível ficar neste lugar com nossos filhos. Senhor, me dê um sinal, me mostre como podemos ficar aqui.

Os dois foram dormir. Naquela noite, Miguel acordou com o chamado dos muçulmanos para a reza, que ecoava antes das 5h das torres das mesquitas. Voltou ao quintal, ajoelhou-se e sentiu as lágrimas escorrerem dos olhos. Foi então que se lembrou das tais palavras. Um sinal. Na manhã seguinte, o céu do Afeganistão fechou e Miguel lembrou-se de que, quando viu pela primeira vez o mapa do país, no céu de São Luís do Maranhão, enxergou também chuva.

— O senhor acha que vai chover? — perguntou ao caseiro, e dele recebeu uma negativa. O Afeganistão vivia a maior seca da história e, desde que o Talibã chegara ao poder, não chovia naquelas terras. O afegão, no entanto, estava enganado. Contrariando todas as previsões, naquele dia caiu uma forte chuva tropical que durou meia hora. Era mais um sinal ou, pelo menos, Miguel acreditava ser assim.

Pouco depois, um afegão bateu à porta, carregado por dois homens. Eles tinham ouvido de vizinhos que ali haveria um médico — e de fato havia um entre os missionários da casa. O homem, magro e fraco, tinha leucemia.

— Ele estava mesmo perdendo a vida, quase não andava e, no momento que tentei ajudá-lo a entrar na casa, ele me deu um abraço muito longo. — O homem se foi. E dias depois Miguel e a mulher voltaram para o Brasil. Tudo o que tinham visto era muito difícil — a violência, as enormes diferenças culturais e a precariedade — e eles ainda não estavam decididos a ficar, que dirá trazer os filhos pequenos. Dois meses se passaram até o casal receber o e-mail que os levaria de volta para o Afeganistão: o tal homem estava curado.

— Era o homem de que Deus me falara, o homem com quem eu me comunicaria pelo espírito — relembra o missionário. Era o sinal que faltava.

— Se Deus não tivesse dado aquele solavanco na gente, não teríamos deixado tudo para trás no Brasil! — diz a mulher de Miguel. — Mas Deus é soberano e Ele nos enviou sinais muito claros.

Miguel, a mulher e os dois filhos passaram primeiro pelos Estados Unidos e Escócia, onde foram recebidos na casa de famílias cristãs. Os quatro estudaram inglês durante um ano, antes de se estabelecerem definitivamente em Cabul, em outubro de 2005.

Miguel abriu um negócio que os ajuda a permanecer legalmente no país. A mulher dele, que já era professora no Brasil, começou em 2006 a dar aulas em casa para algumas crianças da vizinhança, mas a carência era tão grande que logo teve de passar para instalações maiores. Em 2009, a escola ganhou um novo espaço e em 2011 já atendia 180 crianças afegãs, das quais 45 na pré-escola e as outras 135 em um programa de reforço — o sistema de ensino afegão só consegue oferecer três horas de aulas por dia para os que têm sorte de estar matriculados. Além das aulas, os pequenos afegãos jogam futebol e fazem capoeira (alguém já imaginou ouvir o som de um berimbau em Cabul?), têm aulas de artes, inglês e português.

A escolinha tem as paredes azuis — cor preferida dos afegãos —, um parquinho infantil no jardim, salas de computação, pintura e música (e lá está o único berimbau de que se tem notícia em todo o Afeganistão!). Não há sinais de que os donos sejam cristãos, e as meninas usam véu muçulmano branco, como o uniforme das escolas oficiais afegãs. Há 11 funcionários, todos afegãos, e eles recebem treinamento para, um dia, assumirem a escola.

A diretora diz que aprende mais com os afegãos, do que eles com ela. Em uma das primeiras aulas de inglês, um aluno perguntou-lhe, indignado, por que motivo os americanos dizem que os afegãos tratam mal as mulheres, "se eles nem sequer as cumprimentam" — o "*good bye*" (tchau, em inglês) ele entendia como "*good boy*" (algo como "bom menino"). Virou piada. Mas foi também um sinal sutil do nível de consciência que as crianças têm da presença estrangeira no país e do choque de culturas originado dela.

As turmas eram mistas, mas foi preciso separar meninos e meninas a partir da 6ª série porque a aproximação dos adolescentes começou a dar em namoro — e namorar é proibido no Afeganistão. Aulas mistas agora só de esportes e, em casos especiais, de inglês, desde que com a autorização por escrito do pai ou da mãe, outra adaptação à cultura local.

— Temos adolescentes falsificando a carteirinha da escola para poderem entrar nas aulas de futebol. Começamos a treinar as meninas também. Elas são divertidas e estão muito animadas com as aulas. Jogam bola de sandálias e chinelos, porque não têm tênis. Com a cabeça coberta pelos lenços brancos do uniforme escolar, elas chutam a bola para qualquer lado e são as estrelas da hora. Um espetáculo divertido de assistir... para desespero do técnico! — dizia a mulher de Miguel, animada, em uma mensagem para amigos no Brasil quando a escolinha começou um time de futebol feminino.

No ano passado, ela teve a ideia de iniciar um clube de mães, uma oportunidade de conhecer melhor o cotidiano das famílias e aproximar-se mais da cultura local. É uma tarefa difícil — embora sejam hospitaleiros, os afegãos se tornaram desconfiados depois de sucessivas guerras e tantos invasores e inimigos. Ainda assim, pelo menos 20 mães participaram dos encontros, no qual, entre dicas de beleza e receitas para emagrecer — "porque toda mulher no mundo quer emagrecer!" —, aproveita-se para discutir assuntos como violência doméstica, saúde e educação dos filhos.

A escola é mantida com doações mensais de brasileiros, principalmente de amigos cristãos e fiéis da Igreja — reunidos sob a organização Missão Cristã Mundial. E funciona sob o guarda-chuva de projetos da organização Partnership in Academics and Development, que apoia iniciativas na área de educação e treinamento profissional no Afeganistão. Além de administrar a escola, a mulher de Miguel dá aulas de português e inglês e faz o encontro com as mães.

Os dois filhos do casal estudam na International School of Kabul (ISK), escola formal americana que reúne crianças estrangeiras e afegãs. São filhos de diplomatas, funcionários das organizações internacionais e, no caso das afegãs, ex-refugiadas no Ocidente que retornaram ao país após a queda do regime Talibã e estão familiarizadas com o sistema educacional americano ou europeu.

A escola fica em uma rua com acesso bloqueado em Kart-e-Char, um dos bairros de classe média de Cabul, onde vivem os estrangeiros, assim como Shar-e-Nau. É vigiada por seguranças particulares armados e as crianças fazem treinamento de emergência. Pelo menos 60% delas são afegãs e 40% expatriadas de 26 países. As classes são mistas. É financiada pelo USAID, do governo americano, e multinacionais como a Coca-Cola; mas, em parte, por empresas afegãs. A quadra de basquete, por exemplo, foi um presente da companhia telefônica Afghan Wireless Communication Company (AWCC), que deu ainda aparelhos de celular para os funcionários e o quadro acadêmico. Já a companhia aérea Kam Air patrocina as viagens deles.

O sistema de ensino, adotado também pelas escolas públicas afegãs, é dividido em 12 séries. O filho mais velho de Miguel, de 18 anos, está no último ano da *high school* (equivalente ao ensino médio no Brasil) e o mais novo, de 13 anos, na nona série. Eles tinham 7 e 12 anos quando se mudaram para Cabul. Nas horas livres, os meninos praticam esportes na escola dos pais ou onde estudam — jamais na rua — ou frequentam a casa de amigos. Eles não vão a shoppings, bares ou boates como os jovens ocidentais — porque não há nada disso no Afeganistão, exceto por um ou outro centro comercial. É a única adolescência que conhecem — e eles não podem sentir falta do que não conheceram.

Foi uma decisão difícil criar os filhos no Afeganistão, mas o chamado de Deus convocava toda a família, e eles agora estão integrados à sociedade. Foram praticamente alfabetizados em dari e levam a mesma vida das crianças de classe média afegãs. Por outro lado, é um país em guerra. E os ataques de insurgentes atingem a capital com uma frequência assustadora.

Um dia desses, a família almoçava na sala onde agora estamos sentados comendo feijão mineiro e mexidinho de carne, quando houve uma explosão, um barulho tão ensurdecedor que quebrou os vidros da janela. Um homem-bomba acabara de detonar seus explosivos a duas quadras dali. Miguel correu para ver o que tinha acontecido e oferecer ajuda, mas quando chegou já não havia nada a ser feito.

A casa da família, no mesmo bairro da escola e protegida por muros altos, é confortável, tem três quartos, cozinha e sala amplas, com uma mesa de jantar para dez pessoas e vista para o jardim onde está a churrasqueira. — Toda casa de brasileiro tem que ter uma churrasqueira, mesmo em Cabul — diz Miguel. A diferença está na carne: de carneiro ou cabra. O kebab é o bife dos afegãos. O fim do Ramadã, o mês do jejum praticado pelos muçulmanos, é celebrado com três dias de festas (o feriado do Eid) e comilança. O chefe de cada família sacrifica um animal com um único corte no pescoço, como manda a tradição. As mulheres testam suas melhores receitas e trocam pratos com a vizinhança e as outras mulheres da família. São tempos de festa e os cristãos confraternizam com amigos muçulmanos nessa data.

Na casa onde Miguel vive com a mulher e os filhos moram ainda uma amiga brasileira, missionária como eles, Nasis, o *chaukhe door* ("cuidador") afegão de 51 anos, a mulher dele — a quem se refere como "comandante" — e os seis filhos do casal. É uma típica casa afegã: cheia de gente, compartilhada com parentes e agregados, amigos muito próximos e empregados vivendo juntos como uma grande família, e sempre cabe mais um.

E então chegam mais três: um casal de missionários do Recife com passagem por países muçulmanos como Iraque e Líbano e o filho deles, ainda criança. Eles estavam de férias no Brasil e acabavam de chegar de volta em Cabul, onde viviam havia seis meses. Foi Miguel quem os trouxe para ajudar na difícil — e perigosa — missão de converter afegãos ao cristianismo.

Miguel concordou em dividir, em parte, sua história sob a condição de que eu não revelasse sua verdadeira identidade ou detalhes que pudessem identificá-lo e, assim, pôr em risco a vida da família e de seus fiéis seguidores.

No Afeganistão, o proselitismo é um crime que pode de fato custar a vida. A liberdade religiosa está prevista na nova Constituição afegã, aprovada em 2004, mas com um sistema de justiça ainda engatinhando e dominado por clérigos conservadores, e uma sociedade pautada pela tradição e códigos de honra milenares, é muito provável que o destino do "infiel" seja decidido por um ancião primitivo, fundamentalista e sem nenhum contato com o mundo.

Os convertidos vivem na clandestinidade; sua fé, invisível. Adotam nomes islâmicos e não carregam nada que os identifique, como crucifixos ou a Bíblia. Além do Velho e do Novo Testamento, eles aprendem o Corão. Às vezes, têm de rezar ao lado de colegas de trabalho ou amigos, para não levantar suspeitas. Os versos sagrados do Islã salvaram a vida de muitos cristãos durante o regime dos talibãs. Eram fiéis convertidos nos tempos em que Cabul ainda tinha igrejas, que os laicos soviéticos mandaram fechar e mulá Omar, um extremista particularmente intolerante com não muçulmanos, tratou de garantir que fossem queimadas.

Há ignorantes extremistas em todas as religiões, é bom dizer. E eles não contribuem nem com aquilo em que Miguel acredita nem com a crescente comunidade muçulmana, que deve chegar a 2,2 bilhões de pessoas até 2030, o dobro do que somava em 1990.[22]

O Islã é a mais jovem entre as religiões monoteístas. As revelações de Alá feitas a Maomé em 612 d.C., em Meca, incorporam elementos tanto do cristianismo quanto do judaísmo, como a reverência aos profetas Abraão, Moisés e Jesus.

Jesus trouxe a palavra de Deus, não apenas na fé de Miguel, mas na de todos os muçulmanos. Está no Corão. Mais especificamente na sura (capítulo) 4:171. Assim como os seguintes dizeres sobre o povo hebreu: Deus, em sua presciência, escolheu as crianças de Israel... entre todas as pessoas. Sura 44:32.[23]

Isso torna ainda mais estúpida a queima do Corão por aproveitadores como o americano Terry Jones, que faz a linha bom pastor, mas tudo o que quer é dar cabo da própria insignificância confinada a uma pequena igreja da Flórida. Para atingir esse objetivo pessoal, põe em risco a vida de milhares de cristãos e missionários como Miguel, incitando o ódio de fundamentalistas tão ignorantes quanto ele em um país predominantemente islâmico e mergulhado na miséria e em uma guerra sem fim que é o Afeganistão. Em abril de 2011, depois de Terry Jones anunciar que faria uma sessão de queima do Corão no aniversário de dez anos do 11 de Setembro, oito estrangeiros funcionários da ONU foram assassinados em Mazar-e Sharif durante um protesto contra a ação. Não se sabe exatamente o que aconteceu, mas foi quando a multidão que saía da mesquita depois da reza de sexta-feira ganhou as ruas; um grupo invadiu o condomínio onde os expatriados viviam, houve troca de tiros, mas alguns conseguiram vencer a segurança e caçaram as vítimas dentro do local. Voltassem à Terra, nem Jesus nem Maomé ficariam felizes com isso.

É no grau de divindade que muçulmanos e cristãos discordam: — Os muçulmanos veem Jesus como um profeta, um bom profeta. Mas não creem que seja filho de Deus ou que tenha ressuscitado e através do sacrifício d'Ele tenhamos herdado a vida eterna. Eles acreditam que é preciso se esforçar, pela *jihad*, para herdarem o Paraíso — explica, pacientemente, a mulher de Miguel.

O livro sagrado do Islã menciona Jesus 25 vezes mais do que o próprio profeta Maomé. A história de Jesus é ensinada nas madrassas como nos cursos de Primeira Comunhão: nasceu da virgem Maria, um milagre ordenado por Deus (Alá), e comunicado a ela pelo anjo Gabriel (Jibrail, em árabe). Confusa, Maria teria perguntado como isso seria possível, se nenhum homem jamais a tinha tocado. "Mesmo assim: Deus cria o que Ele deseja", explicou o anjo. "Seja, e é!" Ou assim está no Corão.

Embora haja passagens que podem ser identificadas como antijudaicas e anticristãs no Corão, o livro sagrado do Islã reconhece os judeus como o povo escolhido por Deus. E atesta que muçulmanos e judeus louvam o mesmo Deus.

— Poucos religiosos conhecem bem a língua árabe. Se o fizessem, o Islã não seria tão mal interpretado no mundo — disse o egípcio Helmi Mohammed Nasr, aos quase 90 anos de idade e meio século de Brasil, quando estive em sua casa para aprender sobre o Islã, durante a produção deste livro. Ele foi nomeado um dos 21 sábios do Islã no mundo pela Liga

Islâmica Mundial, a mais alta entidade muçulmana, com sede em Meca. A designação é dada àqueles considerados grandes eruditos e conhecedores da religião — Nasr é o único na América Latina. A junta de sábios se reúne pelo menos uma vez por ano para discutir assuntos relacionados à fé, relações internacionais, segurança e paz.

Podia ser xeque, mas escolheu as letras. Ele é o autor da primeira e única tradução oficial do Corão, feita diretamente do texto original em árabe para o português e reconhecida pela liga. Foram quatro anos de "dedicação monacal": nove horas diárias ao lado de uma equipe de oito professores, universitários e quatro datilógrafas (sim, as 1.065 páginas foram escritas e reescritas à máquina) para traduzir a palavra de Alá. O texto final foi enviado a Meca em 1988, onde passou por um processo de revisão que durou 15 anos e envolveu um conselho de especialistas, inclusive de Portugal, até ter o aval do líder máximo, secretário-geral da liga, Abdullah bin Abdul Mohsin Al-Turki.

O Corão não pode ser vendido, porque "a palavra divina não tem preço". Só pode ser doado a quem quer recebê-lo. Desde o lançamento, em 2005, foram distribuídos cerca de 50 mil exemplares no Brasil, em atendimento a pedidos que chegaram por telefone ou e-mail à Câmara de Comércio Árabe-Brasileira, da qual Nasr é vice-presidente de Relações Internacionais. Os exemplares são impressos oficialmente no Complexo do Rei Fahd, na cidade sagrada de Medina, na Arábia Saudita, em 41 idiomas — o português é o 41º e último.

Na concepção islâmica, Deus operou milagres, como a cura de doentes, através de Jesus — pelo poder de Deus e não seu próprio. Os muçulmanos rejeitam a divindade de Jesus.

Ao contrário disso, o Corão reforça a doutrina monoteísta, sugerindo que Jesus era um mortal escolhido por Deus, assim como outros messias, para espalhar a mensagem d'Ele na Terra.

Os muçulmanos consideram Jesus um precursor do profeta Maomé, para quem foram feitas as últimas revelações de Deus; e o Corão o Testamento Final, depois do Velho e do Novo Testamento. O texto teria sido revelado pelo anjo Gabriel a Maomé, aos poucos, no decorrer de um período de aproximadamente 23 anos a partir de 610 d.C.. Maomé teria decorado as 114 suras (capítulos), recitando-as, uma a uma, após cada revelação, para fiéis que o cercavam.

Como era de esperar de um texto tão antigo, o Corão dá muita margem para interpretações. De um lado, os liberais entendem que a *jihad* é usada pelos terroristas de forma criminosa, e significa tão somente a própria luta, uma luta interna, dos fiéis de se transformar em uma pessoa religiosa, um bom muçulmano, abrindo mão de pecados terrenos como beber. Segundo essa linha de pensamento, eles defendem que a doutrina militar da *jihad* não pode ser encontrada no Corão e se desenvolveu após a morte de Maomé. O texto original retratava um período de conquistas, mas os liberais garantem que sua interpretação não é incompatível com a paz. No hadith, uma espécie de biografia autorizada de Maomé, o profeta refere-se à guerra santa como uma *jihad* "menor" e afirma que a "grande" *jihad* é justamente a luta para conter os próprios instintos animais e purificar a alma.

De outro lado, os conservadores insistem em que a *jihad* — um lado negro do Islã que o mundo conheceu no 11 de Setembro — é uma campanha militar que todo muçulmano deve assumir contra os "infiéis" e para que a religião avance territorialmente. De fato, algumas passagens do Corão são brutais. Mas também está claro para os profundos conhecedores do livro que Maomé não defendia a guerra perpétua contra os incrédulos. Mais do que isso: o profeta defende, segundo alguns estudiosos do Islã, uma convivência pacífica com eles.

Seguindo essa linha de pensamento, os terroristas seguidores de Osama bin Laden e aqueles que continuam incitando o terror no Afeganistão, sequestraram não apenas os aviões do 11 de Setembro, mas toda uma religião. Os Estados Unidos têm boa parcela de culpa nisso. Uma das estratégias da campanha para expulsar os soviéticos do Afeganistão foi dar ao conflito uma conotação religiosa.

A assistência americana incluiu a produção de textos islâmicos destinados às escolas públicas de ensino fundamental do Afeganistão e Paquistão, que ensinavam uma interpretação radical da *jihad*, usando imagens militares e violentas — armas, munições, soldados, minas terrestres, explosões, mortes. O objetivo era inflamar a resistência e incitar a luta. A Universidade de Nebraska, onde funciona o Centro de Estudos do Afeganistão, recebeu 51 milhões de dólares para produzir livros educativos no país entre 1984 e 1994, que incluíam a *jihad*. Pelo menos 4 milhões de cópias, em dari e pachto, foram produzidas e, mais tarde, usadas no regime Talibã.[24]

A queda dos radicais do Talibã, no entanto, não fez muita diferença na vida dos cristãos afegãos. Quase dez anos depois do fim do regime islâmico e da chegada dos estrangeiros no país, eles continuaram sendo caçados, presos, executados.

— Muitos de nós foram mortos em solo afegão. O cemitério está cheio de amigos. Ano passado, enterramos três deles. Outros três eram clientes da nossa empresa, amigos preciosos — diz a mulher de Miguel. O marido está ameaçado de morte, mas ela não gosta de falar sobre isso. A situação se tornou mais crítica quando um jovem disfarçado de novo fiel filmou uma cerimônia religiosa com o aparelho de celular e entregou a imagem para uma emissora local de tevê. O vídeo mostrava o rosto de expatriados que trabalhavam no Afeganistão e, como cristãos, frequentavam os cultos. Com medo, alguns deixaram o país.

Mas a maior vítima do episódio foi o afegão — sempre os afegãos! — Said Musa, que aparecia na imagem sendo batizado. Aos 45 anos, ele foi preso e corria o risco de ser executado. Em carta divulgada em fevereiro de 2011, ele relatava a tortura sofrida, por parte de carcereiros e milicianos talibãs detidos na mesma prisão, e fazia um apelo à comunidade internacional para que o resgatassem antes que fosse morto. Depois de uma intensa campanha, o CICV conseguiu libertá-lo, e ele fugiu do país com a ajuda de missionários.

Musa trabalhou por mais de 15 anos como fisioterapeuta do CICV, ao lado do italiano Alberto Cairo. Quando voltei ao Afeganistão em 2011 e disse ao intérprete que precisava reencontrar Alberto, ele avisou, em tom alarmante:

— Há algo muito grave que preciso contar a você sobre Alberto.

— O que é?

— Ele é cristão!

— E daí? — perguntei, espantada.

— Você sabe, ele participa dos cultos... Você sabe o que ele faz!

— E daí? Por que o que ele faz deveria me preocupar?

Ele se contém, sem graça. E então me dá uma resposta qualquer:

— E daí que não é bom andar com esse tipo de gente no Afeganistão. Ele é um alvo. E eu não quero que uma hóspede minha acabe atingida por uma bala perdida, caso ele sofra um atentado. Você é uma convidada nesse país.

Está na cara que a explicação não passava de uma desculpa esfarrapada, mas numa coisa o intérprete tinha razão: os casos de violência contra cristãos nesse país não são raros.

Em Mazar-e Sharif, o jovem Shoaib Assadullah foi preso depois de entregar uma Bíblia para um amigo que em seguida o denunciou às autoridades. Shoaib foi solto, mas passou a ser vigiado de perto pela polícia, que buscava identificar os estrangeiros com quem ele se encontrava. Por isso, as reuniões e os cultos passaram a ser feitos separadamente; afegãos e expatriados já não se encontram nas cerimônias.

Embora por lei não seja proibido aos estrangeiros cristãos se reunir para rezar, o perigo transformou-os em organizações clandestinas e secretas. Os encontros são marcados em dias, horários e locais diferentes, na casa de expatriados — funcionários de embaixadas e organizações humanitárias, jornalistas. "Chá amanhã às 10h", diz a mensagem distribuída pelo celular, seguida de um endereço. Isso faz com que os números sejam imprecisos, mas a comunidade cristã fala em 10 mil fiéis no país.

— É muitas vezes um trabalho frustrante e sem resultado. Mas não desistimos de dar amor por aqui, porque nossa recompensa vem de Deus. Esse Deus de amor que nos enviou para cá. Ele é fiel — diz a mulher de Miguel.

A doutrina da qual o casal faz parte não tem denominação. Os seguidores se intitulam discípulos de Jesus — termo usado 256 vezes na Bíblia — e defendem a união de todos os cristãos em uma Igreja e não muitas. Eles se referem à igreja como uma comunidade — e não uma instituição ou espaço físico — de discípulos de Jesus. A Igreja seria edificada através de relacionamentos entre pessoas capazes de dar continuidade à obra de Jesus. Seus discípulos são aqueles que creem em Cristo e fazem tudo o que Ele demanda — como Miguel e sua família.

— Nós "somos" a igreja — ele diz. — Jesus deu a vida d'Ele por pessoas e não por lugares. Não estamos aqui para construir um lugar e colocar uma placa, mas para viver o amor de Cristo.

Isso significa viver de acordo com Jesus, peregrinando mundo afora; renunciar a bens materiais e projetos pessoais, abrir mão do tempo disponível para ensinar a palavra d'Ele em reuniões de estudo, encontros de oração, sessões de cura de doentes. Miguel começou a participar desses encontros, semanais em Carangola, onde cresceu. Eles acontecem na casa dos fiéis ou em qualquer outro lugar — não existe um templo. São indivíduos que doam a vida para reproduzir os ensinamentos de Jesus. O fundamental é fazer novos discípulos.

"Esta foi a última palavra de Jesus aos seus discípulos. Até parece que este é o ponto mais alto do Novo Testamento. É como se o senhor estivesse todo o tempo preparando o terreno para dar esta palavra. Depois de fazer tudo o que o Pai lhe encomendara, finalmente o Senhor podia dar esta ordem: fazei discípulos de todas as nações." — revela o texto que explica a doutrina.

Miguel e a mulher alternam períodos de fé com momentos de depressão e medo. Entre o casal, talvez a mulher seja a mais vulnerável por testemunhar o sofrimento humano diariamente, exposta à realidade das crianças e mães que atende na escola.

— É preciso confiar — diz Miguel com aquele sorriso franco. Depois de repetir o prato de feijão, abrimos dois potes de doce de leite que eu trouxera de presente do Brasil — se tivesse trazido ouro, talvez não ficassem tão felizes; a saudade de casa está nas pequenas coisas. A mulher de Miguel me convida para passar a Páscoa com a família em Cabul, mas eu tenho uma viagem marcada para o norte do Afeganistão e não chegarei a tempo. Então me despeço da família.

Chove no caminho e, olhando para as ruas completamente escuras, enlameadas e desertas de Cabul pela janela do táxi, penso nas pessoas boas que conheci e em sua fé inabalável, na confiança que depositaram em mim, mesmo tendo confessado não ser uma pessoa religiosa; no perigo incalculável que correm num território em que a miséria e a ignorância servem de adubo para o extremismo. É preciso acreditar muito. Uma certeza que eu não compreendo, mas é possível dimensionar no ato deles de deixar uma vida confortável no Brasil para se mudar com os dois filhos pequenos para um inferno como esse. De certa forma, eu os invejo. Miguel enxergaria na chuva um sinal. Nos 30 anos de guerra, como se não bastassem as mazelas trazidas pelos conflitos, o Afeganistão viveu a pior seca de toda a sua história, o que fez os rios se transformarem em pilhas de lixo.

— O rio Cabul agora tem água! — eu digo num susto, quando atravessamos a ponte de pedra na frente da mesquita amarela, cartão-postal de Cabul. O motorista do táxi sorri. Deus parece ter se lembrado dessa gente.

A última vez que conversei com a família o casal estava no Brasil, mas não definitivamente, embora estivesse começando a pensar nisso. Para falar com eles, telefonei para a casa de Miguel em Minas Gerais. O pai dele atendeu.

— O senhor é um homem corajoso! É preciso ter o coração forte com um filho e os netos vivendo no Afeganistão.

— Quando nós colocamos o nosso filho nas mãos de Deus, não é preciso coragem, minha filha. Ele foi o escolhido — diz, com certo orgulho de pai.

Ele passa a ligação para a mulher de Miguel e, enquanto conversamos, eu checo na minha escrivaninha o calendário afegão, presente que ela me deu em Cabul. Mostra que estamos no ano 1390.

— Quando voltam definitivamente para o Brasil?

— Isso só Deus sabe!

Enquanto Miguel, a mulher e os dois filhos voavam de volta das férias no Brasil para o Afeganistão, o afegão Sayed Ab Qader fazia o caminho contrário: Cabul-São Paulo, com escala em Islamabad e Dubai, deixando para trás toda a sua família.

9

Sayed — O refugiado

— Quando você volta para o Afeganistão, Sayed?
— Isso só Alá sabe!

Sayed Ab Qader tinha 25 anos quando se viu sozinho no Aeroporto Internacional de Guarulhos, em São Paulo, com um mochilão nas costas e a carta de um empresário do Paraná atestando que ele era boa pessoa. Apresentados por e-mail por um primo de Sayed refugiado no Kuwait, para onde exporta carne e frango brasileiros, o paranaense achava que o jovem afegão vinha ao Brasil para fecharem um grande negócio. Não era exatamente verdade. Sayed diz que um dia retribuirá a ajuda do brasileiro, mas tudo o que tinha, então, eram 8 mil dólares para recomeçar a vida, trazidos nos bolsos do shalwar kameez em notas de 100 dólares.

Ao sair do avião, Sayed olhou para um lado, para o outro e seguiu a placa "information". À atendente, pediu indicação de um hotel "num área bom e fácil de arrumar o transporte", além de *"less expensive"* (mais barato), conta, alternando o inglês e o português que antes não sabia. As duas línguas ele aprendeu de ouvido, assim como o urdu, dos tempos em que se refugiou da guerra na cidade paquistanesa de Peshawar. Na escola estudou dari, mas no recreio falava com os colegas em pachto. Pelo jeito tem facilidade com idiomas. Assim, não se preocupou muito ao decidir como destino o Brasil.

— Só o que eu queria era sair do Afeganistão. Para qualquer lugar!

Saiu do aeroporto levando um pedaço de papel com o endereço de um hotel da rede Ibis na Avenida Paulista, escrito à mão pela atendente. Entregou-o ao taxista e, no caminho, achou que São Paulo era "bom lugar, muito bom mesmo, porque era noite e tinha luz". E luz para Sayed é sinal de progresso — só 15% do seu Afeganistão tem eletricidade. Naquela noite iluminada, a primeira coisa que Sayed viu mesmo, assim de não tirar os olhos ainda cansados da viagem, foi a "menina loira bonita, muito bonita mesmo, com a saia a-qui", como descreve, colocando as mãos na altura da coxa.

— Sayed pensou: Alá, em que lugar eu vim parar? — ele lembra.

Subiu para o quarto, tirou o tapetinho do mochilão, apontou-o para Meca com a ajuda de uma bússola que tem sempre consigo e começou a rezar. Tomou uma sopa no quarto e dormiu.

No dia seguinte, com a ajuda de Alá, já tinha esquecido a loira e voltou a sonhar com Mariam Sediqi, a noiva de 19 anos que deixou para trás. Toda vez que "o" menina aparece "no" loja para paquerar Sayed (e são muitas!), ele mostra "o" foto do noiva em um sari paquistanês de intenso azul-turquesa e detalhes em dourado. Ela tem a pele muito branca, olhos doces castanhos-claros, cabelos compridos à mostra, pulseiras e um colar de ouro "que Sayed deu".

— Não é linda a noiva de Sayed? — É sim. Ele telefona para ela todos os dias e, aos domingos, os jovens gastam cinco horas conversando pela internet. É um garoto apaixonado. Então, quando as meninas vêm paquerar Sayed ele vai logo mostrando a foto e dizendo que não é dono "do" lojinha porque se elas "pensa" que Sayed é dono "do" lojinha "aí é que não larga mais do pé de Sayed". E Sayed não quer. É um bom muçulmano.

Naquele primeiro dia pegou um táxi para a Mesquita Brasil na Avenida do Estado. E no dia seguinte. E no outro.

— Mas "o" mesquita de Brasil "era" fechada "tudo" dia. Eu pensava: para que "o" mesquita, se brasileiro "num" reza? — Repetiu o trajeto até, "num" sexta-feira, finalmente encontrar "o" mesquita aberta. — Brasileiro "num" reza dia "do" semana. No Afeganistão, mesquita aberta "tudo" dia.

Foi na mesquita que conheceu os três imigrantes paquistaneses e, mais tarde, um afegão como ele, com quem divide um apartamento de 38 metros quadrados e dois quartos no Brás. Vinte dias depois de chegar ao Brasil, deixou o hotel e foi morar com eles.

Fica em frente ao shopping onde Sayed trabalha. Atravessamos a rua, e Sayed me oferece uma Coca-Cola no boteco do Dedé do Brás, do lado da casa dele. Subimos dois lances de escada no prédio velho de três andares. O chão da sala é coberto de tapetes comprados na feirinha da madrugada, onde os colegas de quarto Amjad Khan, de 22 anos, e Abdullah Gulhaban, de 41 anos, ganham um dinheiro extra, além do salário como costureiros, vendendo calças jeans, das 2h às

5h30. Uma multidão de 25 mil clientes garimpa e pechincha na feira diariamente. Eles concorrem com outros 5 mil camelôs — bolivianos, peruanos, coreanos, chineses, indianos e agora também paquistaneses e afegãos.

Ele mostra os modelos expostos em manequins de vitrine, estrategicamente virados para a parede — elas têm os seios nus. Na mesma altura há um pôster emoldurado de Meca, que completa um pequeno altar montado com o Corão e o terço islâmico ajeitados num pano branco de bordado afegão sobre uma mesinha cambaleante. Esquecido ali, um frasco de Leite de Rosas, que Sayed usa no rosto bem barbeado antes de sair — na época do Talibã não podia! Há sacos pretos de lixo cheios de tecidos pelos cantos e sobre um pequeno armário já lotado. Sobra livre só o atalho apertado até a cozinha, onde está o segundo item mais sagrado da casa: um velho fogão de seis bocas comprado a prestações.

O anterior, agora enferrujado e aposentado na área de serviço, tinha só quatro bocas e quem consegue fazer caber um tradicional *naan* naquele espaço de forno? Tinha de ser maior, e para fazer ainda mais espaço eles tiraram a grade que serve de apoio para travessas, que nem têm. Põem a massa redonda como a de uma pizza gigante para assar direto na base do forno, e os buracos por onde escapam as chamas deixam o pão chamuscado aqui e ali como o autêntico afegão, embora feito com farinha de trigo curitibana Anaconda, comprada em sacos de 50 quilos.

Depois do café da manhã, Sayed atravessa a rua até o Shopping 25 de março, que não fica na Rua Vinte e Cinco de Março, mas na Rua Barão de Ladário, no Brás. Abre o estande M14 às 8h. O espaço não é maior do que três metros quadrados e as paredes estão cobertas de tênis Nike, Puma, Adidas do chão ao teto. Chega o primeiro cliente e pede para pagar na outra segunda-feira. Sayed pega o bloquinho da pendura, onde anota os dados de todos os clientes a quem vende fiado. Verifica que aquele é um bom pagador e libera para ele a venda de quantos pares couberem na mochila daquele motoboy, que faz bicos vendendo tênis *made in China* em seu bairro.

— Esse é gaúcho bom comprador! — Sayed cochicha.

Outro cliente chega, tira do bolso um bolo de notas vivas e pede para Sayed fechar a conta do mês. Uma senhora se aproxima e já do corredor vem avisando que nem adianta Sayed insistir, dessa vez só vai levar o que precisa. Depois me conta que o afegão é bom vendedor e a faz comprar "mais sapatos do que precisaria toda a população de São Paulo".

No fim do expediente, às 17h, Sayed soma o caixa, presta contas ao patrão libanês e, antes de fechar "o loja do árabe", tira o tênis Nike, coloca o chinelão Oakley e vai ao banheiro lavar os pés e as mãos como manda o ritual islâmico antes de cada reza. Ele volta e, então, tira o tapetinho da pequena gaveta atrás do caixa, vira-o para Meca e faz a quarta das cinco orações do dia.

Quando viu aquilo pela primeira vez, Fábio achou estranho.

— Vixe, que é isso mano, macumba? — perguntou a Carlito.

Os dois são vendedores e trabalham para Sayed, promovido a gerente. Fábio é católico tão praticante que usa o terço cristão como colar; Carlito, evangélico de frequentar o culto semanalmente, e rezar em casa todas as manhãs e antes de dormir.

— Nós acredita Jesus! — diz Sayed.

E os três garantem viver em perfeita harmonia espiritual.

— Suave — diz Sayed, repetindo como se fosse português literário a gíria que aprendeu com os meninos e, dependendo do contexto, pode significar "legal, bacana ou tranquilo".

O patrão libanês é suave. O movimento da loja estava suave naquele dia. O clima do Brasil é suave, "nem muita calor, nem muita frio". Bem diferente do Afeganistão de Sayed onde as temperaturas variam entre 38 graus, no verão, e 31 graus negativos, no inverno.

— Mãe fala que Sayed nasceu "no" muito calor e quase morreu — diz ele, mostrando a carteira de trabalho afegã. Data de nascimento: 1 de janeiro de 1985.

— Mas, Sayed, janeiro é inverno no Afeganistão. Tão inverno que chega a nevar! — eu digo, confusa.

Ele ri.

— Só Alá sabe quando Sayed nasceu. Não tem cartório no Afeganistão!

— E por que a data?

— Achei bonito.

A única certeza que tem é a de ter nascido em casa, pelas mãos de uma parteira, em Surkhrod, na província de Nangarhar. O distrito tem pouco mais de 120 mil habitantes, 85% deles de etnia pachto e 12% tadjiques — Sayed mistura as duas etnias. Sua infância, ele diz, "não foi pobre nem rica". A família morava em uma casa confortável a cinco quilômetros da mansão dos Gailanis, nos arredores de Jalalabad, a capital da província.

(Enquanto Sayed me conta a história, um colega indiano vem conversar com ele na loja e os dois falam em urdu. Osman é de Punjab e há dois anos vende no Shopping 25 de Março roupas fabricadas nas pequenas confecções clandestinas do Brás.)

A família teve sorte. O pai de Sayed, que havia largado o emprego em um banco em Jalalabad para se juntar aos *mujaheddin* contra os soviéticos, percebeu que a *jihad* estava perdendo força e os comandantes afegãos começavam a se desentender e a brigar uns contra os outros. O matriarca decidiu deixar Surkhrod pouco antes do que ficaria conhecido como o massacre de Jalalabad, a ofensiva supostamente patrocinada pelo ISI paquistanês que matou 10 mil pessoas na capital provinciana e arredores, um prenúncio da guerra civil afegã. Jalalabad e Surkhrod ficam distantes apenas 30 quilômetros.

Sayed, o pai, a mãe, um irmão mais novo e três irmãs refugiaram-se nos campos de Jalozai, a 35 quilômetros de Peshawar.

Não demorou para que os moradores, assustados, percorressem o mesmo caminho que eles, juntando-se aos milhões de refugiados da invasão soviética no Afeganistão, nos anos 1980. Foi nos campos de Jalozai que meninos pobres foram recrutados para viver nas madrassas do Paquistão, onde receberam educação religiosa e treinamento militar para a *jihad* — anos depois, esses estudantes se tornariam os temidos talibãs.

Quando visitei os campos de Jalozai, em 2011, novos refugiados dos novos conflitos, entre os insurgentes e as forças estrangeiras de coalizão, chegavam todos os dias, escapando dos bombardeios na fronteira. Os ataques no sul — e a morte de civis — aumentaram com o uso de aviões militares não tripulados na fronteira entre o Afeganistão e o Paquistão, iniciado em 2008, ainda no governo de George W. Bush, mas intensificado em 2009, na presidência de Barack Obama. Cerca de 300 mil desabrigados pelos conflitos voltaram ao Jalozai, 22 anos depois de a família de Sayed refugiar-se no mesmo local. A maioria quer voltar para casa, mas não tem para onde ir, já que o lugar onde morava foi destruído.

Mohamed Ullah, de 45 anos, conta que o Talibã tentava impor seu regime na região.

— Eles tentaram trazer mudanças sociais para ganhar a população das vilas. Você sabe, nas madrassas as crianças têm onde morar e o que comer. Nós não temos ideologia, mas, sem alternativa, muitos mandam seus filhos para essas escolas — diz.

— Vi esses meninos [*os talibãs*] serem treinados pelo ISI — lembra o motorista Awal Khan, de 54 anos, do vilarejo de Daradam Khel. — Nós os criamos e, agora, eles querem nos destruir.

— Pressionado pelos militares, um vizinho de Khan teria dado informações sobre insurgentes na região. Dias depois, seu corpo apareceu decapitado no vilarejo.

— As forças do Paquistão e dos Estados Unidos, que treinaram essa gente, agora nos acusam de contribuir com eles. Mas não é verdade. Os talibãs são leões das montanhas. Eles somem feito baratas, em segundos, escondem-se nas cavernas. Então, vêm os americanos e nos bombardeiam. Os militares paquistaneses vasculham nossas casas, torturam nossos filhos. Nós estamos no meio do fogo cruzado.

Um desses ataques aéreos destruiu a casa e as terras do agricultor Sayed, na vila de Bajoor. Ele deixou tudo para trás e fugiu a pé com a mulher e os 11 filhos, que passaram a dividir um conjunto de tendas no campo de Jalozai. As crianças deixaram a escola. A comida é uma ração distribuída por agências humanitárias. Não há luz e a água é tirada de poços deixados por refugiados afegãos dos tempos da luta contra os soviéticos.

— Lá, morremos de tiro. Aqui, morremos de fome — disse Sayed, o velho agricultor, refugiado da nova guerra.

Já era assim nos tempos em que Sayed, o jovem refugiado no Brasil, fugiu dos conflitos com os soviéticos para o Jalozai. Sua família passou por outros três campos antes de decidir tomar outro rumo. Naquela época, viviam do aluguel do terreno de 40 mil metros quadrados que a família arrendou para agricultores quando deixou Surkhrod. Era Sayed, ainda pequeno, quem atravessava a fronteira para buscar o dinheiro, porque o caminho, lotado de senhores de guerra e, depois, talibãs era mais seguro para as crianças, pois ninguém desconfiava que pudessem ser opositores.

O garoto pegava um ônibus de Peshwar até Torkhan, última cidade da fronteira ainda do lado paquistanês, atravessava os portões de ferro pelo Khyber Pass e seguia a pé por entre montanhas de 1.070 metros de altitude até o outro lado da fronteira, onde tomava uma condução, às vezes carona, para Jalalabad e outra até Surkhrod. Com sorte, o trajeto levava duas horas e meia.

Nos tempos dos talibãs era comum ser parado no caminho porque não tinha barba, mas quando viam que o menino ainda era muito novo, deixavam-no partir. Um dia não escapou, porque havia uma festa nas redondezas de Surkhrod e o menino resolveu espiar — apanhou de chicote.

— Oh, Sayed muito medo do Talibã!

Às vezes, o primo mais velho o acompanhava, e certa vez o levaram e o deixaram preso por três dias, até que a barba crescesse no tamanho que os radicais consideravam adequado para um bom muçulmano (longa o suficiente para segurá-la firme com a mão sob o queixo).

O dinheiro do aluguel das terras era o que salvava a família da pobreza. Permitiu que o avô, o pai e três tios de Sayed montassem um negócio. Eles abriram uma quitanda e, como as vendas iam bem, depois outra e a terceira, e se mudaram com mulheres e filhos, todos juntos, para um casarão alugado em Hayatabad, área moderna no subúrbio de Peshawar. Foi onde Sayed viu o amor de sua vida pela primeira vez, na festa de casamento do primo. O Paquistão no entender de Sayed, é um país "moderno", pelo menos mais moderno do que o Afeganistão, porque lá convidados homens e mulheres celebram os casamentos e até dançam juntos nas festas. Assim ele se apaixonou ainda menino por Mariam.

Sayed cresceu, mas continuava fazendo o trajeto Hayatabad-Peshawar-Torkhan-Jalalabad-Surkhrod e assim conhecia muita gente. Quando o 11 de Setembro aconteceu, ele comemorava o ingresso no curso de engenharia da Universidade da Província da Fronteira Noroeste, em Peshawar. Mas seus negócios não iam bem no Paquistão, o pai de Sayed achou que, como era educado e tinha profissão, a presença estrangeira no país seria uma oportunidade de voltar ao Afeganistão.

Ele estava certo. Sayed também não hesitou em voltar. Na sua terra não seria destratado como o foi durante os 12 anos em que viveu no Paquistão.

— Era bom o vida, mas era ruim. Pessoal chamava nóis de refugiado! E o mulher do afegão de suas putas! Assim eles falavam! E chamava os homi de viado, porque nóis num tinha documento. Muito ruim, muito ruim!

Sayed, o pai, o irmão mais novo e as irmãs voltaram para o Afeganistão, ainda em 2001, dessa vez para Kart-e Nau, o bairro nobre de Cabul. Com experiência anterior em banco e como refugiado, o pai foi contratado como administrador dos programas do Alto Comissariado da ONU para Refugiados (UNHCR, na sigla em inglês).

Como a família de Sayed, 5 milhões de refugiados voltaram para o Afeganistão depois da queda dos talibãs. O que os movia era a esperança de que os estrangeiros de 41 nações ricas envolvidos na nova guerra afegã iriam finalmente reconstruir o país. Muitos deles voltavam doentes e miseráveis, com fome, desempregados, sem nada. E já não encontram suas casas. Eles formaram novos campos, emaranhados de tendas feitas com pedaços de pano, tapetes velhos e lençóis remendados sobre hastes de bambu, agora dentro do Afeganistão — tornaram-se refugiados no próprio país. Nesses assentamentos precários, o lixo se acumulava na terra seca, cortada por rastros de esgoto escorrendo a céu aberto, exalando um cheiro perturbador. A população afegã cresceu de repente 20%, e o país que já cuidava muito mal de quem pemanecera ali durante os conflitos, não tinha infraestrutura para receber os que chegavam de volta.

Milhares deles retornaram viciados em ópio, abundante nas fronteiras do Paquistão e do Irã, por onde a droga é escoada para os Estados Unidos, Europa e Ásia. Nas fronteiras onde se instalou a maioria dos refugiados afegãos, ilegais e miseráveis, muitos eram recrutados para serviços pesados. Gul, um jovem que conheci no primeiro Centro para Tratamento de Drogados de Cabul, conta que trabalhava 16 horas por dia em uma construção no Irã. O mesmo atravessador lhe conseguiu trabalho e o convenceu a usar heroína "para diminuir o cansaço e dormir melhor". Seu rendimento aumentou e o ganho diário de 200 afeganes (cerca de 4 dólares) saltou para 750 afeganes (ou 15 dólares).

— De repente eu não sentia o peso do trabalho — disse-me. Até o vício consumir todo o seu salário. A morte do irmão caçula, em um acidente de carro havia seis meses, foi o que o fez procurar ajuda — o menino precisou de uma transfusão, mas o sangue de Gul, único compatível, continha droga e não podia ser doado.

— Só quando os refugiados começaram a voltar, vimos o tamanho do problema — disse o médico Wahedullah Koshar que recebeu mais de 5 mil viciados no centro em Cabul, desde 2001. Deles ouviu histórias chocantes, como o paciente que deu a mulher a um traficante por 3 mil afeganes [60 dólares] e outro que vendeu o filho por 12 mil afeganes [240 dólares].

— A heroína é devastadora.

O Sanga Amaj, aberto em junho pelo Serviço Social pelas Mulheres Afegãs, é o primeiro centro feminino para tratamento de drogas do país. Financiado pelos Estados Unidos e pelo Ministério de Combate ao Narcotráfico atendeu cerca de 500 mulheres, recrutadas em assentamentos como o Shah

Sharhid. Muitas usam ópio como remédio para aliviar dores extremas. Os maridos não as deixam procurar um médico.

— Não conseguimos trazer mais da metade delas, porque os maridos não deixam — disse a médica Tloma Homa, de 45 anos, quando visitei o local. — Quando a mãe usa, os filhos usam. Elas lhes dão chá de ópio para enganar a fome.

Lá conheci também Najeeba, de 40 anos, que vendeu tudo por 40 mil afeganes (1.600 reais) e refugiou-se com a família no Paquistão quando o marido foi preso e torturado por talibãs. No campo, o dinheiro minguou e Najeeba viu os três filhos passarem fome, e o caçula, de 8 anos, morrer atropelado quando vendia água em um sinal. Ela começou usando ópio para "aguentar a tristeza" e, sem dinheiro, alimentava os filhos com a droga — na divisa com o Paquistão, o ópio é mais barato que comida.

Nos centros para viciados, os pacientes recebem seringas descartáveis — a contaminação por HIV vem crescendo no Afeganistão. Eles são estimulados a reduzir as doses, até passarem para o fumo e, então, abandonarem a droga. Ajmal, de 29 anos, voltou do Irã no ano passado. Viciado há 3 anos, ele reduziu pela metade o consumo de heroína para um grama por dia (8 reais). O difícil era reunir força de vontade diante daquela situação devastadora.

Muitos dos refugiados migravam de um lado para o outro desde a invasão soviética em 1980. No caminho, iam deixando tudo para trás. Sobravam cobertores, lençóis, baldes e uma chaleira, em torno da qual passavam os dias conversando e tomando chá, único luxo. Eles lotavam campos na capital, como o Charahi Sarai, que no momento da minha visita tinha 770 famílias, ou 4.600 pessoas, vivendo em condições precárias, sem água, coleta de lixo ou energia para suportar as temperaturas abaixo de zero. Isso em Cabul. Alguns trabalhavam lavando carros de estrangeiros na capital — três ou quatro rendiam 120 afeganes (4,8 reais) — ou ajudavam a descarregar caminhões com mantimentos no mercado de Sabzi, serviço pelo qual recebiam entre 50 e 100 afeganes (2 e 4 reais por dia).

No distrito de Surkhrod, onde Sayed nasceu, havia pelo menos 1.250 famílias vivendo nessas condições, no precário campo de Champtala. Os novos refugiados tinham de caminhar 30 quilômetros para procurar emprego. A ajuda das organizações como Unicef e UNHCR era insuficiente.

Sayed teve sorte. Um amigo, eleito parlamentar, o convidou para prestar serviços em Jalalabad. O governo local estava recebendo muito dinheiro dos Estados Unidos, como parte dos projetos de reconstrução e precisava justamente de gente educada. Sayed e o primo abriram uma empresa de construção civil. Sayed cuidava da parte administrativa e o primo homônimo, Sayed Bilal, que ao contrário dele havia se formado engenheiro, cuidava das obras.

Eles fizeram os projetos de irrigação do rio Surkhrod para tentar retomar o perfil agrícola da região. O centro comercial local, Sultanpur, inacessível para a maioria, pois ficava do outro lado do rio, assim como a escola pública para mais de 400 alunos no vilarejo de Shamsha Pur, onde Sayed estudou, ganharam a ponte Qalay Durani. O negócio deu tão certo que eles foram contratados para construir 15 canais em Nangarhar e Kunar, um deles para levar água aos vilarejos remotos da perigosa Tora Bora.

De repente, a maré mudou. Em 2008, os talibãs já tinham dominado a maior parte dos distritos do país, movimentar-se era muito arriscado e trabalhar para os estrangeiros quase tão perigoso quanto uma roleta-russa. O pai deixou o emprego e voltou para Jalalabad, onde o filho havia se instalado. Mas a instabilidade política e a insegurança dos conflitos, a volta dos talibãs, a violência aumentando a cada ano, os ataques dos insurgentes contra alvos estrangeiros fizeram com que muitos projetos da prometida reconstrução fossem deixados de lado. E Sayed já não conseguia mais tanto trabalho quanto antes. A insegurança também adicionava custos extras aos serviços e bens de consumo, e o custo de vida havia se tornado insuportável.

Além de tudo isso, Sayed começou a receber cartas do Talibã. "Nós vamos matar você", ameçavam, caso não parasse de trabalhar para os "infiéis" estrangeiros. Foi quando ele decidiu que queria ir embora. Para qualquer lugar. Já tinha passado dificuldades demais, visto mortes demais, sido privado da própria liberdade por tempo demais para os seus apenas 23 anos.

— Eu só queria sair do Afeganistão.

E por que o Brasil? Por que não Europa, Estados Unidos?

— Oropa muito difícil. Americano também num dá visto pro afegão. Primo do Sayed falou do empresário do Brasil. Eu pensei: nenhum afegão vai pro Brasil!

De fato, a atendente na Embaixada do Brasil em Islamabad disse a Sayed que ele era o primeiro afegão que conhecia a querer viajar para o país. Duas semanas depois de entrar com o pedido, Sayed tinha o visto do Brasil estampado em seu passaporte.

Para alguém que jamais tinha entrado em um avião ou saído do circuito Peshwar-Jalalabad, a escala em Dubai foi como uma espécie de ritual de passagem para o Ocidente.

Pelo Aeroporto Internacional de Dubai circulam 4,2 milhões de passageiros por mês, 140 mil por dia — mais do que o número de habitantes de Surkhrod, onde Sayed nasceu. É um regime muçulmano que, ao contrário do Afeganistão, deu muito certo.

Assim como Sayed, fiz escala em Dubai em minha última viagem ao Afeganistão. Essas são as anotações que encontrei no meu bloquinho sobre a passagem: homens barbudos, de chinelão e dishdasha (aquela camisolona branca usada pelos árabes dos emirados) fotografam carros luxuosos expostos no hall com seus iPhones. Disputam a vitrine de iPads e modelos de celular 4G com executivos de terno e playboys de calça jeans, camiseta polo e gel no cabelo. Um mulá com um aparelho sem fio escondido sob o turbante prageja tão alto ao telefone que parece falar aos céus, a Alá. Mulheres de vestido curto e cabelos à mostra acotovelavam vultos pretos que flanam no balcão de joias — sob o niqab só era possível ver os olhos das sauditas brilhando fixos em diamantes e correntes de ouro que compravam como fruta na feira. Viva o consumo que parece unir a todos nesse portão de entrada para o mundo muçulmano!

Depois de atravessar esse portão, já no voo de 14 horas da Emirates Airlines de Dubai para São Paulo, foi que Sayed se deu conta de que não sabia nada sobre o Brasil. Ao se instalar no hotel, na Avenida Paulista, ele conta que ficou 15 dias na internet, procurando muçulmanos como ele com quem pudesse se relacionar em São Paulo.

Foi na mesquita que ele fez os primeiros amigos. Mais tarde, começou a frequentar também os encontros da Liga da Juventude Islâmica do Brasil, que funciona junto da mesquita do Pari. Além de propagar valores religiosos islâmicos, a liga auxilia muçulmanos a se integrar no Brasil e a lidar com problemas relacionados ao choque de culturas, como alcoolismo, toxicomania, desintegração moral. A mesquita fica a seis quadras de onde Sayed mora. E o jovem se sentiu em casa. O Brás sempre foi um bairro de imigrantes. No passado, eles desembarcavam em Santos, eram encaminhados de trem até o bairro, de onde partiam para as lavouras de café no interior do Estado. Mas muitos ficavam na capital, o que transformou a região, primeiro numa pequena Itália, já que muitos dos imigrantes eram italianos, e depois num caleidoscópio de nacionalidades e culturas, do qual Sayed agora faz parte.

E ele tem colaborado com a aproximação cultural entre o Brasil e o Afeganistão.

Sayed foi descoberto na mesquita que frequenta por atores do Núcleo Experimental de teatro, que procuravam referências para montar a peça *Casa/Cabul*, escrita pelo americano Tony Kushner, vencedor do prêmio Pulitzer por *Angels in America*, e adaptada para o Brasil pelo diretor Zé Henrique de Paula. Foi por intermédio dele que eu conheci Sayed. Durante alguns meses, dividi com o elenco informações sobre a história antiga e recente do país, mas a descoberta de Sayed foi fundamental na formação dos personagens. Nos ensaios, aos sábados, nós voltávamos para o Afeganistão dentro daquela sala no centro de São Paulo.

A peça conta a história de uma dona de casa britânica que vive em Londres, no fim da década de 1990, e sonha em conhecer Cabul. Com um guia de viagem nas mãos, ela nos conta a história milenar do Afeganistão. Sua própria trajetória é cercada de conflitos familiares, pessoais, culturais, como a de muitas mulheres expatriadas que eu conheci no Afeganistão. Depois de conhecer um afegão vendedor de chapéus em Londres e ler a história do país naquele guia, ela um dia viaja e some no país dos talibãs. Seu marido e filha vão atrás dela. Um Ocidente cheio de estereótipos e regras colide em cena com um Oriente primitivo e guiado por instintos.

Ninguém foi mais diretamente afetado por esse choque de culturas do que Shah Mohammad Rais.

10

Shah — O livreiro

A vida no Afeganistão tinha se tornado insuportável. Por defender seus livros, Shah Rais foi preso pelo regime soviético, que tentou proibir publicações islâmicas. Durante a guerra civil, teria a pequena livraria invadida por soldados *mujaheddin* que pretendiam obrigá-lo a se desfazer de textos comunistas. O subsequente regime talibã foi além. Os radicais eram homens violentos e queimaram seu estoque muitas vezes, fazendo uma fogueira com os livros de Rais na rua, para usar como exemplo. O regime baniu toda a literatura não islâmica e até os cartões-postais com imagens de pessoas, proibidas no Islã, ou fotos de lugares no Ocidente.

A paixão de Shah pela leitura começou na infância, em férias de verão que passava nas capitais do Irã, Paquistão e da antiga União Soviética, onde costumava visitar livrarias com o pai, que era construtor. Como ele, Rais se formou em engenharia civil pela Universidade de Cabul. Mas, ainda na faculdade, começou a publicar, importar e vender a estudantes livros didáticos e científicos; em seguida de história, sociologia e literatura. Chegou a vender para 300 escolas e 10 universidades no Afeganistão e se tornou o maior editor e livreiro do país.

Shah conseguiu preservar 17 mil títulos de literatura e história afegã em idiomas como alemão, francês, russo, inglês, espanhol e até português, além de dari e pachto, os idiomas locais. Um dia, esvaziou as prateleiras, escondeu todo o acervo no porão, fechou a pequena livraria no centro de Cabul e mudou-se com a família para o Paquistão. Ele assistia à tevê com a primeira mulher na sala quando o ataque ao WTC apareceu na CNN. Chamou o filho Turaj, que estudava no quarto. Iraj chegou em seguida. Frozan, que ajudava a avó na cozinha, se juntou à família. Os ataques foram o assunto do jantar.

Os sucessivos conflitos tinham sido especialmente prejudiciais para os negócios de Shah. Poliglota e conhecedor da cultura e da história afegã, ele serviu no passado a uma geração de correspondentes de guerra internacionais em busca de informações sobre a realidade do país. Tornou-se amigo de muitos deles, como a lendária Nancy Duprée, que dedicou a vida a estudar o Afeganistão ao lado do marido, o arqueólogo Louis Duprée, falecido em 1989 — ela é autora de cinco guias clássicos publicados na década de 1970 e até hoje considerados obras essenciais sobre o país.

Shah sentia falta da vida em Cabul, entre jornalistas e escritores como Nancy. Assim que os estrangeiros voltassem ao país, ele também voltaria. E foi o que fez em dezembro de 2001. Pouco depois, a Shah Mohammad Books (em inglês mesmo) abriu as portas no lendário Hotel Intercontinental de Cabul, o preferido de turistas no Afeganistão nas décadas de 1960 e 1970. Fotografias da época exibem mulheres tomando sol de biquíni na piscina da cobertura com vista privilegiada para a Hindu Kush, de um lado, e a cidade aos pés da montanha, de outro. No térreo, funcionava o salão de chá mais frequentado da então relativamente moderna capital da Ásia Central.

Depois do colapso do regime talibã, a livraria voltou a ser um ponto de encontro de jornalistas, diplomatas e intelectuais de todo o mundo. Todos queriam entrevistar o famoso livreiro que havia preservado das mãos tiranas do Talibã milhares de livros sobre o Afeganistão. Shah virou uma celebridade num país de analfabetos. Assim conheceu a jornalista norueguesa Åsne Seierstad, enviada ao Afeganistão para cobrir a invasão americana após o 11 de Setembro. Ela desembarcou em Cabul em fevereiro de 2002.

Åsne ficou encantada com o homem culto e liberal que o livreiro aparentava ser, perfil que contrariava o estereótipo do homem afegão. Um dia, ela lhe fez uma proposta: queria mudar-se para a casa dele a fim de escrever o perfil de uma típica família afegã. Shah aceitou. Estava acostumado com jornalistas, sempre teve boas experiências com a mídia e não deixava de ser um homem vaidoso.

Quando voltou do exílio no Paquistão, Shah reocupou a antiga casa da família em Cabul com a mãe, uma irmã, a mulher, três filhos e uma filha. A casa tinha sofrido com o abandono e os conflitos, mas dispunha de cinco quartos e todos concordaram em dividir quatro deles e reservar o último para a jornalista norueguesa.

Durante três meses, Åsne dormiu e acordou na casa da família Rais, teve o privilégio de circular livremente entre os homens e as mulheres — coisa rara em um país tão conservador — e de fazer todas as refeições com eles. (Em muitas casas afegãs, as mulheres comem numa sala separada dos homens e, quando há visitas, a mesma divisão é feita, mas Rais era um homem educado e relativamente moderno). Às vezes, Åsne ficava o dia todo com a mãe de Shah, que só saía para ir ao *hamam* (casa de banho pública), já que a casa, assim como outras tantas casas afegãs, não tinha, então, luxos como chuveiro e água quente. Em outros dias, acompanhava a mulher de Shah ao mercado ou em visitas a familiares. Frequentemente, ela ia com ele e Turaj para a livraria do Intercontinental.

— Sempre recebi jornalistas e estrangeiros em minha casa. Os afegãos são muito hospitaleiros. E eu gostava de mostrar a eles a face real do Afeganistão, a família, os padrões de vida, a cultura. Åsne, quando chegou, nada sabia sobre o Afeganistão, não conhecia ninguém, e eu quis ajudá-la. Ofereci a ela a minha experiência de uma vida inteira no país, o conhecimento que adquiri através da leitura e de viagens, o meu tempo e a minha casa, num momento em que todos se voltavam para a tragédia de mais uma guerra que começava e ninguém sabia como terminaria — disse Shah, em tom amargo em nossas primeiras entrevistas, por telefone.

Shah me foi apresentado por um jornalista, amigo de Turaj. Para descobrir um pouco mais sobre esse controverso personagem afegão, foram necessárias, então, seis ligações, frequentemente interrompidas pelo péssimo sistema de telefonia local, e complementadas por respostas enviadas em curtos e-mails, escritos às pressas e no escuro, à base da bateria do computador — apesar de alguns poucos avanços após a queda do regime Talibã, como a chegada da internet, a falta de investimentos em infraestrutura sujeitava afegãos, entre outras coisas, a blecautes diários. Tudo funcionava à base de barulhentos geradores, o som de Cabul à noite.

Àquela altura, sua história havia rodado o mundo em 3 milhões de cópias do best-seller *O livreiro de Cabul*, vendidas em trinta países, resultado da experiência da jornalista norueguesa com a família afegã.

Shah Muhammad Rais é o legítimo livreiro de Cabul. Quando o livro foi publicado em inglês, ele conseguiu um exemplar de um de seus fornecedores. Todos estavam animados e ansiosos para ver o produto final. Ele então reuniu toda a família na sala de casa e começou a ler trechos aleatoriamente, curioso sobre o que as páginas diziam a respeito de cada um dos integrantes da família. Primeiro, abriu e leu parte do prefácio. Parou. Abriu o livro em um ponto qualquer, leu mais um trecho, mas se privou de continuar. Não estava gostando nada do que lia. Insistiu, destacando mais pedaços das páginas que folheava, mas evitou repeti-los em voz alta.

— Aquilo já estava me irritando. Eu perguntei: o que foi, pai? Diga o que você está lendo!

Turaj era o mais ansioso. Entre todos da família, foi o que passou mais tempo com Åsne e estava curioso para saber o que o livro revelava sobre si próprio. Então, tomou-o das mãos do pai e passou, ele mesmo, a ler trechos. Tampouco conseguiu repeti-los. Sentiu-se traído, ultrajado, decepcionado.

— Chocados foi o que nós ficamos! Cho-ca-dos — define. — Tínhamos feito tanto! Nunca pedimos para ler nada, nem uma palavra! Eu a ajudei e me senti traído, queria me vingar. Meu pai disse: não faça nada! Fechei o livro e fomos dormir.

Eu olho desconfiada para o jovem agora com 23 anos sentado na minha frente, na pequena Shah Mohammad Books, a original, no número 12 da avenida Charahi Sadatar. A livraria fica em uma praça movimentada com pequenos comércios, como o lambe-lambe que resiste às máquinas digitais. Eu não pensei que fosse ver um lambe-lambe na minha vida a não ser em um museu da fotografia. Então me lembro de que Cabul vive em outro tempo e me privo de fazer a Turaj as perguntas que eu havia preparado — como pode ele, um jovem educado, sentir-se ultrajado pelo livro de Åsne e não por tradições tão cruéis de seu país quanto os crimes de honra que ela relata no livro? —, e o deixo simplesmente falar.

— Todos ficamos muito bravos! Nós mostramos para ela uma fotografia da cultura afegã, mas ela já tinha uma imagem preconcebida em mente. Ela queria chocar, gerar comoção. E só precisava de alguns personagens. Ela feriu a "cultura humana"; apesar das diferenças entre nós, existe uma ética comum que foi ferida. Ela era uma convidada em nossa casa, e isso é muito importante para os afegãos; ela feriu nossa confiança, a hospitalidade oferecida pela minha família; traiu a todos de casa.

O livreiro de Cabul tornou Shah mundialmente famoso. E isso podia ser muito bom para os negócios dele. O resultado nas páginas, no entanto, foi o retrato de um homem tacanho, opressor com as mulheres e tirano com os filhos.

— Ela me retratou como tirano quando lutei, com muito sacrifício, para proteger minha família ao longo de mais de um quarto de século de conflitos. Descreve minha irmã como escrava, quando a verdade é que ela estava desabrigada e sozinha, eu lhe dei um teto e a sustentei. Diz que neguei estudo aos meus filhos, quando a verdade é que a educação formal neste país foi interrompida pela guerra. Meus filhos e minha irmã falam inglês, conhecimento que, no Afeganistão, onde quase todos são analfabetos, não pode ser subestimado. Eles, aliás, serviram de intérpretes para Åsne. Eu construí para eles um império com os meus livros, mas ela descreve a minha família como pobre. Talvez para os padrões noruegueses ela tivesse razão, mas na realidade do Afeganistão, eu sou um empresário promissor.

O sucesso do livro fez com que Rais reagisse. Ele entrou na Justiça contra a autora, questionando pontos do livro como a negociação em família sobre o casamento da irmã de Rais, Laila. No livro, Åsne diz que os pais de Rais venderam a irmã dele por 300 libras (cerca de 1,5 mil reais) para financiar seus estudos. Ele nega.

— Os casamentos no Afeganistão envolvem despesas entre as duas famílias, o que Åsne interpretou como compra e venda de seres humanos.

Na tradição afegã, quando dá a filha em casamento, o pai negocia com o pretendente um valor, algo similar ao dote, mas que os afegãos defendem como algo justo. Isso porque o valor acertado deve ser dividido em três partes: um terço para a noiva, em dinheiro ou joias e outros presentes; um terço para ser gasto com a festa de casamento; e sobre o restante há controvérsias, mas é consenso que deve ser usado pela noiva. Alguns dizem que serve para presentear a mãe e as irmãs com os vestidos para a festa; outros, para o casal começar a vida; e outros, ainda, para guardar caso o marido um dia queira o divórcio. Nesse caso, a iniciativa é sempre dele. À mulher não é dado esse direito

Laila fazia quase todo o trabalho doméstico da casa, algo que as afegãs não costumam questionar. Por outro lado, durante o exílio no Paquistão, ela estudava, o que era um privilégio de pouquíssimas afegãs — dez anos depois da queda do regime talibã e da chegada dos estrangeiros, com os milhões de dólares em ajuda humanitária, 82% das mulheres permaneciam analfabetas no Afeganistão em 2011, que dirá naquela época.

— Åsne se refere à minha irmã como uma escrava! — contesta Shah. — Em outro momento, descreve minha mãe nua, em um *hamam*. Como pôde descrever a nudez de uma mulher que quase toda a vida usou a burca? — questionou Shah.

E continua:

— A autora nem sequer parou para pensar em como seria vergonhoso e perigoso me descrever como um fundamentalista, num momento em que o mundo está engajado em um grande luta contra o extremismo, causa que abracei a vida toda. Ela se aproveitou do momento em que o mundo todo se voltou para o Afeganistão e apelou para o sensacionalismo com o único objetivo de vender livros.

O fato é que a polêmica levantou a poeira sob o tapete da suposta arrogância do Ocidente com sua visão preconcebida de um perfil de sociedade sobre o Oriente. Com certo distanciamento, no entanto, não existe verdade ou mentira, mas diferentes pontos de vista. Åsne foi talentosa ao retratar o dia a dia de uma família afegã sob a ótica de uma norueguesa, filha de uma feminista e de um cientista político. Não há nada de errado nisso. O documental tem a realidade como ponto de partida, mas está sujeito à visão do interlocutor e, por isso, a certa manipulação de linguagem. Não se afasta muito da ficção.

Assim, Åsne resumiu bem o seu trabalho: "Este é apenas um livro sobre uma família afegã escrito por uma jornalista norueguesa." Rais é apenas um livreiro nascido e criado na capital do Afeganistão, Cabul. Segundo ele, cada ato seu é ditado pela realidade em que está inserido e da qual não pode escapar.

Do ponto de vista de Åsne e seus leitores, o que se lê é de fato ultrajante — as mais sutis histórias afegãs são capazes de chocar o Ocidente simplesmente porque entre uma cultura e outra cabe um milênio. Pelo mesmo motivo, Shah não consegue compreender por que sua história chocou tanto a opinião pública mundial. Ele é apenas mais um afegão, um homem comum, na pior das hipóteses; moderado, liberal e educado em um ambiente de analfabetos, tribais e extremistas, na melhor delas.

Entre o homem tirano retratado no livro (alguém que exilou a primeira mulher, mantém uma irmã como escrava, negou estudos aos filhos e os obriga a trabalhar 12 horas por dia) e o santo que ele defende ser (alguém separado da primeira mulher, que deu abrigo à irmã e a protegeu em sua própria casa, não pôde mandar os filhos para a escola por causa da guerra, mas garantiu-lhes uma profissão), há toda a bagagem moral e cultural de quem vê.

— Åsne não entendeu quem eu sou — o livreiro alega.

"O que quer que ocidentais escrevam sobre o Afeganistão estará errado em alguns aspectos", argumentou Ann Marlowe, autora de livros sobre política afegã e uma das jornalistas que apoiaram Shah durante o processo na Justiça. "Considero fatos apresentados no livro — como ter uma segunda mulher — cruéis. Mas não é razoável pensar que o primeiro casamento teve problemas?", defendeu. "Dois anos como hóspede de Rais em várias ocasiões, atesto que a atmosfera de opressão e tristeza descrita não existe. A educação formal foi interrompida pela guerra, mas seus filhos estão entre os jovens mais cultos de Cabul", escreveu a jornalista Vanni Cappelli, especialista em Afeganistão, em carta ao *New York Times* sobre a polêmica em torno da publicação de *O livreiro de Cabul*.

Shah tem agora oito filhos e duas mulheres. Segundo o Islã, o homem pode casar-se com até quatro mulheres, embora isso esteja se tornando raro à medida que os países muçulmanos mais fechados se abrem para a globalização e as culturas são expostas a outras. Mesmo nas famílias mais conservadoras, a poligamia não é exatamente a promiscuidade que se imagina no Ocidente. É claro que existem distorções, assim como existe a infidelidade dos monogâmicos ocidentais. Mas, em uma situação típica, o homem deixa de se relacionar com a primeira mulher, como se estivesse separado dela, para casar-se com outra — com a diferença de que não pode deixá-la. Sua obrigação é sustentá-la para sempre e, quando o marido morre, a responsabilidade é transferida ao filho mais velho.

A versão de Shah sobre os fatos da própria vida em família está no livro de sua autoria *Eu sou o livreiro de Cabul*, lançado no Brasil em 2007 pela editora Bertrand. Nele, Shah contesta praticamente tudo o que a autora escreve. Ele usa uma fábula para, de forma sutil e irônica, responder a sua oponente. A história começa em um quarto de hotel de Karachi, no Paquistão, onde Shah está a negócios. Ele é acordado por uma misteriosa luz. Sonolento, pensa tratar-se de uma alucinação, mas a luz se materializa e, à sua frente, surgem dois *trolls*, criaturas místicas do folclore escandinavo que vivem nas florestas. Dizem ter sido enviados da Noruega pelo rei dos *trolls* para descobrir a verdade sobre o livreiro de Cabul. Rais tece, então, seu olhar sobre a própria família e o seu país. "Há um ditado afegão que diz: a mentira não viaja longe. E os *trolls* são criaturas muito honestas. Segundo o folclore norueguês, eles não podem dizer nada além da verdade. Em meu livro, eles vêm ao Afeganistão e têm a oportunidade de ver com os próprios olhos a realidade e a tragédia do meu país."

Mais do que um acerto de contas, o conflito entre Shah e Åsne, que correu nos tribunais da Noruega até chegar à literatura, é um claro exemplo de choque entre culturas, entre uma Noruega rica, educada, pacífica e livre e um Afeganistão miserável, ignorante, sujeito ao fanatismo religioso e entregue à guerra.

Em 2007, Shah viajou ao Brasil para participar da Festa Literária Internacional de Paraty, no Rio de Janeiro, para falar sobre seu livro no encontro, que reúne anualmente autores brasileiros e internacionais. Ele nunca tinha viajado para um país tão liberal quanto o Brasil — ou, talvez, que fosse ao mesmo tempo liberal e tropical. Quando o encontrei para uma entrevista, dessa vez ao vivo, no Aeroporto Internacional de Guarulhos, em São Paulo, antes de ele embarcar de volta a Cabul, perguntei o que tinha achado do Brasil:

— Um museu de gente.

Vindo de um país com divisões étnicas tão profundas que os colocam na iminência constante de uma guerra civil, e como protagonista de um caso típico de choque entre duas culturas tão distantes quanto a Noruega e o Afeganistão, o que mais o impressionou no Brasil foi justamente o contrário: a mistura.

— Há o indiano, o paquistanês, o chinês, o japonês, o alemão, o italiano, o nigeriano que têm cara de indiano, paquistanês, chinês, japonês, alemão, italiano e nigeriano, mas são brasileiros legítimos, nascidos e criados no Brasil! Eu nunca tinha visto isso antes!

(Outra coisa o impressionara: o Big Pig. — Big Pig? — Ele se referia ao Porcão, a churrascaria preferida dos estrangeiros no Rio.)

Quando fui ao Afeganistão pela primeira vez, em 2008, eu quis visitá-lo. Estava curiosa para conhecer pessoalmente a livraria que o tinha transformado no afegão mais famoso do mundo. Mais do que isso, eu queria ver o livreiro, o tirano, em seu ambiente. Imaginei ser um homem poderoso, com toda a notoriedade que conquistara nos últimos anos. Ainda que a imagem retratada não tivesse sido ideal, a fama certamente deveria ter feito bem à livraria, que eu imaginava ser de grandes proporções. Mas o que encontrei foi um homem comum, fazendo contas, sentado sozinho atrás do balcão de uma velha, pequena e bagunçada livraria no centro de Cabul.

— Adriana! — disse com um sorriso assim que me viu entrar. Levantou-se para me cumprimentar com o gesto tradicional de levar a mão ao coração e curvar-se diante do amigo que chega para dizer-lhe que é bem-vindo.

Após a publicação do livro de Åsne, e embora a maioria dos afegãos seja analfabeta, Shah diz que o Afeganistão se tornou perigoso para a sua família.

— Eles [afegãos] acham que sou culpado, que ganhei dinheiro para contar aquelas histórias a Åsne, que difamei o meu povo. — Shah comprou todos os exemplares que chegaram ao Afeganistão e mandou queimá-los, como os talibãs faziam com obras que consideravam anti-islâmicas. Quando o título foi lançado em farsi, idioma do vizinho Irã, tão parecido com o dari afegão quanto o português do Brasil e o de Portugal, Shah tentou importar o maior número possível de exemplares, e deu a eles o mesmo destino dos outros.

A segunda mulher, os quatro filhos que tem com ela e a menina do primeiro casamento se mudaram para a Noruega. A permissão de permanência foi uma espécie de compensação do governo norueguês pelos danos que Shah alega terem sido causados à família. A primeira mulher de Shah agora vive no Canadá com dois filhos do casal — o caçula está se especializando em Justiça Criminal e a menina faz Direito, ambos em Toronto. Shah diz que raramente pode visitá-los, por causa dos custos altos e porque é difícil conseguir o visto. Seus negócios se resumem agora a uma livraria apenas. A que funcionava no Hotel Intercontinental, ele fechou. A violência voltou a assombrar a vida dos afegãos e ele não se sentia seguro num lugar tão visado para ataques terroristas quanto um hotel cheio de estrangeiros.

Em 2008, Shah ingressou em uma aventura ainda mais ousada: rodar por vilarejos remotos do Afeganistão no volante de um ônibus Mercedes-Benz transformado em livraria itinerante. O projeto Books & Rivers (Livros & Rios) durou pouco. Pelo menos 72% dos afegãos seguiam analfabetos e os talibãs tinham voltado a dominar mais de 70%

do país, especialmente os vilarejos remotos, uma vez que as forças de coalizão concentraram esforços na proteção das capitais das províncias.

— Por que rios? — eu pergunto curiosa.

— Porque não se pode parar o curso d'água — diz. A mesma analogia ele usa para justificar a sua decisão de escrever *Eu sou o Livreiro de Cabul*. — Não importa o que eu faça, o livro de Åsne permanecerá como verdade. Só me restou apresentar a minha versão. — O livro escrito por Shah vendeu 25 mil exemplares no Brasil.

Então eu pergunto por que ele também não deixou o país.

— Atravessei quase três décadas de guerra e lutei para manter meus livros. Não deixarei o país logo agora, em que se restabelece a democracia, apesar de todos os problemas. Não existe democracia sem livros — ele responde. Shah vive com os dois filhos mais velhos em um anexo à velha livraria, que fica próxima a Shah-e Naw. Ele chegou a ter 24 funcionários, mas agora conta com a ajuda dos filhos para quem deixará o patrimônio erguido sobre pilhas de livros como herança. Em uma segunda visita à livraria, em 2011, encontrei Turaj, o segundo filho de Shah, sozinho e foi quando aproveitei para conhecer as impressões do jovem sobre *O livreiro de Cabul*, a vida no Afeganistão e em família, mas, principalmente, sobre o pai.

Turaj estuda finanças na Universidade Americana de Cabul. Tinha 13 anos quando a escritora norueguesa foi morar em sua casa. Como falava inglês, gostava de ajudar o pai na livraria do Intercontinental só para estar entre estrangeiros, e ofereceu-se como seu guia.

— Nós estávamos felizes com os estrangeiros, e todos queriam ajudar. Ela era acima de tudo uma convidada em nossa casa, e você sabe o que significa isso na cultura de hospitalidade afegã — ele me diz, enquanto tomamos chá na velha livraria do centro. — Se fôssemos realmente uma família tão conservadora, jamais teríamos recebido uma estrangeira, especialmente uma mulher, dentro da nossa casa. Eu sempre tive muito orgulho da nossa família, por sermos abertos, moderados e amigos dos estrangeiros! Vou dizer uma coisa a você: Nós somos a família mais moderada entre as famílias afegãs que eu conheço!

Depois da publicação do livro, Turaj morou na Suíça, em 2005, e na Noruega, em 2007.

— Há muitas diferenças entre a Europa e o Afeganistão! E há muitas coisas com as quais eu não concordo na nossa cultura, mas não são nossa culpa! Nós não criamos esses problemas e não podemos mudá-los sozinhos! — diz o jovem de rosto barbeado, com um cigarro entre os dedos. — Eu faço a barba, fumo, bebo! Sou um jovem como outro qualquer. Por outro lado, há coisas no Ocidente que são muito estranhas para mim. Foi na Europa que eu vi um casal se beijar na rua pela primeira vez na minha vida!

Ele se refere à segunda mulher de Shah como madrasta.

— A minha mãe também tinha "duas mães" e ambas eram muito próximas. Isso é muito comum no Afeganistão. Nós não pensamos sobre quem é filho de quem. Somos irmãos e criados todos juntos! — Tanto que uma das irmãs de Turaj, do segundo casamento do pai, mora no Canadá com a mãe dele, a primeira mulher de Shah. — Ela gostava demais da minha mãe e preferiu ficar com ela. Somos todos uma grande família como qualquer família afegã!

Embora seja jovem e já tenha sido exposto a outras culturas, Turaj me pareceu um menino conservador demais para a idade, o que lança dúvidas sobre a influência dos estrangeiros, da democracia e da abertura do país sobre as novas gerações de afegãos.

— Por que as mulheres fazem o trabalho de casa no Afeganistão? Porque os homens vão trabalhar fora, ganhar dinheiro para sustentar a família, e as mulheres ficam em casa para educar os filhos! Na Europa, seus filhos são educados por babás. No nosso país, não! E eu não vejo nada de errado com isso!

Turaj condena Åsne por ter descrito o sexo (abuso seria a palavra mais adequada) entre uma tia e o marido, ambos de uma tribo pachto.

— É nojento! Ela nem os conheceu e não podia ter exposto a minha família dessa forma! E nós esperamos que nunca venham a saber sobre o livro! — diz o jovem. Em seguida, contesta o dote do casamento de outra tia, como se na realidade estivesse indignado com o valor e não com a negociação em si. — Ela diz que foram dadas duas vacas pela minha tia, no valor de quinhentos dólares. Com isso não se pode comprar um burro hoje em dia no Afeganistão, quanto mais uma mulher!

Alguns trechos foram retirados do livro pela autora, a pedido da família. Mas eu pergunto especificamente sobre a história que mais me chocou, a de uma jovem da família morta pelos próprios irmãos por suspeita de adultério. Turaj arregala os olhos.

— Você não vai acreditar, mas eu só soube desse caso pelo livro! Não se comenta esse tipo de coisa em família. Além disso, eles são primos muitos distantes, também de uma tribo pachto. Essas tribos não têm educação, liberdade, comunicação com o resto do mundo. Se eles sabem que essa história foi parar em um livro, eles nos matam, porque ela era uma hóspede nossa! Essa gente...

— Entenda — continua ele, enquanto nos serve mais chá. — Se você for para os vilarejos afegãos, as crianças vão te receber gritando: *Americans*! Porque eles acham que todo estrangeiro é americano, não conhecem nada do mundo. E olham para você como um inimigo porque não sabem distinguir entre os civis e os militares que bombardeiam seus vilarejos e invadem suas casas! Você não pode chegar aqui e julgar as pessoas como se estivesse na Europa. É preciso, primeiro, educá-las. Só assim você estará mudando as novas gerações em um lugar que mistura tradições e religião. Mas o resultado não é imediato.

Turaj descreve o pai como um homem educado e generoso.

— Olhe o que ele construiu, o que fez para os filhos, os negócios, a cultura do Afeganistão, a forma como nos criou. Eu estudo numa universidade americana que custa 800 dólares por mês, o que é muito para nosso país, muito mais do que a média anual *per capita*! Tenho orgulho de ter recebido muitas pessoas ricas e importantes aqui nesta livraria. Não se constrói uma livraria reconhecida no Afeganistão com dinheiro apenas: é preciso ter cultura!

Depois da aula, Turaj passa as tardes ali.

— Ter uma verdadeira biblioteca, como a que o meu pai fez, é muito em um país como o nosso. E permitiu que tivéssemos contato com pessoas educadas. Isso é uma honra neste país! Quando eu morei na Noruega, como eu estava buscando o status de refugiado, não podia frequentar a escola. Veja que ironia do destino: os únicos dois anos inteiros em que eu não frequentei a escola na minha vida foram os anos que eu passei na Noruega, por causa das leis do país! Quando a autora esteve em nossa casa, nós não íamos para a escola porque ainda não havia escolas abertas, especialmente as para meninas, que tinham sido fechadas durante o regime dos talibãs — alega Turaj. — Veja: nós estamos construindo um novo país do nada, do zero!

A geração que construirá esse novo Afeganistão, com o qual Turaj sonha, é formada predominantemente por jovens educados fora do país, que retornaram após a queda do Talibã trazendo consigo conhecimento, ideias mais liberais e um espírito quixotesco. — Jovens como Sadaf Rahimi, uma lutadora de boxe de 17 anos. Eles representam o futuro do país.

Sadaf — A lutadora

Uma multidão lota o Estádio de Esportes Ghazi, em Cabul, e grita *Allah-o-Akbar!* (Deus é grande!), incitada por radicais de turbante negro. A plateia não sabe exatamente o que irá acontecer — estão no intervalo de uma partida de futebol. Uma burca é guiada para o centro do estádio; a mulher condenada por adultério em um tribunal de mulás é enterrada até a metade do corpo, sem rosto nem identidade. É o dia da sua execução. Guardas e desafetos se aproximam com pedras. Um barbudo na plateia tampa os olhos com as mãos. Mas ouve os versos do Corão recitados por um religioso, os gritos da desconhecida. Ela cai. O sangue mancha o tecido azul. Mais gritos e choro; há crianças na plateia. Um dos guardas limpa o sangue com uma mangueira, enquanto outros jogam o cadáver no bagageiro de uma picape. Eles deixam o campo. O jogo recomeça.

As execuções públicas eram conduzidas de surpresa nos intervalos de clássicos do futebol, a única diversão pública nos tempos do Talibã. Os jogos atraíam um grande número de pessoas, quase 30 mil naquele estádio — os radicais controlavam o povo pelo medo.

Isso foi até 2001. Faz parte do passado, de um velho Afeganistão. Ou assim deveria ser.

Dê um *fast forward* até 2011.

Mãos para trás, aquele homem da plateia, agora com o rosto bem barbeado, organiza a fila de jovens garotas, lado a lado, mãos estendidas à frente do corpo com as palmas para baixo. Os olhos dele percorrem cada uma delas à procura de unhas compridas, mal cortadas, roídas. Terminada a revista, elas agora seguem os movimentos do mentor. Socos. Chutes. Golpes no ar. O *hejab* teima em escorregar da cabeça e o ato de rearranjá-lo se incorpora aos demais movimentos, repetidos exaustivamente.

Com idades entre 14 anos e 25 anos, as vinte meninas integram a primeira equipe de boxe feminino do Afeganistão. Elas treinam no mesmo Estádio de Esportes Ghazi, em Cabul, onde mulheres eram antes executadas. Sadaf Rahimi, de 17 anos, está entre as atletas e é uma das três lutadoras qualificadas para representar o país em competições internacionais. Em abril de 2011, defendeu a bandeira afegã no Campeonato Mundial de Boxe Feminino, na Turquia. Foi a primeira vez que o campeonato tinha competidoras afegãs.

Sadaf não venceu, mas participar significa muito. Representa o futuro, a promessa de um novo Afeganistão. Um lugar que ainda não existe.

Entre o passado de conflitos e um futuro de possibilidades, há uma década que só não pode ser julgada perdida porque não havia antes perspectiva. Agora há. Mas o presente precisa ser construído para que aquilo que é mera possibilidade se transforme em algo concreto e real. E isso se dará pelas mãos da geração de Sadaf.

No dia 23 de junho de 2011, em um discurso oficial no Palácio do Governo, em Cabul, o presidente Hamid Karzai declarou que a juventude afegã se erguerá para defender o Afeganistão quando as tropas americanas deixarem o país. O plano de retirada, anunciado pelo presidente dos Estados Unidos, Barack Obama, previa a saída de 33 mil soldados em 2011, uma década depois do 11 de Setembro, e o restante seria retirado gradualmente até dezembro de 2014. Espanha, França e Grã-Bretanha anunciaram que pretendiam seguir a mesma agenda.

Sadaf aceita o desafio colocado pelo presidente Karzai de lutar pelo país.

— O boxe me dá segurança, faz de mim uma pessoa mais forte e confiante — ela diz.

Mas sua luta é outra.

Ela ainda era apenas uma criança de 7 anos quando o 11 de Setembro aconteceu. Não se lembra de onde viu, como soube ou o que sentiu em relação aos atentados. Como é da etnia hazara e segue a linha xiita do Islã, a família decidiu refugiar-se no Paquistão pouco depois de os radicais islâmicos sunitas assumirem o poder — eles ameaçavam essas etnias. Os pais — ele agricultor, ela dona de casa — partiram de Bamyian, a província dos budas gigantes destruídos pelos fundamentalistas, com Sadaf, então um bebê de colo, suas três irmãs e seis irmãos, e atravessaram a fronteira de ônibus em uma viagem que levou três dias.

Sadaf só voltou ao Afeganistão em 2002, no rastro da ofensiva estrangeira no país. A invasão soviética, a guerra civil afegã, o regime Talibã, os ataques terroristas em Nova York são para ela apenas trechos vagos de conversas que ouviu dos pais ou leu nos livros de História.

O Afeganistão de Sadaf, segundo sua própria definição, é um lugar sob ocupação estrangeira, de um lado, e insurgentes fundamentalistas que tentam combatê-la, de outro. Nenhum deles tem compromisso com os afegãos; e, quando o primeiro grupo deixar aquelas terras, o segundo perderá a razão de existir. E, então, a luta será reconstruir o país. E é esse o desafio que Sadaf se propõe a vencer

O país que as forças de coalizão deixarão para trás, depois de uma década de guerra, não tem velhos. Metade da população tem até 14 anos. A expectativa de vida ao nascer é de 44 anos — morre-se antes de envelhecer. Os dados são do Índice de Desenvolvimento Humano, das Nações Unidas, em que o Afeganistão ocupava a 155ª posição entre 164 países pesquisados em 2011. O índice avalia renda, saúde e educação.

Mais de 30 bilhões de dólares da comunidade internacional foram gastos em ajuda para o Afeganistão, excluídos os investimentos militares e em reconstrução. Ainda assim, o país seguia mal nas três áreas.

Em 100 mil grávidas, 1.100 mães morriam durante a gestação, o dobro da taxa de um dos mais pobres países da África, a República Centro-africana ou três vezes a taxa de Camarões. Nas áreas rurais, excluídos os dados das grandes cidades como Cabul, a taxa de mortalidade entre as gestantes chega a 6,5 mil para cada 100 mil, de longe o maior do mundo. O mesmo nas províncias mais remotas, como Badakhshan, no norte.[25]

Se chegam ao parto, 135 em cada mil perdem o bebê — 75% delas por falta de cuidados básicos. Cada afegã tem sete gestações e perde dois filhos, em média — menos de 16% usa métodos contraceptivos, mesmo que o marido não saiba. Os partos (81%) são feitos em casa. Somente 14% dos partos são assistidos.

Hoje, elas podem ser atendidas, mas não há hospitais suficientes — para cada mil habitantes, há um leito de hospital, quando o mínimo considerado é de três — e a dificuldade de acesso, devido à falta de transporte e às pobres condições das estradas, que as mantêm isoladas no universo das tradições tribais, as impede de buscar ajuda.

Entre as mortes maternas, 38% são por hemorragia e 26% por obstrução do útero e infecções, segundo a médica Nader Akbary, do Esteqlal, maior hospital público de Cabul, onde a maioria dos 45 partos diários ocorre à noite. Por quê?

— Porque as afegãs não saem sem um homem da família. Elas esperam que cheguem do trabalho para trazê-las à maternidade. E esses homens preferem enterrar a mulher a trazê-las ao hospital — diz a médica.

Aí já é tarde e elas viram estatística.

As afegãs se casam jovens demais, aos 14 anos, e seu corpo não está preparado para a gravidez. Muitos bebês têm anomalias porque as mães não têm tempo de amamentar entre uma gravidez e outra, são desnutridas, automedicam-se e casam-se com parentes próximos. Para cada mil que nascem, 165 morrem nos primeiros meses. Uma em cada cinco morre antes de completar 5 anos. Pelo menos 39% das crianças com menos de 5 anos não tem o peso ideal para a sua idade.[26]

Não há leis que as protejam de estupros ou os chamados crimes de honra. Elas não têm acesso a recursos econômicos. E a falta de acesso à saúde é apontada como um problema maior do que a segurança[27] — isso em um país em guerra.

— Embora a situação seja agravada pela falta de médicos nas áreas rurais e dificuldade de acesso, a tradição é ainda o pior inimigo das afegãs — diz o médico pachto Arif Oryakhail, formado pela Universidade de Cabul, com doutorado na Itália. Arif deixou o Afeganistão em 1983, e ao voltar, em 2006, a mortalidade materna e infantil recuara pouco ou nada, embora o país vivesse uma democracia e tivesse mais recursos.

Shukria Barakzai é um exemplo entre avanço e tradição. Deputada, ativista e editora da revista feminina *Aina-E-Zan*, ela vive em casa um casamento arranjado. Perdera gêmeos prematuros na guerra civil (1992-1996) porque o hospital não tinha eletricidade para a incubadora. Os bebês — dois meninos — morrerem uma hora e 45 minutos depois de nascerem. O marido tem uma segunda mulher porque, depois de gerar três meninas, ela "não conseguiu lhe dar um filho homem" e se recusou a engravidar de novo.

É o Afeganistão velho que persiste.

Pelo menos 72% dos afegãos permaneciam analfabetos em 2011 — a taxa era de 87% de analfabetismo entre as mulheres e 57% entre os homens. Mais da metade dos que estavam em idade escolar continuavam fora da sala de aula — 7 milhões de crianças privadas dos estudos. Entre os demais, a média de permanência na sala de aula era de pouco mais de três anos.

Apesar dos avanços para as mulheres após a queda do regime Talibã, a desigualdade de gênero seguia dramática. Entre os 5 milhões de alunos matriculados em 2011, havia apenas 1,5 milhão de meninas. No ensino médio, a desproporção era ainda maior: uma aluna para cada 20 meninos.

Entre os 237 alunos da escola pública Saward Hayte Mawand, que eu visitei no centro, só 54 são meninas. A escola feminina Gozargah tem 4.280 alunas, mas espaço para 10% delas. As demais estudavam em tendas no pátio. Para a diretora Mahbooba Khaja Zada, de trinta anos, é um avanço. No regime talibã, ela educou 180 meninas na sala de casa.

— Três ou quatro vezes, eles vieram armados. Mas nós escondíamos os livros sob a mesa e colocávamos o Corão — ela me diz. — Agora, pelo menos, elas podem estudar. Ainda que em velhas tendas.

É o Afeganistão de hoje que precisa ser reconstruído.

Mas há o novo, nas 17 universidades abertas desde 2002. Sadaf está no último ano do ensino médio e quer estudar para ser piloto de avião — é o Afeganistão do futuro.

Enquanto luta, ela deixa o véu cair na frente do professor e nem se dá conta — o novo —, mas quando me dá entrevista na presença de um intérprete homem, jovem como ela, cobre o rosto até os olhos com o véu negro — o velho. Diz que os pais a deixaram escolher com quem se casar, e ainda nem pensa nisso — o novo —, mas fica vermelha só de tocar no assunto — o velho. No campeonato mundial de boxe, concorreu com as melhores atletas do mundo — o novo —, mas perdeu porque falta às afegãs condições para treinar — o velho.

As atletas só treinam três vezes por semana por uma hora e meia, têm apenas um colchão especial para boxeadores, não contam com transporte, não têm dinheiro para participar de mais competições internacionais e, assim, ganhar experiência. Elas recebem do Comitê Olímpico Nacional 3 mil afeganes (ou 112 reais) a cada três meses para lutar. A Associação Internacional de Boxe autorizou o uso do *hejab* pelas atletas; a única exigência é que deixem o rosto descoberto.

— A luta dessas meninas representa a luta de todas as afegãs. Foi muito difícil reuni-las porque o preconceito ainda é enorme — diz Mohammad Saber Sharifi. É ele o barbudo que estava na plateia quando aquela mulher sem rosto condenada por adultério foi executada. É ele o homem agora bem barbeado que treina a equipe feminina de boxe — e inspeciona as mãos das meninas, pois lutadoras não podem ter unhas compridas.

Sharifi lutou entre 1980 e 1988, durante o regime soviético, e representou o Afeganistão em competições internacionais como as Olimpíadas de Moscou. Atravessou o regime do Talibã treinando equipes masculinas no Estádio de Esportes Ghazi, em Cabul. Os radicais o fizeram deixar crescer a barba — e, assim, os atletas foram impedidos de lutar em competições fora do Afeganistão porque não é permitido a lutadores de boxe ter barba longa. Mulá Omar gostava muito de futebol e boxe, mas não abriu mão da barba.

O país foi banido de todos os jogos internacionais quando os talibãs proibiram outros esportes. Com o fim do regime radical islâmico, o Afeganistão voltou a competir. Em 2004, o país mandou cinco atletas, incluindo duas judocas, para as Olimpíadas de Atenas. E, em 2008, foi medalha de bronze no tae-kwon-do nas Olimpíadas de Pequim. Ambas as competições tiveram participação da equipe afegã de boxe masculino. Foi, então, que Sharifi teve a ideia de começar a treinar meninas.

Aos 52 anos, Sharifi viveu o Afeganistão do passado, é testemunha ocular do presente, e luta por um futuro melhor para o seu país pelas mãos dos atletas. Sadaf e a irmã dela, Shabnam Rahimi, foram as primeiras a se inscrever para lutar.

— Selecionamos as meninas nas escolas e fomos atrás dos pais para que dessem autorização às que se mostraram interessadas no esporte. Mas muitas delas vêm, treinam e, então, se casam e param de lutar. Já perdemos seis atletas nessa situação. Uma delas (Shahla Sekandari) conquistou medalha de bronze, em 2009, nos Jogos Asiáticos de Hanói, no Vietnã. Três meses depois, ela se casou e nunca mais apareceu. Era uma lutadora fenomenal! Fomos procurá-la, tentamos convencer o marido, mas não conseguimos trazê-la de volta.

No Afeganistão, pelo menos 70% dos casamentos são forçados para as mulheres.

As meninas não têm escolha senão aceitar. Mas, para a minha surpresa, conheci muitas jovens — a maioria, acredite — que diziam preferir assim quando chegasse a vez delas. O amor é complicado demais, provoca intrigas, ciúmes, brigas, e a família é a mais importante instituição afegã, seguida da tribo — não vale a pena arriscá-la por sentimentos tão banais.

Sadaf acha que o Ocidente supervaloriza o amor entre homens e mulheres, em detrimento da família; adora assistir às românticas novelas indianas, mas prefere deixar as paixões e traições no campo da fantasia. O que seria dela se um dia o amado a trocasse por uma segunda esposa? Sem paixão, acredita, a vida pode ser mais tranquila. E a família saberá escolher um marido bom para ela. De qualquer forma, não pensa nisso ainda.

— Minhas amigas todas estudam e nenhuma delas se casou ainda — diz Sadaf. — Somos jovens normais! Só não saímos à noite ou namoramos como no Ocidente porque isso ainda é malvisto no Afeganistão. Mas gosto da maneira como a sociedade é. Não precisamos ser mais livres do que isso.

A estilista Fátima Ehsami, de 25 anos, já perdeu as contas de quantos pedidos de casamento recebeu — "uns dez, talvez". Negou todos. Em 2010, ela abriu sua própria confecção, em uma pequena sala comercial ao lado de casa dos pais, com financiamento de um programa de microcrédito do Comitê Internacional da Cruz Vermelha.

Ela recebe, em média, dez encomendas de vestidos de festa por mês, cheios de brilho, rendados, decotados, e ainda usados exclusivamente nas festas só para mulheres, é claro — o velho e o novo. Fátima junta dinheiro para construir uma casa própria, *Inshallah*! (Se Deus quiser!) E só se Deus quiser mesmo, porque se depender de seus pais, ela nunca irá morar sozinha, ainda que seja no terreno que comprou vizinho à família. Entre as três irmãs, só Fátima trabalha fora e ainda não se casou. Ela é o novo; as irmãs, o velho.

— Elas acham que não consigo arrumar um marido, porque a ideia de não querer se casar ainda é inconcebível para a maioria — diz. — Acham que eu não quero ficar em casa porque não os amo. É muito difícil romper tradições nesse país.

No Bazar Mandavi, maior centro comercial de Cabul, uma ala de fabricantes de burcas resiste ao tempo — há uma centena deles somente ali, um grudado no outro, em um imenso corredor. Penduradas lado a lado, no mesmo tom de azul, parecem todas iguais. Shahpoor Zaheri, de 41 anos, mostra diferenças no bordado e no tecido. Ele é a quarta geração de vendedores de burcas da família, e dez anos após a mais recente ofensiva estrangeira no país, ainda vende 42 burcas por dia. Em uma rápida conversa, quando fui comprar uma burca para andar em paz por Cabul, ele me disse vender 30% menos burcas do que nos tempos dos talibãs. Ainda assim quer os radicais longe do poder. Desde que as duas mulheres, com quem tem quinze filhos, continuem cobrindo-se com a veste.

O manto azul que se tornou símbolo da opressão feminina no Ocidente, a burca tem uma história interessante: é uma veste pré-islâmica. Ou seja, não tem nada a ver com religião. Foi idealizada por um rei para que as mulheres nobres da família real pudessem deixar o palácio sem serem vistas ou importunadas por plebeus. E as mulheres que se julgavam tão nobres quanto a rainha e as princesas adotaram a veste e aquilo se espalhou. É a tradição de um Afeganistão milenar que ficou velho, não se renovou.

As afegãs jovens das zonas urbanas já não usam a burca, mas o Afeganistão segue predominantemente rural e há muitas outras tradições que distanciam, para além do campo físico, as jovens das cidades e dos vilarejos.

Ao contrário de Sadaf e suas amigas, pelo menos 57% das meninas afegãs ainda se casam com menos de 16 anos, idade mínima definida pela nova Constituição. É o velho e o novo em choque outra vez.

Comemorada pela comunidade internacional, a Carta começou a dar problemas assim que foi aprovada. Embora determine igualdade de direitos para homens e mulheres, quando o *reality show Afghan Star* foi ao ar com vídeos de afegãs aspirantes a cantoras, a Corte Suprema argumentou que a apresentação era inconstitucional. Isso porque o artigo 3º da Constituição determina que, a despeito de tudo o que está escrito em suas páginas, "nenhuma lei pode ser contrária às crenças e provisões do Islã".

Mais de duas mil jovens, de todas as partes do país inscreveram-se na disputa para se tornar o primeiro ídolo *pop* do Afeganistão. A competição durou três meses, com eliminações semanais, a cada episódio, decididas pelos telespectadores por SMS. A final do programa, televisionada do salão de festas do Hotel Intercontinental de Cabul, foi vista por 11 milhões de espectadores — ou um terço da população — em aparelhos de TV a bateria (vendidos a partir de 150 reais, os modelos em cores). Foi a maior audiência da história da televisão afegã.

Entre os finalistas, estava a cantora Setara Hussainzada, de 25 anos. Ela foi acusada de blasfêmia, teve o portão de sua casa pichado com a palavra "prostituta" e recebeu ameaças de morte porque, durante a apresentação, o *hejab* escorregou da sua cabeça, deixando os cabelos à mostra. As ameaças obrigaram a família toda a se mudar do endereço onde morava em Herat. No documentário homônimo sobre o programa, do diretor britânico Havana Marking, garotos afegãos tão jovens quanto Setara afirmam que ela merecia morrer porque envergonhou o povo afegão ao dançar em público. O velho e o novo, mais uma vez.

O programa foi produzido pela TV Tolo, primeira emissora privada do país, que chega a 14 cidades afegãs via satélite. Faz parte do Grupo Moby, o maior conglomerado de mídia do Afeganistão — o único, aliás — criado por quatro irmãos que viveram na Austrália e voltaram ao país para abrir jornais, emissoras de rádio e tevê com um empréstimo da Agência dos Estados Unidos para o Desenvolvimento Internacional, a UsAid, depois que o regime Talibã colapsou.

Se há alguma coisa que todo mundo tem hoje no Afeganistão, nas comunidades mais pobres e vilarejos mais remotos e sem luz, é um celular. A outra é TV. Em Cabul, o aparelho chega a 90% das casas. E quem não tem assiste com um familiar ou vizinho — cerca de dois terços da população assistem tevê todos os dias ou quase todos os dias, segundo a Rede de Analistas do Afeganistão, uma *think tank* local.

A tevê Tolo transmite novelas e filmes indianos, mas as mulheres têm uma estranha tarja sobre partes do corpo tão inocentes quanto os braços e o pescoço. Nos supermercados da capital Cabul, que floresceram junto com a chegada dos estrangeiros, há CDs e DVDs de produção ocidental à venda, mas filmes como *Titanic*, sucesso absoluto no Afeganistão, só podem ser comprados no mercado negro porque exibem beijos e cenas insinuantes.

O mercado negro, aliás, inundou a sociedade afegã com pornografia. Nos momentos de privacidade, adolescentes asiáticas parecem ter a preferência dos meninos. Não raro, eles são flagrados assistindo, às escondidas, esse tipo de filme ou checando sites de mesmo teor nos computadores das agências internacionais para as quais trabalham. Nos escritórios, os afegãos convivem com os estrangeiros e podem até compartilhar com eles a mesa de almoço ou jantar nos restaurantes onde são bem-vindos. E há muitas histórias de casos e traições entre afegãos e mulheres estrangeiras.

Mas as mães, irmãs e esposas deles continuam protegidas em casa.

As casas afegãs permanecem santuários impenetráveis para a maioria dos estrangeiros. Embora a hospitalidade seja uma tradição afegã, os muitos anos de guerra acentuaram muitíssimo a segregação entre o espaço privado e público na sociedade afegã.

    Especialmente na capital, Cabul, onde se concentram as sedes das organizações internacionais, os afegãos vivem duas realidades paralelas — em casa e no trabalho, na vida em comunidade e no contato com os forasteiros. Como não sabem como aproximá-los um do outro, eles se dividem entre os dois mundos.

    — Esses ocidentais, eles vêm para o Afeganistão com suas ideias mirabolantes... Querem fazer uma mula correr como um cavalo. Isso não funciona! O que precisamos fazer é resgatar a identidade afegã. É assumir essa identidade e fazer com que os afegãos voltem a ter orgulho dela. E a arte tem esse poder. É algo que nos dá muito orgulho, que nos diferencia no mundo. Nossa indústria de tapetes é como a de automóveis na Alemanha. Pode realmente mudar a economia do país, e é isso o que eu quero fazer com toda a arte afegã — diz Rameen, dono de uma galeria de arte em Cabul.

    Soube da galeria por um amigo da Cruz Vermelha e um dia chamei um táxi para visitar o local que de antemão eu julgava inusitado para um país mergulhado em conflitos. Quando dei o endereço ao taxista, ele começou a rir. A tal galeria ficava a exatamente uma quadra da pousada onde eu estava hospedada, do outro lado da rua. Tornou-se meu QG, meu oásis em meio à guerra.

    A galeria fica em uma típica casa afegã, com um lindo jardim de áreas ao ar livre e outras cobertas e decoradas com tapetes e almofadões. Cada cômodo foi transformado em uma loja de artes. Tapetes, móveis, roupas e joias, porcelana e objetos de madeira. Ainda no térreo havia um balcão onde são servidos sucos e sorvetes, no pátio externo, além de um restaurante japonês interno, de uma imigrante casada com um afegão — o casal vive em Bamiyan e aquela é uma filial do restaurante original. No primeiro andar, há predominância de quadros de uma nova geração de artistas da Escola de Artes de Herat.

Peço para falar com o proprietário e sou apresentada a um jovem de roupas ocidentais, gel no cabelo e inglês perfeito. Ele começa a me contar a sua história, os anos do exílio nos Estados Unidos e seus planos para um novo Afeganistão. Aquilo tudo me soou familiar e, quando ele me diz seu nome, Rameen, eu arregalo os olhos. Você não é o Rameen, amigo da Alexandra?

— Alexandra, a jornalista portuguesa? Sou eu, sim!

Rameen, por uma daquelas coincidências do destino, é o amigo da jornalista portuguesa que já citei neste livro, a Alexandra Lucas Coelho. Ela tinha me dado um contato de Rameen e recomendou muitas vezes que eu o conhecesse. "É um sujeito impecável", dizia. Eu havia tentado, mas por algum motivo não conseguira até então encontrá-lo, talvez o número de celular tivesse mudado. O destino me trouxe até ele, um sujeito realmente impecável. Quando voltou para o Afeganistão, montou um negócio para ganhar dinheiro e a galeria como hobby para ajudar a divulgar a arte afegã, o que fez dele o maior *marchand* do Afeganistão. Ele acabara de voltar da Alemanha com um grupo de pintores de Herat.

Nas paredes, ele me mostra quadros de um jovem artista que inventou uma nova técnica de pintura, com lama. O resultado é magnífico e emociona.

— Esta é a nossa identidade. Se é lama o que temos aqui, então vamos transformar lama em algo bom. Os afegãos têm essa capacidade — diz Rameen, que morou e estudou em Nova York e me conta de um antigo romance com uma brasileira. Agora está casado com uma afegã lindíssima, que trabalha com ele na galeria e está grávida do primeiro filho do casal.

Há muitas outras iniciativas no campo das artes, quase todas pelas mãos de ex-exilados.

Shamsia Hassani nasceu e viveu no Irã até os 16 anos, quando a família refugiada dos conflitos decidiu voltar para Cabul, em 2004.

Ela se formou em Relações Internacionais na Universidade de Cabul. A irmã mais velha é professora de alemão do Instituto Goethe. A segunda irmã e um irmão cursam o ensino fundamental. Depois de formada, ela fez um curso de arte moderna e, aos 23 anos, dá aulas de pintura na universidade onde se formou.

Shamsia usa um *hejab* preto de bolinhas brancas, bata de linho cinza acinturada, calça preta e salto. Enquanto conversa comigo, ela troca mensagens pelo celular com amigos artistas. Eles combinam um encontro na National Gallery de Cabul. Em 2009, ela foi selecionada entre os dez melhores artistas do país pela Turquoise Mountain, organização escocesa que financia projetos de arte e arquitetura no país. O objetivo é restaurar a arte tradicional afegã.

Nos padrões ocidentais, Shamia é uma menina religiosa e conservadora. Ela defende um regime islâmico no Afeganistão, mas o modelo que tem em mente é o do Irã, onde ela cresceu e as mulheres ocupam 67% das vagas nas universidades.

Enquanto conversamos, um jovem alto e bonito, de calça jeans, camisa xadrez, tênis Nike e cabelo curto penteado com pomada para deixar os fios arrepiados chega para ver a nova exposição de Shamsia no novo centro cultural do Lycée Français, em Cabul. Fica ao lado do antigo prédio da escola Estaqlal e foi construído pelo governo da França. É um prédio de arquitetura moderna, todo envidraçado, que abriga no hall de entrada uma galeria de arte contemporânea onde Shamsia está fazendo uma exposição com os outros colegas do grupo que reúne 16 jovens artistas.

Sua arte já esteve na Alemanha e na Itália. Quando nos encontramos, Shamsia tinha acabado de voltar para Cabul após 12 dias em um festival de artes plásticas, música e cinema dos países do sul da Ásia, patrocinado pela Associação Regional de Cooperação do Sudeste Asiático, formada pelos governos da região. A obra selecionada para a exposição foi a bandeira do Afeganistão com a imagem de Buda em cada uma das três faixas de cor (vermelha, verde e preta). A inspiração veio dos Budas gigantes de Bamiyan, destruídos pelo Talibã.

— Os locais históricos, islâmicos ou não, devem ser preservados porque contam a história daquela época e são parte da identidade do país, assim como a bandeira — explica Shamsia. A nova arte afegã ganhou as ruas e começa a colorir os muros destruídos de Cabul, depois que um *workshop* em grafite foi oferecido por uma ONG australiana. Nove dos 16 artistas do grupo de Shamsia passaram a usar o grafite como arte, uma iniciativa que eles chamam de "*positive anger*" (raiva positiva).

— O melhor do grafite é que você não precisa de um lugar específico, de uma galeria. Você tem Cabul inteira para pintar, um país inteiro destruído — diz Qasan, que em uma primeira oficina pintou corações nos muros de Cabul. Durante o exílio, ele viveu em Lahore, no Paquistão, e começou a pintar como forma de aliviar a pressão. — Nós éramos todos vistos como terroristas e, para mim, a arte pacífica foi a maneira que encontrei de protestar contra a forma como o mundo passou a olhar para o Afeganistão depois do 11 de Setembro.

Já Rameen voltou da Índia para se estabelecer definitivamente em Cabul em 2008.

— Foi como desembarcar no inferno. Como vivi no exílio a maior parte da vida, eu nunca tinha visto um talibã, nunca tinha ouvido um tiro, uma explosão — diz. De repente, estava na Embaixada da Índia quando um atentado suicida matou 48 pessoas. — Foi um choque! Pela primeira vez na vida eu pensei: um segundo e a sua vida vai pelos ares. Ao mesmo tempo, eu não tenho mais medo de nada e isso me ajudou a continuar no Afeganistão e ajudar a reconstruir o meu país, porque este é o meu país.

Tudo indica que será uma longa e dura batalha. Mas Sadaf e seus amigos estão prontos para a luta.

POSFÁCIO

11 de Setembro — dez anos depois

Acordo às 6h40 com o telefonema do jornalista Amitabh Revi, correspondente da emissora indiana NDTV, que estava em Cabul na mesma época que eu:
— Está dormindo?
— Estava...
— Então continua deitada ou você vai cair. Bin Laden está morto.
— O quê?
— Bin-La-den. O-sa-ma-bin-la-den está morto!
— Merda!
Levantei num susto, liguei a TV do quarto no canal americano CNN, que pegava com muito chiado, mas pegava. O plantão de notícias anunciava para breve uma declaração oficial do presidente dos Estados Unidos, Barack Obama, sobre a operação militar que, dez anos depois do 11 de Setembro, teria dado fim ao homem acusado de ser o mentor dos atentados contra o World Trade Center e o Pentágono.
Telefono para jornalistas afegãos que conheço, mas eles também foram pegos de surpresa. Ligo para a redação em

São Paulo. Passava das 23h no Brasil (fuso horário em Cabul: sete horas e meia a mais em relação ao horário de Brasília), mas consigo falar com a chefia do plantão da noite e o pessoal do Portal Estadão. Ligo o computador, o celular, o gravador. Acesso Skype, MSN, Facebook, Google chat, Twitter. Preparo o blog para começar a postar. A internet trava. Meu computador trava. Eu me desespero. Tudo trava. Preciso entender que estou em Cabul. Pego bloquinho e caneta e começo o que será um longo e intenso dia.

— Os Estados Unidos conduziram uma operação que matou Osama bin Laden, o líder da Al-Qaeda — anunciou o presidente americano, em rede internacional, às 23h30 do dia 1º de maio de 2011, horário de Washington, ou 8h do dia 2 de maio de 2011, horário de Cabul, diretamente do salão oval da Casa Branca.

Quase uma década de conflitos no Afeganistão deixou 11.700 civis mortos* — quatro vezes mais vítimas do que nos ataques às Torres Gêmeas. Somam-se a eles 10 mil insurgentes, 8.800 forças de segurança afegãs, 2.700 militares estrangeiros (dos quais 1.750 americanos), 172 agentes humanitários e 18 jornalistas mortos, nas estimativas mais conservadoras, além de feridos, amputados, viúvas, órfãos. E Bin Laden estava no Paquistão.

— A justiça foi feita — avalia o presidente americano.

A caça ao terrorista era prioridade absoluta de sua administração. Assim que assumiu o governo, Obama delegou a tarefa de descobrir o paradeiro do terrorista a Leon Panetta,

---

* Os números são subestimados porque a missão da ONU no Afeganistão só começou a contar os mortos a partir de 2006.

então diretor da CIA. Em agosto de 2010, Panetta informou ao chefe sobre uma possível pista. Eles teriam localizado um mensageiro de Bin Laden, após seguirem durante três anos informações obtidas, principalmente, de presos na base americana de Guantánamo.

O tal homem, um protegido de Khalid Sheikh Mohammed, um dos arquitetos do 11 de Setembro, tinha acesso irrestrito a um casarão de três andares fortificado entre muros de quase 5 metros de altura, sem janelas para a rua e sem conexão com a internet ou telefone, o que reforçou a suspeita de que alguém muito importante se escondia ali — não apenas um homem simples como o mensageiro — e não queria ser rastreado.

O endereço, localizado graças ao trabalho de espiões da CIA infiltrados no Paquistão, era improvável: a cidade de Abbottabad é um complexo militar altamente vigiado e fica a menos de 100 quilômetros da capital do Paquistão, Islamabad. Bem diferente das cavernas de Tora Bora onde se acreditava estar escondido o terrorista. Durante oito meses, a inteligência americana usou imagens de satélite para monitorar os passos dos moradores da casa. Os agentes acreditavam haver uma "forte possibilidade" de Bin Laden estar escondido ali. Mas ainda não era possível ter certeza.

Na tentativa de conseguir provas de DNA dos habitantes da casa, e assim verificar se eram ligados a Bin Laden ou à Al-Qaeda, ou, ainda, o próprio terrorista, a CIA conduziu um programa falso de vacinação em Abbottabad.[28] A campanha de fachada teria sido realizada por um médico paquistanês, Shaki Afridi, preso posteriormente pelo serviço secreto do Paquistão por supostamente colaborar com os americanos.

Não está claro se a estratégia foi bem-sucedida. Mas, depois da ação, entre 14 de março e 29 de abril de 2011, o diretor da CIA se reuniu cinco vezes com o presidente Obama até obter sinal verde para realizar a operação militar, conduzida sem o conhecimento do governo do Paquistão.

Os detalhes da ação são dignos dos mais espetaculares roteiros hollywoodianos.

Naquele 2 de maio, cinco aeronaves militares decolaram de Jalalabad, no Afeganistão — três helicópteros Chinook e dois Black Hawk, modificados especialmente para a operação com material não identificável por radares. A bordo estavam 23 militares do grupo de elite Navy Seal 6, um intérprete e um cão farejador. O plano original era desembarcar os soldados dentro do complexo antes que sua presença fosse percebida. Mas, ao se aproximar do local, a cauda e o rotor de um Black Hawk se chocaram contra os muros que cercavam o casarão. Os ocupantes conseguiram escapar e descer para o pátio externo da casa, mas com o acidente a outra aeronave foi obrigada a pousar do lado de fora do complexo.

Os *seals*, então, invadiram a casa pelo térreo, usando explosivos para derrubar paredes e portas. Houve troca de tiros com um guarda-costas de Bin Laden. Três homens e uma mulher foram mortos na operação. Bin Laden teria sido encontrado no último andar, com duas de suas mulheres. Um dos soldados se ocupou delas, enquanto um segundo atirou no peito e na cabeça do terrorista, temendo que ele tivesse explosivos enrolados no abdome. Quinze minutos após o início da operação, o líder da Al-Qaeda estava morto. "Gerônimo" foi o código enviado pelos militares à Casa Branca. Significava: missão cumprida.

Ou assim relataram integrantes do governo e da inteligência americana à imprensa.

Por sorte (minha, é claro), um dos funcionários paquistaneses da Embaixada do Brasil em Islamabad, Qaiser Iqbal Awan, testemunhou a operação. Eu ainda estava em Cabul quando falei com ele, por telefone.

Passava pouco de 1h quando Awan acordou assustado com o barulho de helicópteros sobrevoando a vizinhança, nos arredores de Abbottabad. A mulher dele e os três filhos do casal também acordaram. Estavam assustados. Awan saiu na calçada para ver o que estava acontecendo. De repente, um estrondo (possivelmente, o choque do primeiro helicóptero com os muros altos do casarão de Bin Laden ou os explosivos usados pelos *seals* para invadir a casa).

— O barulho era de uma bomba — disse Awan. Ele pediu que a mulher e os filhos se protegessem no quarto do casal. Depois da explosão, houve um grande silêncio, lembra-se, de "uns 10 minutos, pelo menos", e então os tiros começaram (os soldados avançavam pelos andares da casa). — Eram muitos tiros, um barulho forte de armas pesadas, metralhadoras — contou Awan. Segundo ele, o tiroteio levou cerca de "15 ou 20 minutos" (o tempo que teria durado a operação, segundo a Casa Branca). — E então tudo silenciou novamente. Awan e a família voltaram a dormir e somente na manhã seguinte souberam se tratar de uma operação dos Estados Unidos para matar Bin Laden.

— Nunca imaginamos que Bin Laden pudesse estar aqui — disse-me Awan. Ele nasceu e foi criado no subúrbio de Abbottabad, assim como seus pais, irmãos, tios, primos. Todos estavam "absolutamente chocados" com a notícia. O bairro onde Awan mora fica a cerca de dois quilômetros da base militar paquistanesa na cidade. — Abbottabad é uma cidade militar, cercada por soldados das forças paquistanesas. Ninguém jamais poderia imaginar que Bin Laden estivesse aqui, tão perto.

O embaixador do Brasil para o Paquistão e Afeganistão, Alfredo Leoni, definiu bem o sentimento geral depois que detalhes sobre a operação secreta da CIA vieram a público.

— Para o governo do Paquistão tudo isso causou um constrangimento muito grande.

Sobre o corpo do terrorista, soube-se apenas que teria sido jogado ao mar depois de fotografado pelos militares. Nenhuma fotografia, no entanto, foi divulgada. A Casa Branca informou temer que a imagem de Bin Laden morto o transformasse em um mártir. Pelo mesmo motivo, os militares teriam dado sumiço no corpo, evitando que seu túmulo se tornasse local de adoração.

No instante em que a informação chegou a Cabul, os afegãos começaram a fazer piadas — o humor é um antídoto contra a tragédia, e os afegãos aprenderam a fazer piada de tudo! Perguntavam em que mar Bin Laden teria sido largado, se no Afeganistão nem água tem. E riam.

Se para os americanos, especialmente aqueles que perderam pessoas queridas nos atentados de 11 de setembro, a morte de Bin Laden foi uma grande notícia, um alívio mesmo, para os afegãos foi melhor ainda, uma espécie de acerto de contas com o mundo. Os afegãos sempre culparam o Paquistão por suas mazelas, pelo menos desde a invasão soviética que deu início à mais recente disputa por poder na região. Eles sempre desconfiaram de que o vizinho fizesse jogo duplo. O controle sobre o Afeganistão poderia servir a dois fins: evitar que o país fosse encurralado por um avanço da arqui-inimiga Índia ou por aliados seus na região e ser moeda de troca com o Ocidente. Bilhões de dólares continuavam fluindo dos cofres americanos para Islamabad em troca, ironicamente, de ajuda no combate ao terrorismo, dinheiro que diminuiria na mesma medida da queda da violência.

— A presença de Bin Laden no Paquistão prova ao mundo que o Afeganistão estava correto ao afirmar que a luta contra o terrorismo não deveria estar concentrada em nosso país. (...) A luta contra o terrorismo não está em nossas cidades ou vilarejos, não está em nossas casas e eles [*militares*] devem parar com as buscas. Nós procuramos Osama em Logar, Kandahar, Badakhshan [*províncias afegãs*]. Mas em uma ação ontem, Osama foi encontrado no Paquistão — declarou no dia da morte de Bin Laden o presidente afegão Hamid Karzai, em um discurso para políticos no Palácio do Governo, transmitido ao vivo pela emissora estatal RTA (Rede de Televisão do Afeganistão).

Os afegãos sentiam-se vingados.

Às 20h30, Cabul estava silenciosa e deserta.

Naquela noite fui jantar com Anna Badkhen, jornalista e escritora russo-americana, que viaja ao Afeganistão desde 2001. Na mesa de um restaurante libanês, entre homus, falafel e kebabs, trocamos impressões sobre a situação no Afeganistão.

— Nosso tempo de permanência nessas terras vem encolhendo mais e mais. Está muito perigoso ficar — disse, para minha surpresa, a jornalista que já esteve em países tão perigosos quanto o Iraque e a Somália. Só Alá sabe como eu gostaria de discordar dela. Mas a impressão que tive, em minha última incursão por terras afegãs, foi exatamente a mesma.

Aquela viagem, interrompida abruptamente pela morte de Bin Laden, havia sido muito mais tensa, desgastante e perigosa do que eu jamais poderia imaginar. Cabul inteira tinha se tornado um conjunto de fortalezas melancolicamente guardadas por seguranças fortemente armados.

Lugares antes considerados relativamente seguros ou inofensivos, como aquele restaurante libanês, estavam agora protegidos por cancelas que impediam a aproximação de carros a menos de uma quadra — e as distâncias aumentavam na mesma medida do alcance e da sofisticação dos explosivos usados pelos insurgentes. Até o supermercado — que já exibia nas prateleiras batatas Pringles, Coca-Cola, Nescafé, barra de chocolate Nestlé, pasta de dente Colgate, creme Nívea, óleo Johnson & Johnson, Kleenex, Gillette, embora ainda inacessíveis à maioria dos afegãos — tinha sido alvo de um sangrento atentado. Quatorze mortos, entre eles nove afegãos, seis dos quais da mesma família.

O médico Massoud Yama, a mulher dele, advogada de direitos humanos e professora na Universidade de Cabul, Hamida Barmaki, e os quatro filhos do casal, com idades entre 2 e 14 anos, estavam dentro de um Toyota Corolla prata estacionado no local onde o intérprete estacionava nosso Toyota Corolla preto quando o suicida acionou o gatilho. A cada bomba, o sentimento entre os afegãos era de fracasso, desesperança, tristeza pelos mortos e alívio por não ter chegado (ainda) a sua vez.

Os insurgentes estavam tão próximos que era possível sentir a respiração deles no cangote, no medo impregnado no ar poluído de Cabul.

Era difícil dormir naquele quarto escuro e gelado — dez anos de investimentos estrangeiros e 85% do Afeganistão permanecia sem luz. Os helicópteros e aviões militares sobrevoavam Cabul todo o tempo em direção a alguma zona de combate. Os cães de rua não me deixavam esquecer as madrugadas nevadas descritas por Ann Jones em *Cabul no inverno* e as manhãs em que ela encontrava os cães já mortos, congelados. O jovem hazara, espécie de faz-tudo da casa, me cedera gentilmente um cobertor extra, que mais parecia um tapete de tão grosso e pesado, mas o sono não vinha.

Como o hotel onde me hospedei da última vez fora bombardeado, decidi ficar em uma casa de família transformada em pousada, com quartos extras para hóspedes em torno do jardim de rosas — tinha visitado o lugar uma vez antes, atraída por um mercador que às sextas-feiras vendia ali tapetes afegãos. Foi exatamente o jardim que me fez voltar, mas a casa sem janelas para a rua agora lembrava um presídio, com as quatro barricadas que a cercavam, o capacete solitário sobre o telhado que de longe quiçá enganava ser um soldado a postos, o portão duplo de ferro pesado, a guarita, os vigias armados e seus coturnos sonoros rondando as roseiras apinhadas de botões à espera da primavera — guardas malpreparados, amedrontados pela ofensiva dos talibãs lançada no início da estação.

Na campanha de 2011, o Talibã anunciou uma nova estratégia: concentrar seus ataques contra forças de segurança — da Otan, das Forças Armadas e da polícia afegã, das empresas privadas. Na semana da minha chegada, uma série de ataques a bomba atingiu postos oficiais, dia sim dia não. Em um dos mais ousados ataques, homens-bomba mataram o chefe das forças de segurança afegãs para o norte do Afeganistão, general Daud Daud, e pelo menos três oficiais dentro de uma instalação do governo da província de Takhar, fortificada e altamente vigiada, durante uma reunião da Otan sobre segurança.

Antes tranquilo, o norte do país vivia agora assombrado pela iminência de cair sob domínio do Talibã. A geografia da guerra começou a mudar com a intensificação de ataques por aviões não tripulados nas áreas tribais do sul, sob o aval do presidente Barack Obama. Encurralados, os talibãs migraram para o norte. Do ponto de vista dos insurgentes, desestabilizar o restante do país, e não apenas o sul sob seu domínio, era uma forma de dividir e, assim, enfraquecer as forças inimigas. O líder Mulá Omar ordenou a formação de uma *shura* (conselho de líderes) em Peshawar, no Paquistão, para coordenar operações terroristas nas províncias do norte e nordeste do Afeganistão — um subconselho da *shura* de Quetta, que reúne os dez comandantes de mais alto escalão do grupo e delibera sobre todas as operações do grupo.

Quando visitei o norte, naquela primavera de 2011, Takhar era chamada pelos afegãos de "reino dos bandidos". Um velho inimigo, o fundamentalista Gulbuddin Hekmatiar, havia retomado o controle do vizinho Nuristão. Kunduz tinha se tornado o mais violento campo de batalha afegão. Balkh, considerada até então uma das mais seguras províncias do Afeganistão, com estrangeiros circulando livremente em torno da magnífica Mesquita Azul, em Mazar-e Sharif, sofreu uma reviravolta depois do assassinato de sete funcionários da ONU em abril daquele ano, dentro do condomínio onde viviam, após protestos contra a queima do Corão em uma distante América.

Badakshan, que se orgulhava de nunca antes ter caído sob domínio do Talibã, já tinha pelo menos sete de seus distritos — ou 25% da província — sob controle dos radicais, segundo a ONG afegã Safety Office (Anso). Eram eles: Wurduj e Ragh Shahri Buzurg, na fronteira com o Tadjiquistão; Kishima, um dos mais populosos e importantes distritos de Badakhshan, e os vizinhos Tagab e Tashka; Darayem, a apenas 40 quilômetros da capital da província, Faizabad; e Kuran wa Munja, onde os conflitos eram particularmente violentos. "Nessas áreas sem lei, grupos criminosos têm operado livremente e as organizações de ajuda humanitária correm sérios riscos de roubo e outros ataques", lia-se no relatório da Anso.

Em seu gabinete fortemente vigiado, o governador da província, Adib Waliullak Shah, admitiu, em entrevista, ter perdido, pelo menos parcialmente, três distritos para os radicais islâmicos. A violência no norte se espalhava na mesma medida dos campos de papoula.

— O Talibã está usando grupos criminosos que atuam na área, oferecendo a eles segurança em troca de apoio. Nós não sabemos mais quem é quem — disse-me ele.

Os insurgentes também haviam lançado uma campanha para atrair os jovens nas mesquitas do norte.

— Temos acompanhado uma facção do Paquistão que está percorrendo as madrassas influenciando jovens muçulmanos a dedicar-se à fé; não ao trabalho ou à família, mas somente à oração. Eles têm um discurso moderado, mas o que realmente estão fazendo é pavimentar o caminho para o Talibã recrutar novos militantes no futuro — disse-me Tariq, um consultor de segurança e gestão de risco que trabalha para as tropas alemãs da Otan em Badakhshan. — Eles [talibãs] sempre tentaram conquistar essas terras, mas, de alguma forma, só recentemente estão conseguindo.

Não era apenas a insurgência, porém, ou o fato de que o Talibã já dominava distritos em todas as províncias afegãs o que tornara aquela viagem tão mais difícil do que a primeira, mas a falta de esperança dos afegãos. Eles estavam fartos dos estrangeiros. Depois de uma década, se perguntavam para onde tinham ido os bilhões de dólares da ajuda estrangeira.

Na ótica dos afegãos, Hamid Karzai era um presidente fraco no comando de um governo corrupto; a Otan, ineficiente e perigosa; e as agências humanitárias, inúteis. O Conselho de Paz, criado para intermediar negociações com os talibãs, parecia fadado ao fracasso. Desmoralizado e sem o controle da segurança, Karzai estava numa posição desfavorável de barganha, e os talibãs sabiam disso. Em vez de aceitar qualquer negociação, eles intensificavam a ofensiva, colocando mais pressão sobre as tropas estrangeiras, as forças de segurança afegãs, o governo.

Em nota oficial, o Talibã declarou que a morte do saudita Osama Bin Laden servira apenas para "revitalizar a jihad contra os invasores".

— A morte de Bin Laden não vai afetar a guerra no Afeganistão — disse-me por telefone o ex-embaixador do Talibã no Paquistão, Abdul Salam Zaeef, depois de quase duas semanas de vigília diária na porta de sua casa em Cabul, onde vivia em prisão domiciliar. Zaeef ficou quase quatro anos em Guantánamo, a temida prisão criada na base militar americana em Cuba para trancafiar terroristas após o 11 de Setembro. Solto em 2005, seu destino é incerto até 2007, quando voltou ao Afeganistão com o aval da comunidade internacional e sob custódia do governo afegão para participar das negociações de paz com os talibãs. — A morte de Bin Laden no Paquistão foi uma prova de que o saudita não estava escondido em solo afegão e, portanto, a ocupação americana no país é injustificável.

Nos primeiros dias após a morte de Bin Laden, Washington e Islamabad ainda tentavam engolir a indigesta realidade de que o terrorista mais procurado do mundo, mentor do 11 de Setembro, fora encontrado e morto em solo paquistanês. Aos olhos do Ocidente, o Paquistão passou de aliado indispensável a inimigo traiçoeiro, mas a Casa Branca aguardava para ver qual seria a reação do país à operação que matou Bin Laden antes de tomar qualquer atitude drástica que pudesse comprometer a segurança dos milhares de soldados que continuavam afundados nos conflitos no Afeganistão. De seu lado, o Paquistão viu a operação como um golpe contra a sua soberania, mas não parecia disposto a abrir mão dos bilhões de dólares que fluíam do tesouro americano para seus cofres sob a alcunha de assistência militar e, diante das já profundas divisões internas entre o governo civil e o poderio dos militares, tentava minimizar os efeitos do episódio domesticamente. Sob forte pressão externa, o premiê do Paquistão, Yousef Raza Gilani, ordenou uma investigação sobre possíveis "falhas" no serviço de inteligência paquistanês, sobre a qual não se ouviu mais falar, e continuou defendendo os militares, alegando que localizar Bin Laden era "responsabilidade de todas as agências de inteligência do mundo" e não apenas do ISI. O chefe do serviço secreto paquistanês, general Ahmed Shuja Pasha, viajou aos Estados Unidos, onde se encontrou a portas fechadas com a cúpula da CIA, e, pelo menos publicamente, ambos mantiveram as aparências.

O jornalista indiano, a repórter de uma rádio alemã e eu tínhamos montado um QG no meu quarto da pousada e nos cotizamos para pagar um intérprete e um motorista para ficarem à nossa disposição dia e noite durante a cobertura da morte do saudita. Enquanto isso, eu tentava ir para o Paquistão. Mas nos dias seguintes à morte de Bin Laden, os voos comerciais e da ONU saindo de Cabul foram cancelados. Embaixadas e outros serviços internacionais trabalharam em esquema de plantão, e novos toques de recolher foram impostos aos estrangeiros no país. Havia o temor de que o Talibã ou a Al-Qaeda orquestrassem ataques em represália à morte do saudita.

Na fronteira do sul com o Paquistão, a segurança foi reforçada e os ataques americanos com aviões não tripulados, intensificados. Era impossível atravessar por terra. Além disso, eu precisava de um visto, mas o acesso de jornalistas ao país foi dificultado pelo governo paquistanês; a maioria dos serviços diplomáticos cancelou a concessão de vistos para a imprensa. Passei dois dias inteiros no portão do consulado em Cabul com um velho desconfiado apontando uma kalashnikov na minha direção — àquela altura, eu já estava acostumada a ter kalashnikovs apontadas para mim.

A Embaixada do Brasil em Islamabad, que mantém boas relações com o Paquistão, tentava ajudar os jornalistas brasileiros a chegar ao país e, finalmente, o chefe da comunicação aceitou me receber. Foram quase três horas de interrogatório, mas saí de lá com a promessa de visto para o dia seguinte. Havia a expectativa de que o aeroporto de Cabul reabrisse logo, e as companhias aéreas tinham voltado a vender passagens. Garanti um lugar no voo para Islamabad pela PIA (Paquistani International Airlines), que os paquistaneses chamam, carinhosamente, de Pray Inshallah it Arrives (algo como: reze a Alá para que o avião chegue!). Eu saberia logo por quê.

No mesmo dia em que consegui marcar a ida ao Paquistão, o presidente afegão Hamid Karzai decidiu viajar, sem destino divulgado, e os seguranças fecharam todos os acessos ao aeroporto. Fiquei duas horas parada no trânsito do lado de fora e quase tive a câmera confiscada por um soldado americano que me viu tirar uma foto dos tanques na frente do aeroporto (fui salva por ser brasileira, mas tive de apagar as imagens do dia). Quando o check-in foi liberado, os voos estavam atrasados. As horas de espera no saguão de embarque foram interrompidas por uma chuva de gelo que fez o céu de Cabul enegrecer sobre as montanhas da Hindu Kush, suspendendo as decolagens. Só consegui embarcar no dia seguinte.

O jovem guarda da imigração analisou meu passaporte com carimbos de países da Europa e o visto dos Estados Unidos e me perguntou se eu pretendia voltar ao Afeganistão. Sem pensar, respondi que sim.

— E por que alguém como você ia querer voltar para um lugar como o Afeganistão?

— Esse país me ensinou muitas coisas. E é lindo! — Busquei uma palavra melhor enquanto ele me olhava com estranhamento. — Superação! — É isso. — Você deveria ter orgulho de ser afegão!

— *I love you! I love you! I love you!* — gritou para o alto, feito criança, o jovem fardado à minha frente, diante do elogio. A autoestima dos afegãos andava mesmo baixa. Saí de lá com um pedido de casamento.

— *Marry me? Marry me?*

Achei graça do jeito dele, respondi que já sou casada, mas agradeci a proposta e me despedi.

Khoda Hafez Cabul jan!

Com duas horas de atraso, cheguei a Islamabad, de onde segui direto para Abbottabad. Meus guias — e anjos da guarda — eram dois irmãos do funcionário da embaixada brasileira que testemunhara a operação de caça a Bin Laden que eu havia entrevistado; toda a família era de Abbottabad. Eu não poderia ter esperado por melhores guias. Foram quatro horas até a pequena cidade no vale do Orash, a 1.260 metros do mar, na província da Fronteira Noroeste. Quando chegamos já era noite e as ruas estavam completamente escuras. As autoridades paquistanesas tinham dado um ultimato aos jornalistas estrangeiros para que saíssem da cidade e impediam os vizinhos de falar com a imprensa.

A residência de Bin Laden, no número 3 da rua 8-A, um pequeno atalho saído da estrada de Garga, estava às escuras e os quarteirões nos arredores, bloqueados por soldados. Já não havia holofotes das emissoras de TV para ajudar a iluminar o bairro de Thanda Chowa, e a vizinhança pobre do entorno da Colônia Hashmi, como é chamada a área onde ficam as mansões de militares de alto escalão — e a casa onde Bin Laden viveu seus últimos momentos.

Havia uma única lamparina a diesel, uma quitanda onde moradores estavam reunidos como era de costume, embora o assunto fosse novidade: Bin Laden em Abbottabad.

Nem o policial que ajudava a reforçar a segurança ao lado dos militares acreditava naquela história.

— Você acha mesmo que Bin Laden estava escondido neste fim de mundo? — perguntou-me Matik Aman, rindo de si mesmo. Virando-se discretamente de costas para os militares posicionados ao redor da casa, Aman disse que tinha recebido ordens para "se livrar dos estrangeiros e retomar a rotina da cidade". A ordem teria partido do chefe do Estado-maior das Forças Armadas paquistanesas, general Ashfaq Parvez Kayani, que permanecia em silêncio sobre a operação que matara Bin Laden — uma semana antes da morte de Bin Laden, ele havia refutado acusações dos Estados Unidos de que os militares paquistaneses estavam fazendo pouco contra o terrorismo em um discurso, curiosamente, feito na academia militar em Abbottabad.

Abbottabad fica em uma área montanhosa. Para chegar à cidade, pega-se uma pequena estrada de mão dupla, que sai da rodovia principal, partindo de Islamabad, onde caminhões coloridos, ônibus velhos, carroças, riquixás, crianças carregando galões de água, burcas e homens barbudos de bicicleta disputam o asfalto sem acostamento nem sinalização. Passamos pelas cidades de Hasan Abdel e Haripur, também áreas militares.

Até Abbottabad, há três postos de comando do Exército pelos quais só passa um carro de cada vez. Já na cidade, a rua estreita que leva até a suposta casa de Bin Laden começa e termina nos muros que cercam as dependências da Academia Militar do Paquistão, e ambos os acessos são monitorados por câmeras de segurança.

— Não é possível alguém se esconder aqui, você entende? — disse Asif Iqbal, o motorista, irmão de Anjum, corretor de imóveis de 33 anos que me ajudou traduzindo as entrevistas. Por coincidência, o terreno onde fica a tal casa tinha sido num passado distante de seu avô. — Bin Laden aqui? Isso é loucura! Uma invenção de Hollywood! — E fazia eco entre os moradores de Abottabad.

Sem respostas para as dúvidas que pairavam sobre Abbottabad e sem nenhum oficial disposto a falar com a imprensa, voltei para Islamabad.

(Durante todo o percurso Islamabad-Abbottabad-Islamabad, Asif e Anjum Aqbal não pareciam nada interessados na morte de Bin Laden. Em vez disso, talvez por eu ser ocidental, aproveitaram a viagem para me pedir conselhos sentimentais sobre um triângulo amoroso em que o caçula havia se envolvido. Nove horas de estrada mais tarde, jantei com eles na casa de um mulá simpatizante do Talibã, funcionário da fábrica de explosivos de Abbottabad e irmão da pretendida.)

No dia seguinte, um guia me esperava no Pizza Hut da Peshawar — um Pizza Hut no reduto dos talibãs — para me levar até os campos de refugiados de Jalozai e o jornalista paquistanês Rahimullah Yusufzai, que edita o diário *The News*, um dos poucos repórteres do mundo a encontrar-se cara a cara com Osama bin Laden. (Foi por meio de Yusufzai que Ajmal Naqshbandi, o jornalista afegão morto pelos talibãs, fez um apelo ao presidente Hamid Karzai, graças aos contatos que o jornalista tinha com o comando do grupo, incluindo mulá Omar.)

— A Al-Qaeda está perto do fim — acreditava ele.

O primeiro encontro de Yusufzai com Bin Laden e Ayman al-Zawahiri, o egípcio que sucedeu o saudita no comando da organização, aconteceu em maio de 1998, no campo de treinamento da organização em Al-Badr, na província de Khost, zona tribal do Norte do Waziristão. A segunda entrevista foi em dezembro do mesmo ano, em Kandahar, berço do Talibã, sob a bênção de mulá Omar.

— O 11 de Setembro tornou as ações da Al-Qaeda indefensáveis. A organização perdeu o apelo entre muçulmanos — observou o jornalista.

Apesar de ganhar as manchetes do mundo todo, a morte de Bin Laden perdeu rapidamente o interesse. Para muitos, ele era um criminoso que dificultou a vida de muçulmanos mundo afora. Sua luta contra "invasores" em terras muçulmanas também não parecia ter chegado a lugar nenhum.

Dez anos depois do 11 de Setembro, sua morte ocorreu em meio a uma onda de protestos no mundo árabe que derrubou os governos ditatoriais do Egito e da Tunísia com manifestações pacíficas motivadas não por crenças religiosas, mas por demandas seculares; não por uma *jihad*, mas por democracia. Os Estados Unidos se viram envolvidos em uma nova ofensiva militar com os países da Otan, mas dessa vez ao lado da Liga Árabe e em apoio a rebeldes reunidos em torno do Conselho Nacional de Transição criado para derrubar o regime de Muamar Kadafi na Líbia.

A primavera árabe fez a guerra contra o terror soar como paranoia. As guerras no Iraque e no Afeganistão, já impopulares, pareciam ter perdido completamente o interesse aos olhos do público. Mergulhado em uma profunda crise econômica, que ameaçava a sua reeleição em 2012, e embora tivesse prometido no discurso oficial sobre a operação em Abbottabad que a morte de Bin Laden "não significaria o fim dos esforços no Afeganistão", o presidente dos Estados Unidos, Barak Obama, anunciou no dia 22 de junho o plano de retirada das tropas americanas do Afeganistão.

Até dezembro de 2011, pelo menos 30 mil soldados voltariam para casa; o restante deixaria o território afegão até 2014. A guerra no Afeganistão tinha custado, até aquele momento, 440 bilhões de dólares aos cofres da Casa Branca, deixado 1.746 combatentes mortos e sequelas em outros 12 mil feridos desde 2001.

A guerra ao terror não havia proporcionado nenhum benefício à sociedade americana, muito pelo contrário. As extravagâncias para combater o terrorismo custaram 5 trilhões de dólares aos cofres americanos, segundo estimativa da Brown University, e deixaram um buraco na economia, comprometida por uma crise sem precedentes. Os efeitos negativos não foram apenas econômicos, mas atingiram em cheio a imagem de americanos em todo o mundo — os Estados Unidos passaram de mocinhos a bandidos, de vítimas a algozes aos olhos da comunidade internacional como consequência de ações atabalhoadas, precipitadas e exageradas contra um inimigo nada convencional.

O calhamaço legislativo criado no rastro do 11 de Setembro para dar suporte às ações contra o terror, como a Patriot Act (Lei Patriótica), aprovada pelo Congresso dos Estados Unidos, que dava às autoridades o direito de espionar, interrogar e prender cidadãos sem qualquer acusação formal, ajudou a enterrar a imagem de uma nação norteada pela liberdade e pelos direitos humanos, antes um estandarte americano.

Fotos de presos iraquianos torturados em Abu Ghraib, no Iraque, envergonharam a Casa Branca. Então, descobriu-se

Bagram, centro de detenção na base aérea americana a poucos quilômetros de Cabul, para onde suspeitos de terrorismo passaram a ser enviados sem julgamento nem aviso prévio — eles simplesmente sumiam. Quando acompanhei afegãos em um programa que os permitia, pela primeira vez, ter contato com familiares detidos em Bagram via teleconferência, vi velhos enrugados aproximarem-se da tela como se pudessem tocar o preso dentro do visor — eles nunca tinham visto uma TV antes. Dos 18 presentes naquela tarde, somente três puderam assinar o livro de visitas; o restante não sabia sequer escrever o próprio nome. Era esse o tipo de inimigo combatido no Afeganistão.

Uma das melhores frases que li sobre a realidade no Afeganistão foi dita à *Economist* pelo congressista americano Joe Lieberman, presidente do Comitê de Segurança Interna:

— No longo prazo, você vence a guerra ao investir naqueles que viverão em paz conosco.

Não foi o que aconteceu durante a guerra no Afeganistão. Dez anos depois, a miséria, a ignorância, a violência, a frustração de fato empurravam muitos para o lado inimigo. Ao contrário de recuar, a insurgência parecia ainda mais fortalecida e promovia atentados espetaculares no país, como o ataque contra o lendário Hotel Intercontinental em Cabul. Oito atiradores, entre eles homens-bomba, invadiram o térreo quando alguns hóspedes jantavam. Onze funcionários do hotel e dois policiais, todos afegãos, foram mortos. Quando vi as cenas do prédio em chamas na noite do ataque, que terminou com bombardeios da Otan, me lembrei do céu mais bonito e estrelado que já vi, do topo daquele mesmo hotel, aos pés da Hindu Kush; da sala de chá que ainda guardava sinais dos tempos de glória em que Cabul era a cidade arborizada e moderna da infância de Fatema Gailani; da livraria, agora fechada, de Shah Mohammad Rais, o livreiro.

No dia do atentado, atribuído à rede Haqqani, baseada no Paquistão, o enviado especial dos Estados Unidos para o Afeganistão e Paquistão, Marc Grossman, estava em Cabul para uma reunião com líderes dos governos afegão e paquistanês sobre as negociações de paz com o Talibã e a retirada das tropas americanas.

Em 11 de julho, os Estados Unidos anunciaram o corte de 800 milhões de dólares da verba para o Paquistão. Desde o início da ofensiva no Afeganistão, o tesouro americano transferiu 20,7 billhões de dólares ao país vizinho, dos quais 8,9 bilhões eram destinados a um "fundo de apoio à coalizão", reembolsos pela assistência militar do Paquistão na guerra contra o terror — leiam-se as Forças Armadas e o ISI. O segundo maior montante, de 4,8 bilhões de dólares, seria destinado a apoio econômico ao governo paquistanês.[29]

No dia 12 de julho, o irmão do presidente Hamid Karzai, Ahmed Wali Karzai, foi assassinado em casa por um de seus seguranças. Karzai era um dos mais fortes aliados dos Estados Unidos no Afeganistão, embora fosse acusado de receber dinheiro da CIA em troca da garantia de segurança para as tropas americanas nos territórios do sul apinhados de insurgentes, na fronteira com o Paquistão, além de envolvimento no comércio de ópio. Ele era até então o poderoso chefe do conselho da província de Kandahar, berço dos talibãs.

Os Estados Unidos estavam desesperados por uma saída minimamente digna do Afeganistão e pareciam atirar para todos os lados — às vezes, no próprio pé. Antes de deixar o comando dos 140 mil soldados da aliança ocidental no Afeganistão e assumir a agência de inteligência americana CIA, o general David Petraeus lançou um plano para combatê-los: armar e treinar 30 mil camponeses afegãos para manter os talibãs longe de suas terras. Além de AKs-47, os milicianos recebem três semanas de treinamento e uma modesta contribuição — 3 mil afeganes (ou 111 reais) por mês.

"O Afeganistão que as tropas estrangeiras estão deixando para trás é um país miserável, fortemente armado, com profundas divisões étnicas e uma população que não confia na capacidade do governo central de protegê-la", resumiu em nossa conversa Jolyon Leslie, coautor de *Afghanistan: The Mirage of Peace* [Afeganistão: a miragem da paz], um relato impressionante da falência do Estado afegão e da missão estrangeira no país.

Temendo perder terreno para os pachtos do Talibã, ex-comandantes de etnia tadjique e usbeque agradeciam a ajuda da Otan e reorganizavam milícias paramilitares próprias para garantir os territórios do norte quando as forças de coalizão deixassem o país — eram os mesmos grupos reunidos em torno da Aliança do Norte na saída dos soviéticos, quando, como agora, o Ocidente perdera o interesse pelo Afeganistão.

***

Em Cabul, Fatema não podia mais visitar os jardins de seus sonhos, pois os conflitos haviam se intensificado e a insurgência já não poupava nem mesmo os herdeiros de Maomé. Temendo pela vida da filha, Pyr Gailani proibiu-a de pegar a estrada Cabul-Jalalabad.

Mulá Abdul enxergava na retirada das tropas estrangeiras, na sociedade armada até os dentes e ainda segregada por profundas diferenças étnicas, a iminência de mais uma guerra civil; ele ainda se recuperava do ferimento na cabeça enquanto aguardava para ver qual dos lados lhe faria a melhor oferta para voltar à luta. Por garantia, mandou o filho estudar engenharia em Jaipur, na Índia, e se tudo mais falhasse deixaria o país para viver com ele.

O marechal Fahim seguia no cargo de vice-presidente do Afeganistão e se defendia ao lado do presidente Karzai da acusação de envolvimento no maior escândalo financeiro do país, em que 900 milhões de dólares sumiram de Banco Cabul — tanto o irmão de Karzai, Mahmood Karzai, quanto o de Fahim, Hassan Fahim, tinham participação no banco e receberam milhões de dólares em empréstimos sem juros. Dizia-se, ainda, que era um dos donos do maior shopping center do Afeganistão, inaugurado em meados de 2011 na capital.

Massouda saía de mais um período de depressão e voltava a organizar reuniões de mulheres nas periferias, à frente da Fundação Jalal.

Wahida não tinha dinheiro para sustentar os filhos na escola e aguardava com ansiedade a abertura ainda incerta de um centro de cirurgia plástica no hospital Esteqelal, onde a remoção de projéteis, principalmente na área do abdome, havia se tornado o procedimento mais comum. O Afeganistão enfrentava a escalada da criminalidade urbana, motivada pela miséria e pelo sentimento generalizado de falta de justiça; desavenças eram resolvidas por conta própria, no revólver ou na ponta da faca, sendo os cortes nos rins o segundo tipo de ferimento mais frequente no hospital.

Alberto, finalmente, tirou férias e estava na Itália.

O pai de Ajmal ainda chorava a ponto de perder a fala ao lembrar-se do filho e sentia arrepios ao ouvir o nome de Karzai, que, em suas palavras, tinha "o sangue de Ajmal nas mãos". Dizia que o 11 de Setembro tinha sido uma invenção americana, que os Estados Unidos e o Reino Unido eram os verdadeiros terroristas e, por vezes, soava paranoico e obcecado. Sua dor e sua angústia eram tantas que era possível ver. Ele mandou dois dos três outros filhos estudar fora do país, um deles com a ajuda do governo da Itália; a mãe nunca mais saiu do quarto e fala em Ajmal como se ele ainda estivesse vivo. O Frontline Club, um clube de correspondentes de guerra baseado em Londres, abriu um fundo com seu nome para ajudar na proteção de repórteres nativos de áreas de risco.

Sayed aguardava com ansiedade a chegada de seus pais e de Mariam, que já tinham conseguido o visto para vir ao Brasil.

Miguel havia recebido mensagem de Deus autorizando que deixasse o Afeganistão diante da violência e aguardava novas instruções.

Shah continuava atrás do balcão da pequena Shah Monammad Books — as outras três lojas que abriu no rastro da fama foram fechadas e o ônibus-biblioteca, aposentado até que a violência recuasse, se recuasse.

Sadaf treinava para as Olimpíadas de Londres, mas não sabia se teria apoio financeiro para viajar, pois a equipe de boxe feminino continuava sem patrocínio externo.

NOTAS

1. Kabul: International Council on Security and Development, 2008.

2. *Population of Afghanistan*, *The World Factbook*, s.l., Central Intelligence Agency (CIA), 2010.

3. Elizabeth Rubin, "Negotiating peace in an Afghan town", *Christian Science Monitor*, Jalalabad, 2001.

4. Barry Bearak, "After the attacks: the Afghans; Taliban plead for mercy to the miserable in a land of nothing", *The New York Times*, 2001.

5. Paul Clammer, *Afghanistan*, s.l., Lonely Planet Publications, 2007.

6. Christina Lamb, *The Sewing Circles of Herat, a memoir of Afghanistan*, s.l., Harper Collins, 2004.

7. Ibidem.

8. Ibidem.

9. Ibidem.

10. Philip Smucker, "Bin Laden 'fled to hills' as Jalalabad fell", *The Telegraph*, 2001.

11. Declan Walsh, "The Taliban's rocket man adopts a gentler image to woo voters", *The Guardian*, 2005.

12. Christina Lamb, op. cit.

13. Robert Gates, *From the Shadows*, Washington, s.n.

14. Olivier Roy, United Nations Office for Coordinating Relief in Afghanistan (UNOCA).

15. "Ahmad Shah Massoud", Obituaries, *The Telegraph*, 2001.

16. Hillary Mann Leverett, "The Real Winner of Afghanistan's Election", *Foreign Policy*, 2009.

17. Christina Lamb, op. cit.

18. "Afghan freedom fighter grandmaster of calf polo", *Agence France Press*, 2006.

19. James Risen e Mark Landler, "Accused of Drug Ties, Afghan Official Worries U.S", *The New York Times*, August 27, 2009.

20. Hillary Mann Leverett, op. cit.

21. Elizabeth Rubin, "In the Land of the Taliban", *The New York Times Magazine*, 2005.

22. Pew Forum on Religion & Public Life, Future of the Global Muslim Population, 2011.

23. Robert Wright, "The Meaning of the Koran", Opinionnator, Exclusive Online Commenary from *The Times*, 14 de setembro de 2010.

24. Joe Stephens e David B. Ottaway, "From US, the ABC of Jihad", *The Washington Post*, 2002.

25. "Afghanistan: the worst place in the world to give birth", Oxfam, 2011. "Afghanistan: Women's Hopes for Equality Fade", Integrated Regional Information Netword (IRIN), 2011. "State of the World Children", Unicef, 2011. "State of the World's Mothers", Save the Children, 2011.

26. Ibidem.

27. Ibidem.

28. Saeed Shah, "CIA organised fake vaccination drive to get Osama bin Laden's family DNA", *The Guardian*, 11 de julho de 2011.

29. "Sixty years of US aid to Pakistan: Get the data", *The Guardian* Datablog, 2011.

AGRADECIMENTOS

Um agradecimento especial a Luciana Villas-Boas, pela confiança. Às minhas editoras, Andreia Amaral e Marina Vargas, pela seriedade, serenidade e paciência — mas, principalmente, por nunca me deixarem desistir. A Alexandra Lucas Coelho e Graziella Leite Piccolo, por me ensinarem o caminho. A Amitabh Revi e Isabela Souza, por me empurrarem para a frente — de Londres a Nova Delhi a Cabul. A Eric Berseth, Farhad Peikar, Kirk Semple, Markus Cott, Matthew Rosenberg, Tisha Wheeler, pelos conselhos, dicas e contatos valiosos. Ao embaixador Alfredo Leoni e ao diplomata Thomaz Napoleão, por todo o apoio em solo paquistanês. A Ricardo Gandour e Roberto Gazzi, pelo incentivo. A Roberto Lameirinhas, Rodrigo Cavalheiro e à equipe de Internacional do *Estadão*, pela compreensão. A Juca Varella, por revelar a beleza nas fotos. A Claudia Palmeira, pelo apoio. Ao Jacyr, meu amor; a Teresinha, Flávia, Célia, Rosângela, Re (onde quer que você esteja) e Victor, meus amores, por tudo o que passamos juntos. A todos os que contribuíram direta ou indiretamente com este livro — e foram muitos! Obrigada, de coração.

Este livro foi composto na tipologia Minion,
em corpo 11,5/16,25, e impresso em papel off-white 80 g/m²,
no Sistema Cameron da Divisão Gráfica da Editora Record.